新時代社區教育内涵式發展論

——以山东为例

范华 王连喜 著

山东人民出版社·济南
国家一级出版社 全国百佳图书出版单位

图书在版编目（CIP）数据

新时代社区教育内涵式发展论：以山东为例/范华，王连喜著．--济南：山东人民出版社，2019.9
ISBN 978-7-209-12303-7

Ⅰ．①新… Ⅱ．①范… ②王… Ⅲ．①社区教育-研究-中国 Ⅳ．①G779.2

中国版本图书馆CIP数据核字(2019)第192906号

新时代社区教育内涵式发展论

——以山东为例

XINSHIDAI SHEQU JIAOYU NEIHANSHI FAZHANLUN

范 华 王连喜 著

主管单位 山东出版传媒股份有限公司
出版发行 山东人民出版社
出 版 人 胡长青
社　　址 济南市英雄山路165号
邮　　编 250002
电　　话 总编室（0531）82098914
　　　　 市场部（0531）82098965
网　　址 http://www.sd-book.com.cn
印　　装 山东华立印务有限公司
经　　销 新华书店

规　　格 16开（169mm×239mm）
印　　张 18
字　　数 270千字
版　　次 2019年9月第1版
印　　次 2019年9月第1次
印　　数 1-1000
ISBN 978-7-209-12303-7
定　　价 48.00元

序

中国特色社会主义进入新时代，人民对美好精神文化生活的向往和期待更多地体现在对实现自我发展、全面发展和终身学习等公平教育机会的获得，尤其是追求获得教育的途径更加多样化、受教育的内容更加丰富、受教育的过程终身化。建设全民学习、终身学习的学习型社会已成为新时代的重要标志。

大力发展社区教育，有利于全面提高全体社会成员的职业技能、科学文化素质、思想道德素质等个人综合素养，有利于促进社区治理、实现社会稳定，有利于促进经济社会协调、可持续发展，并已成为学习型社会建设的重要基础和有效途径，对全面建成小康社会、实现中华民族伟大复兴中国梦具有不可替代的重要作用。我国社区教育历经数十年的探索和发展，在经历了粗放式发展之后，正处于向集约式、精细化发展和提升的关键转型期。如何让终身教育、全民学习的理念真正深入人心？社区教育组织网络体系的构建、尤其针对村居学习点建设怎样优化以方便居民就近学习？社区教育法制化和制度化建设如何加快推进和完善？区域尤其是城乡社区教育发展不平衡的现状怎样才能改观以充分体现社区教育的普惠性？

老年教育供需矛盾如何有效破解？如何加快推进终身教育“立交桥”——学分银行的建设？这些问题都是新时代社区教育内涵式发展所需要重点考虑、有效解决的核心所在，也是本书重点探讨并力求回答的问题。

党的十九大明确提出：“加快建设学习型社会，大力提高国民素质。”未来已来，站在时代高度需要直面问题、总结过去、展望未来。通过对新时代社区教育内涵式发展所需各功能要素的深入论述，为尽早实现新时代社区教育的规范化、特色化、品牌化发展建言献策，进而调动一切积极因素推动社区教育健康可持续发展，是我们社区教育工作者的应尽职责和光荣使命。范华、王连喜两位同志长期从事社区教育一线工作并致力于相关理论研究，其新著作《新时代社区教育内涵式发展论——以山东为例》，正是在终身教育、全民学习的时代背景下，积极探索新时代社区教育内涵式发展的新方法、新途径、新策略和新成效，期望该著作的付梓能够为我国终身教育体系构建和学习型社会建设起到抛砖引玉、添砖加瓦的作用，为服务全民终身学习、满足人民对美好生活的向往贡献一份力量。

刘兆东

（山东广播电视大学副校长、山东省社区教育指导服务中心主任）

2019年6月15日

前　言

中国特色社会主义进入新时代，人民对美好生活有了更多期待和向往，尤其在精神文化生活方面提出了更高的要求，新时代社区教育在弘扬社会主义核心价值观、推动社会治理体系建设、传承中华优秀传统文化、形成科学文明生活消费方式、服务人的全面发展等方面大有可为。“加快建设学习型社会，大力提高国民素质”已成国家发展战略，因为只有全民积极参与终身学习，成为“学习强国”，国家才能够实现由人口大国到人力资源强国的转变。为此，构建终身教育体系、服务学习社会建设，新时代社区教育内涵式发展势在必行。

本书从适应新时代我国经济社会发展需要和服务于人民对美好生活的向往视角，分析了时代所赋予社区教育的新使命，为担负时代重任，新时代社区教育需要总结过去、立足现在、展望未来，实现内涵式发展。论著站在新时代的高度，定位于提升社区教育的内涵建设、实现新时代社区教育健康可持续发展，为贯彻落实“加快建设学习型社会，大力提高国民素质”国家发展战略做出积极贡献。全书共分十五章，系统化地论述了新时代社区教育内涵式发展中各项功能要素的实现策略，其核心内容涉及积极倡导终身学习理念、营造全民终身学习氛围，建立健全社区教育组织网络体系、不断完善全民终身学习支持服务功能，充实优化社区教育师资队伍、促使更加专业化职业化发展，科学规划社区教育专业课程、最大化共建共享优质教育资源，着力培育社区教育品牌、走特色化发展之路，加大社区教育数字化推广应用、实现随时随地个性化终身学习，积极推进学分银行建设、搭建终身学习立交桥，促进社区教育规范化制度化发展、呼吁国家加快终身教育立法，加快新型开放大学建设、发挥学习型社会建设主体作用，大力发展老年教育、服务国家老龄事业发展，聚焦农村社区教育发展、积极服务乡村振兴战略，高度重视新时代家庭教育、实现“家·校·社”合作共育，有效发挥科学研究引领作用、不断提升社区教育发展内涵，实现新时代社区教育融入社区治理、助力和谐社会建设，等等。

本书各章内容自成体系、前后衔接、层层推进，紧紧围绕如何有效促进新时代社区教育内涵式发展，在每一部分论述中充分结合当前我国经济社会发展需要和全民终身学习的实际需求，总结提炼所取得的发展成果和经验模式，梳理归纳现实中存在的问题和制约发展的关键因素，有针对性地提出了促使新时代社区教育内涵式发展的有效策略和具体措施，并以山东在社区教育发展中的实践与探索为例进行实证分析，使得理论与实践有机结合、相互促进。在行文上，分析和论证每个问题时，采用了层次分明的“三段式”，同时在论述各部分内容时均提炼出其关键词作为概括性标题，使得文中观点表达更加明确、一目了然，便于读者快速掌握核心要义。

坚信在党和国家大力倡导、社会各界共同关注、全民积极参与的良好氛围下，新时代社区教育发展必定会更好。新时代社区教育内涵式发展将以服务全民终身学习为宗旨，为实现社区居民“学有所教、学有所乐、学有所获”而不懈努力，不断提升全体社会成员的归属感、获得感、成就感和幸福感。

范　华

2019年6月30日

目 录

第一章 新时代社区教育发展的经济基础和现实需求

党的十九大报告明确指出：中国特色社会主义进入新时代。这个新时代，是承前启后、继往开来的时代，是在新的历史条件下继续夺取中国特色社会主义伟大胜利的时代，是决胜全面建成小康社会、进而全面建设社会主义现代化强国的时代，是全国各族人民团结奋斗、不断创造美好生活、逐步实现全体人民共同富裕的时代，是全体中华儿女勠力同心、奋力实现中华民族伟大复兴“中国梦”的时代。

进入新时代，我国经济社会发展踏上了新征程，我国社会主要矛盾已经转化为人民日益增长的美好生活需要和不平衡不充分的发展之间的矛盾，人民对美好生活的需要日益广泛，不仅在物质生活上，更多地是对精神文化生活的美好向往。尤其是，人民群众对高质量、多元化教育的需求更加强烈、与日俱增，促进人的全面发展与个性化发展已成为新时代教育发展的重要目标。优先发展教育事业，办好新时代人民满意的继续教育，加快建设学习型社会，大力提高国民素质，成为了新时代社会发展的主旋律之一。作为学习型社会建设的重要载体和有效途径，社区教育迎来了前所未有的发展机遇，同时也责无旁贷地担负起了新时代所赋予的历史使命。

第一节　新时代经济社会发展的新征途

党的十九大明确了新时代中国特色社会主义思想所坚持和发展的中国特色社会主义的总任务是：实现社会主义现代化和中华民族伟大复兴，在全面建成小康社会的基础上，分两步走在本世纪中叶建成富强、民主、文明、和谐、美丽的社会主义现代化强国。

党的十九大还作出了实现“两个一百年”奋斗目标的战略安排，即：到建党一百年时建成经济更加发展、民主更加健全、科教更加进步、文化更加繁荣、社会更加和谐、人民生活更加殷实的小康社会，然后再奋斗三十年，到新中国成立一百年时，基本实现现代化，把我国建设成为社会主义现代化国家。

当前，人民群众对我国新时代经济社会发展充满了新期待，期盼着早日建成“幼有所育、学有所教、劳有所得、病有所医、老有所养、住有所居、弱有所扶”的社会主义和谐社会，实现人民对美好生活的向往和中华民族伟大复兴的中国梦。在此过程中，建设教育强国是中华民族伟大复兴的基础性工程，必须把教育事业放在优先发展位置。确保包容、公平和有质量的教育，促进全民享有终身学习机会，成为当今世界教育发展的新目标。新时代，教育与经济社会发展的结合更加紧密，以学习者为中心，注重能力培养和综合素质提高，促进人的全面发展，全民学习、终身学习、个性化学习的理念日益深入人心。

一、新时代经济社会发展新期待

党的十九大倡导：为决胜全面建成小康社会，为把我国建设成为富强民主文明和谐美丽的社会主义现代化强国而奋斗。新时代，我们比历史上任何时期都更接近、更有信心和能力实现中华民族伟大复兴的目标。近年来，我国经济保持中高速增长，在世界主要国家中名列前茅，国内生产总值稳居世界第二，对世界经济增长贡献率超过百分之三十。站在新的历史起点上，全国各族人民对新时代的经济社会发展充满了新期待，人民对美好生活的向往更加多元化，尤其在物质生活得到日益满足的基础上，更加追求精神文化生活的更高层次、更加多样的满足。

建设美丽中国，为人民创造良好生产生活环境，使得全体人民在共建共享发展中有更多获得感，进而增加人民群众在全面建设社会主义现代化国家新征程中的幸福感和民族自豪感，不断促进人的全面发展，以更加坚定的步伐迈向全体人民共同富裕的康庄大道。这是新时代我国经济社会发展所不懈追求的目标，也是彰显新时代中国特色社会主义优越性所在，更是全体中华儿女共同奋斗的宏伟目标。

经济基础决定上层建筑。经济社会发展了，人民群众的物质生活自然就提高了，同时对精神文化生活的向往更加强烈和多元化。全面建成小康社会后，国家更加富强，人民群众更加富裕，进而全体人民更加追求民主、举止言行更加文明、社会更加和谐相处、生活环境更加美丽多彩。显然，经济社会发展需要充分利用我国丰富的人力资源，尤其注重实现我国由丰富人力资源大国向人力资源强国的转型。这就要求大力提高国民综合素质、不断促进人的全面发展，其有效途径便是聚焦新时代教育事业，加快建设学习型社会。

二、新时代教育事业发展新期待

优先发展教育事业，是党和国家一以贯之的重要战略。建设教育强国是中华民族伟大复兴的基础工程，必须把教育事业放在优先位置，深化教育改革，加快实现教育现代化，办好人民满意的教育。新时代，经济社会得到了大发展，国家日益富强，拥有坚实的经济基础，对教育的投入也在持续地增加，为新时代教育事业全面快速高质量发展提供了强有力的保障，日益显现出我国经济社会快速发展与教育事业全面高质量发展良性互动的美好局面。同时，无论是从国家经济社会发展层面，还是从人民群众个体发展层面，均对新时代教育事业发展有了更高远的新期待。

从国家经济社会发展层面，新时代教育事业发展要全面贯彻党的教育方针，落实立德树人根本任务，发展素质教育，推进教育公平，培养德智体美全面发展的社会主义建设者和接班人。教育必须承担起实现中华民族伟大复兴中国梦所赋予的历史使命，更好地服务于国家经济社会发展和人民对美好生活的向往，这也是对新时代教育改革与发展的基本要求。在实现我国从人力资源大国到人才强国的过程中，继续教育参与率明显提升，发挥着越来越重要的作用，学习型社会建设迈上了新台阶。为确保全民终身学习机会进一步扩大，构建更加适应全民学习、终身学习的终身教育体系至关重要。

从人民群众个体发展层面，人民对美好生活的向往更多地表现在对实现自我发展、全面发展和终身学习的公平教育机会获得上，实现获得教育的途径更加多样化、受教育的内容更加丰富、受教育的过程终身化。学习将成为新时代全体人民的一生追求，不再是阶段性的学校教育；学习的内容将包罗万象既有职业技能也有生活休闲，学习不再是仅仅为工作生存而掌握一技之长，而是成为生活工作的一部分；学习的方式更加便捷灵活，可以“随时随地”学习，不再是按部就班地被动式接受，而是主动地选择性学习。

三、新时代社区教育发展新机遇

新时代，满足人民过上美好生活的新期待，必须要满足其对精神文化生活的需要，提供丰富的精神食粮。党的十九大强调：要以培养担当民族复兴大任的时代新人为着眼点，强化教育引导、实践养成、制度保障，发挥社会主义核心价值观对国民教育、精神文明创建、精神文化产品创作生产传播的引领作用，把社会主义核心价值观融入社会发展各方面，转化为人们的情感认同和行为习惯。

这正是践行“社会教育化、教育社会化”大教育观的社区教育所追求的，也只有以终身学习理念为先导、以建设学习型社会为宗旨的社区教育，能够更好地承载提高全体人民综合素质，从而有效促进经济社会健康可持续发展，实现人与社会和谐发展的美好夙愿，为实现中华民族伟大复兴中国梦提供智力支持和人才保障。

新时代，我国经济社会正以前所未有的速度高质量地发展，广大人民群众在物质生活日益富裕的基础上，更加向往享有美好的精神文化生活，这为新时代我国社区教育大发展提供了新的发展机遇。正如《国民经济和社会发展第十三个五年规划纲要》所提出的“国民素质和社会文明程度显著提高”，通过大力发展社区教育，实现中国梦和社会主义核心价值观更加深入人心，爱国主义、集体主义、社会主义思想广泛弘扬，向上向善、诚信互助的社会风尚更加浓厚，国民思想道德素质、科学文化素质、健康素质明显提高，全社会法治意识不断增强。中华文化影响持续扩大，公共文化服务体系基本建成，文化产业成为国民经济支柱性产业。

第二节　新时代全民终身学习的新需求

新时代，随着我国社会主要矛盾的转变，在人民对美好生活的向往和期待中，提高个人综合素质，追求更高层次的精神文化生活，实现自我的全面发展和人生价值的最大化，已成为向往和期待的重要内容。为此，全民对终身学习有了更高的新需求，不同人群的终身学习需求更加多样化和个性化，为更好地满足全民多层次、全时空的终身学习需求，必须坚持以人民为中心，大力发展终身教育，加快建设学习型社会。

一、新时代社会主要矛盾的重新定位

众所周知，中国特色社会主义进入新时代，我国社会主要矛盾已经转化为人民日益增长的美好生活需要和不平衡不充分的发展之间的矛盾。而且，人民对美好生活的需要日益广泛，不仅对物质文化生活提出了更高要求，尤其是

在民主、法治、公平、正义、安全、环境等方面的要求日益增长。

我国社会主要矛盾的重新定位是新时代党和国家高瞻远瞩、科学研判的重要成果：一是明确了随着经济社会的快速发展，人民的需要不再是低层次温饱型的需求，而是基本实现小康之后对更高层次的美好生活有了多元化需求；二是蕴含着人民对美好生活的需要更多地转向精神文化生活上，更加追求工作上的获得感、生活上的幸福感、居住社区的归属感和人生价值的认同感；三是正视了目前所存在的发展不平衡不充分的现实问题，其中，不平衡表现在城乡区域之间，不充分则更多地指精神文化上的软环境有待进一步加强。

二、新时代人民对美好生活的向往

新时代，人民对美好生活的向往和期待聚焦为国家富强、社会进步、个人成长：一是向往国家更好更充分地实现经济发展、政治文明、文化繁荣、社会进步，为个人成长提供优越环境和展现平台；二是向往社会更加公平正义、自由平等、公正法治，实现人的自由发展、平等发展、全面发展，从而促使人与社会的和谐发展；三是向往社会主义新型人际关系，实现以社会公德、职业道德、家庭美德、个人品德为主要内容的“四德”建设，全民综合素质得以提高，从而促使人与人和谐相处，不断增强人民的获得感、幸福感和归属感。

新时代，更好地满足人民对美好生活的需要和向往，是我国经济社会发展的根本任务和目标所在。“以人为本”是党和国家在经济社会发展中所遵循的重要原则之一，《国民经济和社会发展第十三个五年规划纲要》明确强调经济社会发展要坚持人民主体地位。实现好、维护好、发展好最广大人民根本利益是发展的根本目的，为此，必须坚持以人民为中心的发展思想，把增进人民福祉、促进人的全面发展作为发展的出发点和落脚点，以更好地满足新时代人民对美好生活的期待。

三、办好新时代人民满意的终身教育

办好人民满意的终身教育，是新时代教育领域满足人民对美好生活需要的重要举措。通过发展终身教育实现大力提升国民综合素质，以社会主义核心价值观为引领，加强思想道德建设和社会诚信建设，弘扬中华传统美德和时代新风，倡导科学精神和人文精神，实现全面提高国民素质和社会文明程度。

同时，积极响应国家发展战略和地区发展规划，大力发展教育培训服务。面向社会针对不同人群，积极开展终身教育培训活动，重点在于就业技能培训、创新创业培训和文化教育培训等各类教育培训活动。为实施乡村振兴战略，培养造就一支懂农业、爱农村、爱农民的“三农”工作队伍。尤其，要适应我国经济社会发展需要和人民日益增长的精神文化生活需要，动态调整、不断优化、按需定制终身教育培训服务，为人民群众终身学习提供全程全方位的支持服务，积极构建终身教育体系和加快建设学习型社会。

第三节　新时代社区教育发展的新使命

为更好地满足人民对美好生活的需要，有效改变我国经济社会不平衡不充分的发展现状，新时代赋予了继续教育新使命。为此，应以长远发展的战略眼光，积极构建新时代的终身教育体系，新时代社区教育理所应当地要承担起时代所赋予的历史重任。

一、新时代继续教育发展的新使命

中国特色社会主义进入新时代，国家经济社会发展将由高速增长阶段转向高质量发展阶段，坚定走生产发展、生活富裕、生态良好的文明发展道路，不断满足人民日益增长的美好生活需要，使全体国民的获得感、幸福感、安全感更加充实、更有保障、更可持续，已成为党和国家带领全体人民共同奋斗的目标。

实现上述目标，经济社会的发展应该是全方位的，大力提高国民综合素质、将人口大国发展为人力资源强国和人才强国是其必然的选择。为此，党和国家将大力发展继续教育提到了前所未有的高度，仅在《国家教育事业发展第十三个五年规划》中人力资源开发目标是继续教育从业人员达35000万人次，赋予了新时代继续教育新使命。《国民经济和社会发展第十三个五年规划纲要》明确要求“大力发展继续教育，构建惠及全民的终身教育培训体系。”

在实践中，继续教育作为终身教育体系的重要组成部分，一要加强宣传、积极引导，以终身学习理念为引领，不断更新全体国民的继续教育观念，以加强人力资源能力建设为核心，大力发展非学历继续教育，稳步发展学历继续教育；二要为不同人群提供可以自主选择的多种形式的继续教育，统筹扩大更多优质继续教育资源，并提供全程全方位的支持服务；三要有效促进各级各类教育纵向衔接、横向沟通，为广大人民参与继续教育提供多次选择的机会，不断拓展成长成才通道，以更好地满足个人多样化的终身学习和全面发展的需要。

二、新时代终身教育体系构建策略

新时代的终身教育体系将是贯穿人整个生命周期的完整教育体系，涵盖了完整的国民教育体系和职前职后教育、正式非正式教育，以及各种形式的继续教育等教育内容，并以建设学习型社会为出发点和落脚点，具有“全员、全程、全面”等重要特征，尤其更加注重提高全体国民的综合素质，进而促进我国经济社会健康可持续发展。

新时代构建灵活开放的终身教育体系的重点任务在于健全城乡一体的社区教育组织网络体系、重构新型继续教育格局，加快推进学习型城市建设，发展在线教育和远程教育，为学习者提供更加方便、灵活、个性化的终身学习条件和支持服务。同时，加快构建终身教育制度，建立个人学习账号和学分累计制度，畅通继续教育、终身学习通道，制定国家资历框架，推进非学历教育学习成果、职业技能等级学分转换互认。

在实践中，国家层面上应成立由教育部牵头多部门共同参与的终身教育统筹机构，目前，教育部人事司仅仅依托国家开放大学成立了教育部社区教育研究培训中心，其职权范围与统筹职能有待提高，还需要实现与多部委的联合共同推进终身教育体系的构建；各省（直辖市）应整合各类教育资源以建立“省级社区教育指导服务中心—市社区教育指导服务中心（社区大学）—县（市、区）社区教育学院—乡镇（街道）社区教育中心学校—村（居）社区教育学习点”五级社区教育组织网络体系，实现社区教育全覆盖和城乡一体化发展。同时，为实现多部门的共同参与和协调推进，需要多部门联合成立各级终身教育促进委员会，履行统筹、规划、督导等职能，以更好地开创“党政统筹领导、教育部门牵头、有关部门主动配合、社会积极支持、社区自主活动，群众广泛参与”的新时代终身教育发展新局面。

三、新时代社区教育的责任担当

新时代赋予了社区教育新的历史使命，使命呼唤担当，使命引领未来。社区教育将在服务我国经济社会发展、破解人民对美好生活的需要与发展不平衡不充分之间的矛盾、早日实现中华民族伟大复兴中国梦的过程中大有作为，其应有的责任担当概括起来主要包括以下几个方面：

一是健全城乡一体的社区教育办学网络，广泛开展城乡社区教育。整合、汇聚优质教育资源，实现各类学习资源开放共享，推动各级各类学校和教育机构向全社会提供终身教育服务。

二是搭建终身学习“立交桥”，拓展全民成长成才通道。制定国家资历框架，建立个人学习账号和学分累计制度；统筹协调各相关部门，建立多种学习成果认证平台。

三是开展以社会主义核心价值观为引领的社区文化建设。使得中国梦深入人心，社会主义核心价值观和中华优秀传统文化广泛弘扬，群众性精神文明创建活动扎实开展。深入挖掘中华优秀传统文化蕴含的思想观念、人文精神、道德规范，结合新时代要求继承创新，让中华文化展现出永久魅力和时代风采。发展面向现代化、面向世界、面向未来的，民族的、科学的、大众的社会主义文化。

四是积极开展面向各类人群的教育培训活动。针对不同人群多样化的终身学习需求，积极开展新型职业农民教育、新市民教育、家庭教育、青少年德育教育、创业再就业技能培训、社区老年教育等专题专项社区教育系列培训活动，为区域经济社会发展提供智力支持和人才保障。

五是有序推进社区教育助力社区治理。加强社区治理体系建设，推动社会治理重心向基层下移，发挥社会组织作用，实现政府治理和社会调节、居民自治良性互动。

六是大力提高国民的综合素质。通过多途径多方式提高全体国民的思想觉悟、道德水准、文明素养，提高全社会文明程度。深入实施公民道德建设工程，推进社会公德、职业道德、家庭美德、个人品德建设，激励人们向上向善、孝老爱亲，忠于祖国、忠于人民，人民有信仰，国家有力量，民族有希望。

新时代山东社区教育发展，显然应从省情实际出发，以新的发展理念为引领，牢牢把握“山东在全面建成小康社会进程中、在社会主义现代化建设新征程中走在前列，全面开创新时代现代化强省建设新局面”的目标定位。山东省兼有经济大省和人口大省的现实特征，自然山东教育在省域经济社会发展中愈发显得重要，而且山东自古以来就有尊师重教的优秀传统，倡导高尚的个人修养和文明的社会风气，可谓人才辈出。新时代人民对教育提出了更高的需求和期待，以社区教育为重要载体的终身教育将在国民综合素质提升中发挥愈来愈重要的作用，山东对此明确提出“构建终身教育体系”“大力发展社区教育和面向全体社会成员的继续教育”：各级、各有关部门要落实发展社区教育的责任，把社区教育作为社区建设的重要内容。建立健全省、市、县、乡四级社区教育网络，广泛开展城乡社区教育，建立健全社区教育志愿者队伍和指导专家队伍，完善社区教育学校基础设施和办学条件；构建惠及全民的终身教育培训体系，加快山东学习型社会建设。

第二章 终身学习理念倡导的策略和举措

中国特色社会主义进入新时代，实现人的自由全面发展、大力提高国民综合素质的呼声更加强烈，需求也更加迫切。这就需要广大社会成员通过自身终身学习，不断提升自己；同时，全社会也要积极营造全民终身学习氛围，加快建设学习型社会，多措并举宣传倡导终身学习理念，为全体居民参与终身学习提供多样化的选择和个性化的服务，积极培育居民终身学习习惯。

第一节　新时代社区教育发展的理念基础

进入新时代，终身学习理念内涵更加丰富，以终身学习理念引领学习型社会建设已是大势所趋。对终身学习理念认知和认同的程度是加快建设学习型社会、有效推进社区教育健康发展的观念基础，全社会大力倡导宣传终身学习理念势在必行。

一、新时代终身学习理念的丰富内涵

在我国，1993年发布的《中国教育改革与发展纲要》首次提出“终身教育”概念；1995年颁布的规定：国家“促进各级各类教育协调发展，建立和完善终身教育体系”；1998年发布的《面向21世纪教育振兴行动计划》明确提出要“开展社区教育实验工作，逐步建立和完善终身教育体系，努力提高全民素质”；2010年颁布的《国家中长期教育改革和发展规划纲要（2010—2020年）》确定“构建灵活开放的终身教育体系”；2019年出台的《中国教育现代化2035》再次将“构建服务全民的终身学习体系”确定为十大战略任务之一。不难发现，终身教育已逐渐成为社会发展和教育改革的一种新的理念、新的取向、新的实践和新的模式。

中国古训“活到老，学到老”，以淳朴的语言告诫人们“年轻时，学是为了理想，为了安定；中年时，学是为了补充，补充空洞的心灵；老年时，学则是一种意境，慢慢品味，自乐其中。”可见，终身学习应该是全体社会成员在人生全过程中都需要不间断地学习，通过自身积极主动地学习达到更新知识、增长技能、提升自我综合素质，以更好适应经济社会发展需要和满足自身日益增长的精神文化需求。也就是说，人的一生应该是通过不断学习、提升自我，追求人的自由全面发展，进而最大化实现人生价值的过程。

尤其是，在当今知识经济、信息爆炸的新时代，终身学习理念倡导人们要抛弃传统的学习观，做到以“活到老学到老”替代“一次性学校教育可用终生”的学习理念；使人们普遍接纳“学习是一种生活方式和行为习惯”的基本观念。同时，中国特色社会主义进入新时代，全社会应努力创造条件，积极营造“人人是学习之主、时时是学习之机、处处是学习之所”的终身学习氛围。

二、倡导终身学习理念的必要性和现实性

中国特色社会主义进入新时代，为实现“加快建设学习型社会，大力提高国民素质”，促使社区教育内涵式发展，终身学习理念必须先行。终身学习

作为一种新理念，一种新教育与学习观，一种个人提升、社会发展的新观念，需要在全社会大力宣传，积极营造浓厚的全民终身学习氛围，使之深入人心。社会各界尤其是各级政府和教育主管部门应该用终身学习的理念对教育所固有的传统观念进行修正，引导全体社会成员彻底摒弃“一次性学校阶段的学习，可以终身够用”的传统学习理念。

当前，随着经济社会的高速发展，新技术新技能新应用日新月异，任何人如果不进行知识更新、素质提升，必将落伍于社会落伍于时代，甚至被时代所淘汰。作为新时代奔跑的“追梦人”，只有适应经济社会发展、紧跟生活和工作快节奏步伐、不失时机地学习掌握新时代所需的各项技能，才能够成为新时代的优秀建设者和接班人。当今社会，信息量爆炸式增长，尤其是，“互联网+”的广泛应用，使得学习无处不在，同时，向人们已有知识和技能发出了挑战，只有自我知识不断更新、技能不断提升、综合素质不断提高，才能适应经济社会发展和生活工作需要。不难发现，终身学习必将成为二十一世纪人类社会中一种重要的生活方式和适应社会、提升自我的必要手段。

三、终身学习理念下学习型社会建设

终身学习理念下学习型社会的本质特征是全体社会成员“善于、乐于、享于”终身学习，学习成为了一种生活习惯和行为方式，强调全员学习、终身学习和全过程学习。学习型社会倡导人人终身接受教育，并保障每一位社会成员的终身学习权利和满足全民多样化的终身学习需求，为全民终身学习提供均等机会，实现“人人皆学、时时能学、处处可学”的美好愿景，为早日实现中华民族伟大复兴的“中国梦”提供智力支撑和人才保障。

在实践中，加快建设学习型社会需要“政府、社会、居民”三位一体，形成合力，实现“政府主导、社会参与、居民践行”的社会化大教育。新时代社区教育内涵式发展必须坚持以学习者为中心，整合利用一切可以利用的社会教育资源，通过多途径、多方式为全民终身学习提供可供自主选择的终身学习机会，并提供全时空的支持服务，以更好地满足学习者多样性、个性化的终身学

习需求。为此，新时代加快建设具有中国特色的学习型社会重点应做好以下几个方面的工作：

一是积极构建终身教育体系，不断完善社区教育组织网络，做好统筹规划和顶层设计，明确各级办学网络的职责任务，实现各级各类教育纵向衔接、横向沟通。

二是不断完善实现终身学习健康可持续发展的体制机制，通过国家立法为终身学习提供强有力保障，以实现终身学习的制度化和规范化。

三是以助力解决新时代我国社会主要矛盾为目标，服务国家发展战略，充分结合区域经济社会发展实际，针对不同人群开展形式多样的社区教育活动，大力提高国民综合素质。

四是有效整合、最大化共享和充分利用所有社会优质教育资源服务于学习型社会建设，包括社区教育师资队伍、各类公共文化资源、各类学校的软硬件资源、可供利用的课程资源，等等。

五是搭建人才成长“立交桥”，建立个人学习账号和学分累计制度，推动多种学习方式、学习过程相互衔接，实现学习成果“零存整取”，进而畅通继续教育、终身学习通道，为全体社会成员成长成才提供多种选择。

六是充分利用现代信息网络技术和“互联网+”教育优势，努力为“人人”提供能够在任何时间、任何地点进行适合自身发展的终身学习机会，更加关注全体社会成员的学习成长过程，为其提供“全程全方位全时段”的学习支持服务。

第二节　多措并举倡导全民终身学习

进入新时代，为加快建设学习型社会、营造浓厚的全民终身学习氛围，政府应充分发挥主导作用，多措并举倡导全民终身学习。在实践中，全国各地以全民终身学习活动周为重要载体，结合区域经济社会发展实际和居民终身学习需求，开展了一系列主题鲜明的特色活动；并制作发布了社区教育专题宣传片，集中宣传终身学习理念、展示发展成果、推广经验做法、憧憬未来发展；与此同时，还综合利用新媒体技术对终身教育、全民学习的先进理念、重要意义和模范典型进行全方位宣传报道，引起了社会各界的共同关注、高度重视和一致好评。

一、开展好全民终身学习活动周

2005年，教育部职成教司、中国成人教育协会、中国联合国教科文全委会联合发起组织，由北京、上海、天津等10个城市共同举办的“2005年全民终身学习活动周”在北京首次启动。经过十几年的科学部署、广泛宣传、积极发动、持续推进、层层落实，“全民终身学习活动周”已成为一项群众性的学习活动，成为大力宣传终身学习理念、引导全社会积极参与、促进党和国家“完善终身教育体系，建设学习型社会”战略目标实现的重要载体和有效途径。

教育部高度重视每一届“全民终身学习活动周”，并根据经济社会发展实际和时代所需确定每年活动周的主题。其中，2018年全民终身学习活动周全国总开幕式在浙江省宁波市举行，以“服务国家重大战略，推动全民终身学习”为主题，旨在将新时代中国特色继续教育推向新的发展阶段。强调坚持以人民为中心发展教育，要把努力让每个人享有受教育的机会，加快建成伴随每个人一生的教育和更加开放灵活的教育作为发展新时代社区教育的工作目标和根本遵循。积极推动全民终身学习，营造“人人皆学、处处能学、时时可学”的良好社会氛围，加快推进学习型社会建设和学习大国建设，奋力办好新时代中国特色继续教育。

同时，全国各地教育主管部门也高度重视举办区域全民终身学习活动周，通过制定文件、成立机构、加大投入、宣传动员，广泛开展丰富多彩的社区教育活动和竞赛评比，确保了各地学习活动周的顺利开展。活动周期间，采用各级上下联动、全民全程参与、线上线下同步的方式，活动周内容丰富、载体多样、形式创新、成果显著，产生了积极广泛的社会影响，有效激发了全民参与终身学习的积极性和内动力。2018年山东省暨潍坊市全民终身学习活动周的主题为“开展全民终身学习，服务重大战略工程”，活动周期间，不仅组织开展了“百姓学习之星”和“终身学习品牌项目”遴选活动，而且各市县结合本地实际举办了“社区教育大讲堂”“中国传统文化进社区”等活动，各级社区教育机构面向当地社区居民开展了“终身学习开放日”“书香齐鲁”全民读书日等活动。通过丰富多彩的社区教育主题活动的开展，意在着力培育和践行社会主义核心价值观，让终身学习成为人们进入小康社会发展的最大需求，更好地服务于经济文化强省建设和乡村振兴战略。

二、充分利用专题片集中宣传全民终身学习

当前，制作发布、充分利用社区教育专题宣传片集中宣传“终身教育、全民学习”，已成为最为常见、行之有效的倡导全民终身学习的载体和途径。社区教育专题宣传片在宣传倡导中具有自身优势：一是宣传片能够实现声情并茂地将终身学习的理念、人和事融为一体，非常形象地展现给大众；二是宣传片能够将问题进行聚焦，将要表达的观点、倡导号召的事情集中地传达给大众；三是宣传片能够重复、灵活地应用在多种场景，如现场或网络甚至自我学习等，实现按需个性化地服务于大众。为此，在实践中，社区教育专题宣传片受到了人们的一致欢迎，在倡导全民终身学习过程中发挥着重要作用。

近年来，全国各地均在积极制作、发布富有地域特色的社区教育专题宣传片，主要内容涵盖宣传发展利好政策、总结经验做法、展示发展成果、表彰先进典型、倡导终身学习、憧憬未来发展，等等。不仅国家、省市、区县发布了各自的专题宣传片，而且有的街道（乡镇），甚至部分社区也制作了属于自己的社区教育宣传片。

2018年，《山东社区教育发展巡礼》制作发布，宣传片分为发展政策篇、发展成就篇、发展憧憬篇等三大部分。首先，聚焦党和国家高度重视社区教育发展和学习型社会建设，并出台了众多利好政策；然后，从社区教育组织机

构不断健全、社区教育师资队伍不断加强、数字化学习引领社区教育发展、社区教育活动丰富多彩、社区教育品牌遍地开花五个方面集中展示了山东社区教育发展成就；最后，对山东社区教育未来发展充满了期待，立足现在、坚定信心，将通过大力发展社区教育，努力为山东经济社会发展和满足人民对美好生活的期待做出积极贡献。

三、综合利用多种媒体广泛宣传全民终身学习

无论是终身学习理念的倡导与践行，还是社区教育活动的组织与推广，广大社会成员的一致认可和积极参与至关重要。当前，社区教育发展虽然在我国已历经数十年，但是，全体国民对其的知晓度、认可度、参与率还有待进一步提高。这就需要综合运用新媒体技术和多种载体进行广泛宣传，激发全民参与终身学习的积极性和内动力，概括起来，应重点做好如下几个方面的工作：

一是综合利用新媒体技术进行全时空宣传，如网络学习平台、微信公众号、微博等网络媒体和新兴媒体，实现国家政策速递、各地经验做法汇聚、先进典型表彰和学习成果展示等，同时实现社区教育新闻资讯实时发布、优质教育资源个性化推送、全程全方位服务及时提供等。

二是有效利用传统媒体进行大力宣传，如广播电视、报刊杂志、专题专栏展板等宣传阵地，使得终身学习宣传覆盖各类人群，并与新兴媒体实现优势互补，注重终身学习理念宣传，实现居民对终身学习由知晓、了解、熟知到践行的渐进式引导，积极培育终身学习习惯，使其成为全民的一种生活习惯与时尚选择。

三是充分利用大型主题活动广泛宣传，如全民终身学习活动周、读书日等，借助评选“社区教育品牌项目”“全民学习之星”等，发挥先进典型的引领示范作用，用“身边人、身边事”教育引导身边人，并加大对各地终身学习活动的宣传，展示各地全民终身学习活动的成果，交流各地社区教育实践经验，总结提炼终身学习成果。

第三节 培育全民终身学习习惯

进入二十一世纪，随着终身教育、终身学习、学习型社会、学习化社会等四大理念的不断演进和宣传推广，进而被大众所接受，使得学习已从学校中的课堂走向社会的每一个角落，学习的过程从阶段性学校学习发展到持续一生的终身学习，学习驱动方式从被动学习转向主动学习，学习进而成为人们的一种生活方式和行为习惯。在此过程中，培育全民良好的终身学习习惯、激发全民参与终身学习的积极性和内动力至关重要，为此，需要充分发挥政府的主导作用，鼓励社会各界多元参与，积极营造浓厚的终身教育、全民学习的良好社会氛围，引导个人不断更新终身学习理念，并通过建立健全终身学习服务体系、多方式学习激励和多举措学习引导、建设社区教育实验示范基地和学习体验中心、开展线上线下混合式教学活动等，全方位培育全民终身学习习惯，服务于学习型社会建设。

一、终身学习支持服务体系建设

在实践中，建立健全终身学习支持服务体系是培育全民终身学习习惯的基础性工作和重要前提，是社区教育内涵式发展的必然要求，也是新时代加快建设学习型社会的重要一环，应按照省市县（区）乡（街）村（居）等五级区域划分设立机构、明确职责、提供场地、配备人员、保障经费为全民终身学习提供“导学、助学、促学”全程全方位的支持服务。

一般来讲，为全民终身学习提供的支持服务主要分为网络在线学习支持服务和实体办学中的培训活动教学服务。各级各类社区教育机构应为本区域居民终身学习提供多种可供选择的支持服务方式和途径，如设立学习支持服务办公室、公布支持服务电话和邮箱、开通微信公众号、建立QQ交流群和微信群等，实现实时信息咨询与全程学习支持服务。

其中，网络在线学习支持服务实现策略主要包括：一是不断优化在线学习综合性平台，实现“在线网站、移动APP、微信公众号”三位一体，搭建“开放式、智能化、超便利”的社区教育学习超市；二是提供优质教育资源，实现信息资讯和课程资源的定制与推送，以更好地满足居民多样化终身学习需要；三是通过多方式多途径为居民提供学习全程的实时支持服务。而实体办学中的培训活动教学服务实现策略主要有：一是就近为居民提供终身学习场所，包括培训活动教室、实验示范基地、学习体验中心等；二是开展丰富多样的教育活动课程，更好地满足不同人群多层次需要；三是为教学和活动开展提供必要、及时的管理支持服务，以便教育活动的顺利开展等。

在五级学习支持服务体系中，省级要统筹规划、引领示范、指导服务全省社区教育发展，重点为其他各级机构提供宏观协调、服务指导、人员培训、资源共享、信息咨询等服务；市级应针对本市社区教育发展，积极开展课程资源建设、制定本市区域社区教育发展规划和年度培训活动计划、并为所属区域内开展社区教育实体教学提供支持服务；县（区）级则以社区教育学院为载体，重点构建本区域内“县（区）—乡（街）—村（居）”三级终身学习支持服务体系；街镇和村居应聚焦实体办学，重在为本区域居民线上线下终身学习提供全方位的支持服务等。

二、学习激励与多举措引导策略

显然，全民终身学习习惯的养成并非是一蹴而就的，而是需要一个漫长的渐进过程，利用网络综合管理平台和线下全民学习服务中心，通过“导学、助学、促学”等途径为学习者提供全时空的支持服务，采取有效的措施积极培育居民“愿学、乐学、享学”的终身学习习惯，以适当的形式开展学习激励，并对居民的学习行为进行合理引导，在实践中可以采取如下若干策略。

一是制定好区域社区教育长期发展规划和年度培训活动与课程教学计划，明确各项培训活动的时间表和课程教学的责任人，并提前通过官方网站、微信公众号、海报宣传栏等平台向社会发布，以便于居民按需选择自己喜欢的教育活动与课程，使其能够为参与活动和学习提前做好充分的准备。

二是采取线上线下混合式教学模式，为全民参与终身学习提供多样化的选择。其中网络在线学习根据学习积分进行动态排名，实体班教学利用汇报演出进行学习成果展示，并将线下活动与线上投票评选相结合，为居民自我展示和经验交流提供平台；同时，开展“全民学习之星”和“社区教育品牌项目”评选活动，并在全民终身学习周期间进行表彰。

三是做好统一规划和顶层设计，为居民建立个人终身学习档案，发放终身学习卡，开通网上个人学习空间，推送优质教育资源，跟踪其实时学习动态，及时登记线上线下各项学习成果，让学习者在学习过程中有获得感、成就感和幸福感，为搭建终身学习“立交桥”做好基础性工作，有效拓展全民成长成才通道。

三、实验示范基地和学习体验中心建设

中国特色社会主义进入新时代，社区教育更加追求内涵式发展，全国各地均在通过多种方式积极打造一批在本区域社区教育发展中具有引领、示范和辐射作用的先进典型。其中，实验基地和示范基地已成为实现社区教育特色发展、优质发展的重要途径与有效载体，其不仅注重教学实体的硬件配套建设，而且更加关注丰富的教学活动与完善的支持服务，促使社区教育的社会成效日趋明显。同时，在社区教育机制体制上不断创新，为社区教育更好更快发展积累了宝贵经验、形成了可供复制和推广的典型模式。

而社区教育学习体验中心是培育全民终身学习习惯、开展线上线下混合式教学的重要基地，可分类为数字化学习体验中心、老年教育体验中心、实验班教学中心等。学习体验中心建设应注重规范化和标准化，真正能够在新时代全民终身学习中发挥引领示范作用；同时，利用学习体验中心开展好富有特色适合居民需求的体验项目，并根据用户体验反馈及时进行完善，从而形成制度化规范和体系性教学框架，为全民终身学习理念实践和体验项目推广进行有效尝试。

第三章 新时代社区教育组织网络体系构建

党和国家高度重视学习型社会建设，党的十六大、十七大、十八大、十九大都提出了建设学习型社会的宏伟目标。党的十六大提出："形成全民学习、终身学习的学习型社会，促进人的全面发展。"党的十七大明确要求："现代国民教育体系更加完善，终身教育体系基本形成"，"建设全民学习、终身学习的学习型社会"。党的十八大再次强调："完善终身教育体系，建设学习型社会"。党的十九大又一次提出："加快建设学习型社会，大力提高国民素质。"可见，发展社区教育已成为"构建体系完备的终身教育""建设学习型社会"的重要内容和我国经济社会发展的重要目标之一，并将成为一项持久性的社会性工程。

中共中央办公厅、国务院办公厅印发的《加快推进教育现代化实施方案（2018—2022年）》在提出的重点任务中特别强调："加快发展社区教育、老年教育，深入推动学习型组织建设和学习型城市建设。"大力发展社区教育、加快建设学习型社会，必然要以完善的社区教育组织网络体系为基础和前提。新时代社区教育组织网络体系具有丰富的内涵、科学的架构、明确的功能，建立健全社区教育组织网络体系应采取长远的规划、有效的策略、可行的措施，在实践中，学习型组织在构建社区教育组织网络体系中发挥着不可忽视的作用，应充分发挥和有效利用。

第一节　新时代社区教育组织网络体系构建设想

新时代，社区教育的责任担当使其内涵更加丰富，为促使社区教育健康快速可持续发展必须梳理、明确其组织网络体系的功能架构和发展定位，做到责任明确、各司其职、协同推进，进而挖掘制约和影响社区教育组织网络功能有效发挥的关键因素，为终身教育体系构建和学习型社会建设做出积极贡献。

一、社区教育组织网络体系的内涵

新时代，大力发展社区教育已成为构建终身教育体系、建设学习型社会的重要载体和有效途径，为此，探讨社区教育组织网络体系内涵应从终身教育体系谈起，一般来讲，终身教育体系包含了以学校全日制教育为主体构建的国民教育体系和以继续教育为主要内容的非国民教育体系两大体系，也就是说终身教育体系是指贯穿了人一生的完整教育链，覆盖了人的整个生命周期所有的教育内容和形式。

在实践中，社区教育组织网络体系可以区分为各级职能管理机构和办学网络。其中，职能管理机构如省市社区教育指导服务中心、社区教育工作委员会、社区教育工作领导小组、终身教育促进委员会等；而社区教育办学网络主要有各级社区大学、社区教育学院、社区教育学校、社区教育教学点等。当然，在实际工作开展中社区教育职能管理机构与办学网络所对应的实体可能有交叉或重叠，但其各自所发挥的功能应有所侧重，只有如此，才能构建起功能完备的社区教育组织网络体系，为服务全民终身学习和加快建设学习型社会奠定坚实的基础。

二、社区教育组织网络体系的功能架构

显然，实现新时代社区教育内涵式发展，首当其冲的便是科学定位社区教育组织网络体系的功能架构。如上所述，社区教育职能管理机构应更加侧重发挥好规划、协调、指导、监督、评价等职能，尤其是，如区域社区教育工作委员会、社区教育工作领导小组或终身教育促进委员会等多部门联合机构可以通过联席会议制度实现社区教育的统筹协调、资源共享、项目联动等功效，如上海市成立了由16个委办局组成的老年教育领导工作小组，成都市设立了由副市长牵头、27个委办局组成的社区教育和学习型城市建设联席会议，沈阳市也设立了由副书记牵头、26个委办局组成的社区教育和学习型城市建设联席会议，等等；而社区教育办学网络则应更加侧重于实体办学，主要包括课程资源建设、活动策划、教学实施、支持服务等，面向本地区所有居民开放式办学、开展线上线下混合式教学、实现全程全方位地为居民终身学习提供支持服务等。

新时代社区教育组织网络体系构建，必须明确各职能机构和办学单位的功能定位，理顺各自关系，才能有效促进社区教育健康可持续发展。在实践中，建议省级设立省社区教育指导服务中心实现面向全省履行标准制定、理论研究、服务指导、平台建设、资源整合、人员培训、政策咨询等职能，同时成立省终身教育促进委员会实现多部门之间统筹协调、建章立制、监督评价等顶层设计职能；市级除了设立市社区教育指导服务中心重在履行本市区域内管理指导和发展规划等职能外，还可以成立市社区大学开展实体办学，实施本市社区教育的活动策划、项目开展、课程建设、教学实施和支持服务等；区（县）设立社区教育学院重点围绕实体办学开展本区域内年度培训活动计划的制定与实施、师资队伍建设、培育社区教育品牌项目等；街（镇）设立社区教育学校、村（居）设立社区教育学习点具体为本区域内全民终身学习开展教学，并为居民/村民终身学习提供全过程的支持服务等。

近年来，全国各地区社区教育组织网络体系不断健全，教育部人事司依

托国家开放大学设立教育部社区教育研究培训中心，目前已有近三十个省、直辖市和自治区依托开放大学（广播电视大学）设立了省级社区教育指导服务机构（如北京、上海、重庆、黑龙江、山东、河南、河北、江苏、浙江、安徽、福建、贵州、湖北、甘肃、陕西、江西、青海、新疆、湖南、广西、内蒙古、天津、辽宁等），同时成立社区教育指导服务机构（社区大学）的已有近300个（占比近80%），而且，相当一部分地区的社区教育组织网络不断向基层延伸，已基本形成了“省—市—县（区）—乡镇（街道）—村（居）”五级社区教育组织网络体系，为新时代社区教育内涵式发展奠定了坚实的组织基础。

三、社区教育组织体系功能发挥的关键因素

在实践中，构建完善的社区教育组织网络体系意在充分发挥各职能管理部门和各级各类办学机构的功能作用，有效促进社区教育内涵式发展，实现新时代社区教育全面可持续发展。现实中社区教育健康发展受到多种因素的影响，概括起来，制约社区教育组织体系功能有效发挥的关键因素主要有以下几个方面。

一是职能管理机构与办学实体单位的职责定位。两者之间界定不清、定位不明、关系不顺，是影响和制约各自功能有效发挥的重要因素。社区教育组织网络体系中各级各类职能机构和办学单位，应尽快通过终身教育立法明文确定各自职责、理顺关系，在业务指导与归口管理上也要进行明确界定，以便于良性发展和监督评价。

二是资源共享与多部门联合统筹规划力度不够。当前，由于社会各界对发展社区教育的重要性认识不足，相当一部分地区的社区教育仅是教育系统在唱“独角戏”，相关的“九部门”没有真正参与其中，更没有形成发展合力。而鉴于社区教育是“教育社会化、社会教育化”的大教育，所以必须有效整合和充分共享各类社会教育资源，包括办学场地、师资队伍、课程资源、活动项目等，并实现多部门联合统筹规划、形成合力，共同推进社区教育健康快速发展。

三是法律法规制度保障滞后、体制机制不健全。国家终身教育立法滞后、区域终身教育促进条例仅有个别省市做了尝试，有些地区的社区教育发展仅凭时任领导的一时兴起和部分兼职教师的义务奉献，没有形成促使社区教育健康发展的体制机制，同时监督评价不到位、缺乏必要的保障措施，使得社区教育的可持续发展难以实现。为确保新时代社区教育的健康发展和各组织网络的功能发挥，必须建立健全相关法律法规制度，形成配套的体制机制，为实现社区教育内涵式发展提供制度保障和政策保障，尤其是实现全面可持续发展所需要的人财物，只有如此，才能实现社区教育的长久发展。

第二节　新时代社区教育组织网络体系构建策略

目前，我国社区教育组织网络体系不断健全，取得了长足发展，但是在实践中仍存在着一定的问题，需要采取必要的策略破除体系构建中遇到的种种障碍；同时，应充分结合各地区社区教育发展实际，深入分析、系统归纳影响和制约社区教育组织体系健康发展的重要因素，进而为政府制定社区教育发展规划，采取有效措施加快网络体系建设提供有力依据，不断提升新时代社区教育内涵式发展，为加快建设学习型社会奠定坚实的基础。

一、社区教育组织网络体系存在的问题

进入二十一世纪，我国社区教育步入了全面发展的快车道，党和国家高度重视学习型社会建设和终身教育事业发展，相继出台了一系列的利好政策，社区教育组织网络体系不断健全，社区教育项目形式更加多样、内容日益丰富，居民的参与率和满意度不断提高，取得了良好的社会成效。但是，随着社区教育向纵深不断发展，也遇到了影响和制约社区教育健康发展的若干问题，归纳起来，当前在构建新时代社区教育组织网络体系过程中存在的问题主要有以下几个方面：

一是对组织网络体系的构成界定和功能定位认识不清。比如在市级层次同一单位既设立了市社区教育指导服务中心又成立了市社区大学，而且在工作中未能将两者的职责区分开来，使得业务指导与实体办学混为一体、模糊不清；甚至有的区县也同时设立了社区教育学院和指导服务中心，其实，完全没有必要再设立区县级社区教育指导服务中心了，只需成立区县社区教育学院将重点放在实体办学上即可，等等。

二是长久发展的运行机制和保障措施仍未健全。因社区教育至少应该是在国家明确的“九部门”共同推进下由教育行政部门主管开展实施，但目前缺失由多部门共同成立的省终身教育促进委员会或市社区教育工作委员会或社区教育工作领导小组等，通过联席会议制度对本区域社区教育发展进行顶层设计、统筹规划、监督评价等职责；同时由于终身教育立法的滞后使得社区教育发展所需的人财物缺乏有力保障。这都严重影响和制约着新时代社区教育的长久可持续发展。

三是发展不平衡、缺乏必要的监督评价。由于不同地区经济社会发展水平不平衡以及社会成员对社区教育的认知不同，从而使得社区教育发展也很不平衡，如山东省大部分市都已成立了市县社区教育机构，而且有的区县已经构建了完善的“县（区）一乡镇（街道）一村（居）”三级网络体系，但是依然有个别市县社区教育组织网络体系至今仍是空白；同时，缺乏有效的监督评价也是致使社区教育发展不平衡的重要原因之一，社区教育发展未能纳入政府教育长期规划和督导范围，致使有些地区觉得社区教育可有可无。

二、构建新时代社区教育组织网络体系的核心要素

这里所要讨论的构建新时代社区教育组织网络体系的核心要素，与上述已讨论过的社区教育组织功能发挥的关键因素各有侧重，前者主要指构建过程中的影响因素，解决的是如何建的问题；后者主要是指已构建完成的组织网络机构功能发挥的影响因素，解决的是如何用、如何用好的问题。在实践中，建立健全新时代社区教育组织网络体系过程中应重点处理好如下若干个

重要因素。

一是管理体制。新时代社区教育良性发展的管理体制应该是在党委领导、政府统筹下，教育部门主管，相关部门积极配合、社会各界大力支持的多元主体共同参与、协调推进，首先党和政府要做好顶层设计和发展规划，并通过制定相关法律制度为社区教育健康发展提供所需要的人财物等基本保障；其次通过建立社区教育联席会、联盟或社区教育协作会等制度，由教育部门牵头联合社会各界共同参与，凝聚社会共识，形成社区教育发展合力和协同治理体系；再者将社区教育长远发展规划分解为年度工作计划，并确定目标责任、建立考核评价机制，确保社区教育发展目标落到实处。

二是属地管辖。社区教育本身具有鲜明的地域性，应实行属地管辖，因此其组织网络体系建设是以现有区域划分为基础的，首先各地社区教育组织机构应由当地政府或教育主管部门批复设立，面向本地区开展社区教育工作，服务于本区域居民终身学习；其次各级政府应为本地区社区教育机构开展工作提供所需的人财物等基本保障，并对其工作进行监督评价等；再者针对乡镇（街道）、村（居）两级社区教育体系建设，为便于区域统筹和协调发展，最好由区（县）统一建立“区（县）、街（镇）、村（居）”三级组织网络体系，以实现资源共享和一体化发展。

三是业务指导。社区教育同时又是一项系统性社会工程，需要建立完善的组织网络体系，在系统内开展业务指导，首先省级社区教育指导中心需要做好统筹规划，制定发布本区域年度工作计划，并提供政策咨询、标准制定、业务指导、人员培训等支持服务；其次各级各类社区教育机构应接受上一级的业务指导，实现协调推进和一体化发展；再者可以由省市社区教育指导中心组织召开本区域社区教育工作年会，进行社区教育工作者从业技能培训和经验交流，不断提升业务水平，促使社区教育内涵式发展。

三、加快社区教育组织网络体系构建的有效措施

新时代，构建完善的社区教育组织网络体系是加快建设学习型社会的基

础和前提，势在必行。在实践中，针对当前社区教育组织网络体系存在的问题，结合影响社区教育组织网络体系构建的重要因素，应积极采取切实有效的措施加快推进，概括起来可以从如下几个重要方面入手。

一是提高认识、统一规范。综合分析社区教育组织体系缺失或不健全的地区，除了受经济社会发展水平影响外，很重要的一点是当地政府和教育主管部门对其重要性认识不够，没有真正意识到新时代社区教育工作的重要作用和长远意义；而统一规范是要实现组织网络体系中各机构名称的统一、职责的明确定位，积极构建“省—市—县（区）—乡镇（街道）—村（居）”五级网络体系。

二是多方联合、共同推进。众所周知，社区教育是一项复杂的系统性工程，需要有效整合和充分利用一切社会教育资源，为此，应该在党政统筹领导下，由教育部门牵头、多方联合、共同推进。在实践中，可以由多部门共同成立终身教育促进委员会、社区教育工作委员会或社区教育工作领导小组，并通过联席会议制度形成发展合力，协商解决社区教育组织网络体系构建过程中遇到的各种问题，为新时代社区教育内涵式发展建立健全长久发展的体制机制，提供有力的人财物保障。如上海市学习型社会建设与终身教育促进委员会，成都市终身教育促进办公室，郑州市成立的以主管市长为组长，市委宣传部、发改委、财政局、教育局等18个部门主管领导为成员的社区教育领导小组，等等，均建立了统筹高效的工作机制，实现了多方联合，共同推进社区教育健康可持续发展。

三是重点突破、重心下移。重点突破包括将社区教育发展纳入区域教育发展长期规划、设立专项资金并列入政府财政预算为社区教育发展提供经费保障、加大社区教育师资队伍建设并为其专业化和职业化发展提供通道等；而重心下移则指将社区教育组织网络体系的末端即村（居）社区教育学习点作为重心，实现社区教育向纵深发展，真正将终身教育办到社区，办成居民身边“看得见、摸得着、用得上”的大众教育，并为全民终身学习提供全程全方位的支持服务。

第三节　新时代学习型组织发展策略

学习型组织已成为社区教育组织网络体系下大力发展社区教育、实现全民终身学习的重要载体和有效途径。新时代学习型组织的内涵在不断丰富，为加快建设学习型社会实现新时代学习型组织的自我组织、自我教育、自我管理、自我服务，不断增强各类学习型组织的凝聚力和创新力，分析影响其健康发展的关键因素，并采取有效措施以实现学习型组织的健康可持续发展至关重要。从而做出更大新的贡献。

一、新时代学习型组织的内涵

一般来讲，学习型组织是指具有共同学习愿景、强调团队合作学习、意在实现自我超越和共同进步、以提高自身综合素质为宗旨的新型组织，在学习过程中通过“赶、超、比、带、帮”等方式实现协同学习、共同提高。可见，新时代学习型组织的首要特征为“善于不断学习”，关键在于实现终身学习、全员学习、全过程学习和团队学习。因此，大力发展学习型组织已成为新时代社区教育内涵建设的重要内容和有效载体。

从广义上来讲，学习型社会、学习型城市都可以看作是学习型组织，而学习型社区、学习型家庭、学习型单位和班组、学习型行业，还有学习共同体等等，都可以看作为学习型组织创建的重要载体和有效途径。新时代学习型组织的核心精神为“学习、思考、创新”：学习为团体学习、全员学习；思考为系统、非线性的思考；创新是观念、制度、方法与管理等多方面的不断更新。尤其是，“善于不断学习”是学习型组织的重要特征，更加强调终身学习、全员学习、全过程学习和团队学习。

在当今信息网络高速发展和“互联网+”社区教育广泛应用的新时代，随着网络在线学习日益流行和即时通讯方式的多样化，以“网络虚拟社区”为主要形态创建的学习型组织或共同体已发展成为一种流行的新时代学习型组织。在实践中，虚拟学习社区作为一种新型的学习组织，以交互学习、协作学习、自主学习和自助学习为主要的学习方式，借助网络在线学习平台所提供的学习资源和支持服务，使得学习者更加便于获取知识、增进理解和提高技能，以发展成为以学习为目的的综合性交互式自治区域。

二、影响和制约学习型组织发展的关键因素

在实践中，学习型组织的发展是一个系统、全局、连续的动态过程，受到众多因素的影响和制约，诸如经济社会发展水平、全社会终身学习氛围、有效的激励和必要的评价、以人财物为主要内容的保障措施，等等。概括起来，影响和制约新时代学习型组织健康发展的关键因素主要包括以下几个方面的内容。

一是时代发展要求和自身发展需要。众所周知，新时代是科技发展日新月异、知识经济主导的时代，这促使了全民终身学习和共同提高成为一种必然选择。时代的发展要求全社会、每个城市和社区、每个单位和班组、直至每个家庭和个人，都应积极参与到终身学习的大潮。因此，为了不断提高自身综合素质、不落伍于时代、不被时代所淘汰，均需要加入各类学习型组织，以取长补短、共同进步、共同提高。

二是有效的激励和必要的评价。无论针对各类学习型组织整体还是组织成员个人，若使其发展或终身学习行为能够持久，有效的激励是必不可少的，可以是物质奖励、荣誉表彰，也可以是成果展示、过程记录等；同时，还需要对学习型组织甚至其成员进行必要的评价和督导，以促使组织发展更加规范化、成员学习目标更加具体化、学习成效更加显著，等等。

三是以人财物为主的保障措施。任何学习型组织的创建和发展，必然会涉及到人、财、物的问题，没有必要的人财物为其保障，创建活动无法开展、学习激励无法兑现、学习成效无法评价。同时，还要将人财物的保障措施以制度的形式固化下来，进而形成学习型组织健康可持续发展的体制机制。

三、实现学习型组织健康发展的有效措施

《教育部等九部门关于进一步推进社区教育发展的意见》(教职成〔2016〕4号)明确提出“推动各类学习型组织与学习共同体建设”：广泛开展学习型乡镇(街道)、学习型社区、学习型家庭等各类学习型组织创建活动，推动学习型城市建设。鼓励和引导社区居民自发组建形式多样的学习团队、活动小组等学习共同体。在实践中，为实现学习型组织健康可持续发展，必须采取有效的策略和必要的措施，具体可以从以下几个主要方面做起。

一是营造浓厚的终身学习氛围，加强理念宣传与引导。显然，新时代学习型组织的创建与发展应纳入终身教育体系构建和学习型社会建设的框架之下，其首要的就是要积极营造全社会“崇尚学习、乐于学习”的浓厚氛围，大力宣传终身教育理念，有效引导全民参与终身学习，以终身学习理念引领学习型组织的建设、培育和发展。

二是以主题创建活动为重要抓手，提供全程支持服务。在实践中，各地区可以结合区域经济社会发展实际和居民终身学习需求，积极开展主题鲜明的学习型组织创建活动，同时各级各类社区教育机构要为活动开展提供全程的支持服务，如培育和践行社会主义核心价值观活动、学习贯彻党的十九大报告活动、大学习大调研大改进活动、“学习强国”学习平台推广使用活动、文明城市创建活动等。其中，针对学习型城市，中国成人教育协会发起成立了学习型城市联盟，旨在推进全国学习型城市建设。

三是通过评选评价、示范引领，积极培育先进典型。现如今，规模不一、形式多样的学习型组织开展着集体学习共同提高的各项活动，已成为新时代日常生活和工作中的一种新常态、新风尚，如各单位的理论学习中心组、科研创新团队等。为实现学习型组织的健康发展，可以通过开展多种形式的评选评价活动，积极培育先进典型，并充分发挥其示范引领作用，开创“比、学、赶、帮、带”良好局面，实现学习型组织又快又好发展，如评选数字化学习先行区、全民终身学习之星、优秀学习型企业和班组、学习型家庭典型等。其中，

联合国教科文组织于2015年开始设立的学习型城市奖非常具有代表性，每两年评选一次，旨在对全球范围内在学习型城市建设和发展方面取得显著成就的城市进行表彰。目前，全球共有38个城市获此殊荣，我国北京市、杭州市和成都市荣获此奖。

第四节　山东社区教育组织网络体系建设实践与探索

近年来，山东社区教育组织网络体系不断健全，尤其是部分市县已经基本实现了全覆盖，如青岛市、济南市、潍坊市，其中诸城市形成了农村社区教育发展“诸城模式”，成为了全国典型。但由于全省经济社会发展不均衡，个别地区对发展社区教育的重要性认识不够等因素，使得社区教育组织网络体系在部分市县依然为空白，严重影响和制约了新时代社区教育健康发展。为此，需要采取有效措施重点针对体系建设比较薄弱的市县进行督促、引导以加快体系建设，同时现有的社区教育组织网络体系需要继续向基层农村和城市社区延伸，尽早建立健全五级组织网络体系，为新时代社区教育内涵式发展建立强大的体系基础。

一、社区教育组织网络体系建设现状

山东社区教育组织网络体系建设取得了长足发展，市级社区教育机构基本实现了全覆盖，部分区县已形成完善的“县（区）—乡镇（街道）—村（居）”三级社区教育网络体系，同时也存在着个别地区社区教育机构依然缺失的不平衡现状。为此，山东省社区教育指导服务中心发起成立了山东省社区教育联盟，意在搭建平台，形成推动新时代社区教育内涵式发展的强大合力，加快构建灵活开放的山东省终身学习服务体系。概括起来，山东社区教育组织网络体系建设现状包括如下几个方面的内容。

一是取得的成绩。近年来，山东社区教育组织网络体系不断健全，截至

目前，省级层面，山东省教育厅依托山东广播电视大学设立了山东省社区教育指导服务中心；市级层面，济南设立了全民学习服务中心，滨州、烟台、潍坊、临沂、济宁、枣庄、东营、日照、威海、淄博十市设立了市社区教育指导服务中心，青岛、菏泽两市成立了市社区大学，同时青岛市还设立了学习型社会建设与终身教育促进指导工作办公室，东营市还成立了新型农民学校，淄博在教育局设立了社区教育科具体负责全市社区教育工作。区级层面，全省137个区县中一半以上成立了社区教育学院，其中有26个县成立了跨部门的政府统筹管理社区教育工作领导机构，有的县还在教育局内部单独成立了领导小组。同时，相当一部分区县已在所属街（镇）成立了社区教育学校，并将社区教育工作延伸到村（居）设立了社区教育学习点，基本构建起覆盖全省城乡的社区教育组织网络体系。

同时，山东全省共建成国家级社区教育示范区10个、实验区5个，省级社区教育示范区20个、实验区4个。其中，示范区、实验区覆盖人口近2600万人，约占全省人口总数的26%。另外，为充分发挥高等学校的教育资源和人才优势，在济南大学、山东医学高等专科学校设立了社区学院。为引领带动广大农村社区教育、老年教育事业发展，全省共建成国家级农村职业教育和成人教育示范县7个，入围创建国家级农村职业教育和成人教育示范县1个。

二是存在的不足。与国内其他大部分省市一样，山东社区教育同样存在着发展不平衡的现状，尤其表现在社区教育组织网络系统建设上，首先由于少数地区对于发展社区教育没有给予足够重视，至今仍未设立机构、明确社区教育办学部门，从而严重影响和制约了本区域社区教育的正常开展；其次部分已成立社区教育机构的市县没有将组织网络体系向基层有效拓展，而是在“一枝独秀”，难以满足所有居民终身学习的多样化需求；再者个别市县挂牌成立社区教育机构后，未开展实质性的社区教育工作，形同虚设、有位不为，没有尽到应有的职责和义务。

三是组建了联盟。在构建社区教育组织网络体系实践中，山东不断进行创新发展与实践探索，2018年，山东省社区教育指导服务中心发起成立了“山东省社区教育联盟”，旨在整合全省社区教育资源，打造山东省城乡社区教育公共服务平台，实现上下联动、资源共享、学分互认的社区教育运行体制机制，统筹推进和带动全省社区教育的全面、协调、健康发展，为推动“人人皆学、处处可学、时时能学”的学习型社会建设做出积极贡献。5月18日在日照召开成立大会，通过了联盟章程，组建了8个工作委员会，成员单位来自教育主管部门、全省电大系统、高等学校、各类教育机构等共计127家。联盟不断吸纳新成员，2019年成员单位已达142家。联盟实行成员理事会制，各成员单位原有的管理体制、隶属关系、人事关系、财政渠道等不变，并以“搭建平台、共商共建、探索创新、服务社会”为发展理念，勠力同心、合作共赢，努力打造新时代山东社区教育发展共同体。

二、社区教育组织网络体系建设亮点纷呈

一直以来，山东在社区教育组织网络体系建设中，积极作为、大胆创新、先试先行，经过多年的实践与探索，积累了一定的先进经验，探索出了可借鉴推广的发展模式，有效促进了社区教育内涵式发展，产生了良好的经济社会效益，居民对社区教育的知晓度、认同率、参与率和满意度不断提高。概括起来，山东社区教育组织网络体系建设的突出亮点主要体现在如下几个方面。

一是农村社区教育“诸城模式”。2007年，诸城市委、市政府在全市范围内全面推进农村社区化建设的同时，将社区教育纳入城乡一体化发展规划。截至目前，潍坊诸城市农村社区学院，依托乡镇职成教育学校，统筹党校、人口学校、科普学校、图书馆、老年大学、青少年宫等教育资源，组建了16处镇街社区分院，依托208个社区服务中心成立了社区教育学校。2016年又创新社区教育四级网络建设，启动了《家庭学习中心户》建设三年行动计划，目前，全市已形成覆盖城乡的市、镇街、社区、家庭学习点四级社区教育组织网络体系，（见图3-1）。

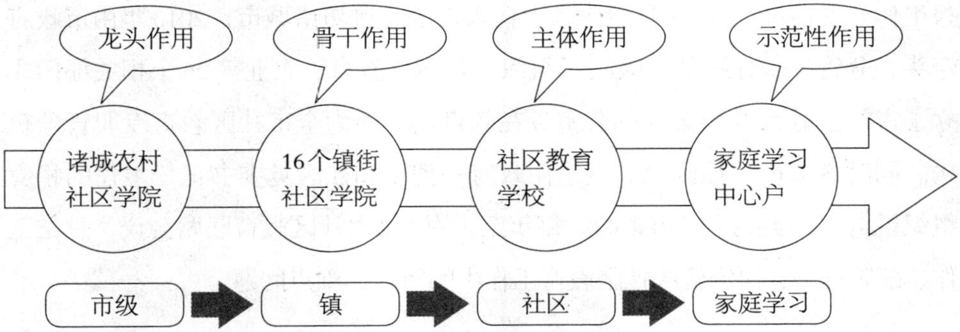

图3-1　诸城市四级社区教育组织网络体系

二是青岛市4.9级社区教育平台。近年来，青岛市已成立市级社区大学1所，区级社区学院10所。在实践中，青岛市不断创新发展，依据市终身教育机构建设标准，在现有社区大学、社区教育学院、社区教育中心、社区居民学校等四级平台的基础上，又将终身教育四级平台建设延伸至4.9级。同时，通过线上学习、线下实践的形式，服务好新时代社区治理最后一公里，具体延伸至小区、楼院、微信群等，通过一个个小群体，依托网络、微信群等载体，开展微学习，进行专题讨论与交流。做到了以小见大惠民生，为终身教育、全民学习提供了更大的服务空间，为加快建设"人人皆学、时时能学，处处可学"的学习型社会营造了良好氛围。

三是社区教育联席会议制度。2018年12月，济宁市人民政府办公室印发《关于成立济宁市社区教育管理委员会的通知》（济政办字〔2018〕172号），成立了由分管副市长为主任、12个市直单位的分管领导为委员的社区教育管理委员会，办公室设在市教育局，分管局长为办公室主任。其中不仅明确了管委会的主要职责，而且还强调了社区教育管委会各组成部门的具体职责。《通知》明确要求："社区教育委员会及办公室实行联席会议制度，社区教育委员会原则上每半年召开一次例会，会议由社区教育委员会主任或副主任主持，具体工作由社区教育委员会办公室负责。会议议题主要包括传达贯彻国家、省、市有关社区教育工作的文件和会议精神；研究、协调解决社区教育工作中的相关问题，提出政策措施和建议；督促、检查、指导社区教育工作进展情况；通报工作开展情况。”在区县中比较有代表性的是潍坊诸城市，2013年由市政府牵头，分管市长任主任，吸收了组织、宣传、教育、农业等26个相关部门成立了市社区教育委员会，办公室设在教育局，作为全市社区教育专职管理机构。同时各镇街、社区也成立了由政府一把手和社区党委书记任主任的相应组织机构。在实践中，市镇两级每年至少召开2次社区教育联席会议，总结工作、部署任务，研究解决社区教育工作中的重点、难点问题。

三、社区教育组织网络体系未来发展策略建议

新时代山东社区教育组织网络体系建设，在《山东省教育厅等九部门转发〈教育部等九部门关于进一步推进社区教育发展的意见〉的通知》中已有明确发展规划，为实现既定目标，应充分结合山东经济社会和社区教育发展实际，采取有效的发展策略，并为实现山东社区教育内涵式发展提供必要的保障，具体发展规划、策略建议和保障措施概括为如下几个重要方面的内容。

一是未来发展规划。充分发挥山东全省电大系统覆盖全省的教育网络优势，推进全省社区教育、老年教育，促进终身教育体系和学习型社会建设。依托山东广播电视大学，组建山东开放大学，开展学历教育和非学历教育。各市根据当地的实际需要，新建或者依托广播电视大学分校建设山东开放大学分校，各县（市、区）可以对现有的广播电视大学工作站与其他成人教育机构或社会资源进行重组，也可以依托职业教育学校（中心）建立县级社区教育学院，并在乡镇（街道）建立社区教育中心学校，在村（居）建社区学校，形成覆盖全省城乡的五级社区教育网络。到2020年，山东全省建设全国社区教育示范区20个以上、全国社区教育实验区20个以上，其中济南、青岛、淄博、潍坊、烟台等5市建设全国社区教育示范区、实验区每市至少达到2个，其他各市至少达到1个；各市、县（市、区）建立社区教育机构达到100%；乡镇（街道）建立社区教育中心学校，其中东部地区达到80%，中西部地区达到50%以上。

二是发展策略建议。为实现上述山东社区教育组织网络体系建设目标，

必须有效整合社会教育资源，制定发布新时代社区教育办学机构指导性要求，明确各级各类社区教育机构职责定位，并采取有效策略加快推进，首先充分发挥党委政府的推动引导作用，把新时代社区教育切实纳入区域经济社会发展总体规划，以城带乡，统筹城乡社区教育协调发展；其次培育多元主体参与，引导各级各类学校和社会力量积极参与社区教育事业发展，充分发挥社区教育示范区和实验区在组织网络体系构建中的示范引领作用；再者不断建立健全社区教育组织网络体系，明确各级社区教育机构职责定位，广泛开展学习型乡镇（街道）、学习型社区、学习型家庭、学习型企业（班组）等各类学习型组织创建活动，加快推进学习型城市建设。

三是发展重点举措。在实践中，通过重点举措，吸纳可行策略建议，破解发展中的难题与瓶颈，加快实现社区教育组织网络体系既定发展目标，首先充分利用和有效发挥广播电视大学系统在社区教育中的骨干和引领作用，使其成为新时代社区教育的重要载体；其次针对起步较晚，甚至仍未启动社区教育的个别市县，采取有效引导、重点督导、跟踪指导的方式，制定并实施推进方案，实现全省社区教育组织网络体系全覆盖；再者加大五级社区教育组织网络体系向纵深延伸的力度，推动社区教育机构与社区综合服务中心设施统筹、资源共享、服务联动，不断扩大社区教育学习资源有效供给。

第四章
新时代社区教育师资队伍建设

常言道："教育大计，教师为本。"社区教育师资队伍建设关系着能否实现社区教育目标、提高社区教育实效和满足全民终身学习的多样化需求，并直接影响着新时代社区教育内涵式发展和加快建设学习型社会的进程。在实践中，师资队伍的建设与功能发挥已成为社区教育健康可持续发展的关键所在，尤其是，当前社区教育师资队伍的构成更加多元化，影响和制约新时代社区教育师资队伍内涵式发展的若干因素并存。为此，必须采取有效策略和得力措施以实现社区教育师资队伍功能发挥的最大化，确保师资队伍的稳定和优质，促使其向职业化和专业化发展。

第一节　社区教育师资队伍建设策略

无一例外，包括社区教育在内的任何教育发展，师资队伍建设应是其基础性和关键性的工作之一，而且要随着教育事业发展而不断动态优化。为此，各地区将社区教育列入教育事业发展规划的同时，还应把社区教育师资队伍纳入地方人才队伍规划与建设之中。新时代社区教育师资队伍应吸纳一切有意愿有能力的社会各界优秀人士，在师资队伍建设中，采取灵活多样的有效措施以建设“数量充足、素质优良、业务精专”的专兼职师资队伍，为服务全民终身学习、加快建设学习型社会提供人才保障和智力支撑。

一、师资队伍在社区教育发展中的重要性

如上所述，任何一种教育形式，师资队伍的优劣已成为决定教育质量和学习效果的关键因素，《中国社区教育示范区实证研究以浙江杭州下城区为例》（王涤等著，2012年）调查结果显示，社区教育师资队伍建设滞后是社区教育发展面临的主要问题之一，在社区教育最迫切需要解决的问题中，师资问题位列第一，以至于严重影响和制约着我国社区教育健康、快速、可持续发展。

众所周知，教师职责之重大，是任何一个职业所不能比拟的。每个时代，都有不同的历史使命，每一种教育形态，对教师也有着不同的要求，中国特色社会主义新时代，自然对广大从事社区教育事业的所有教师在建设学习型社会过程中落实立德树人根本任务提出了新的更高要求。尤其是，新时代社区教育发展所需师资队伍数量庞大、组成多元、管理复杂，师资队伍不能仅仅停留在建设上，更重要的是如何利用好各类教师，使其在社区教育发展中充分发挥各自作用，实现师资队伍建设与管理的一体化，并使得师资队伍中各类教师的协调发展，从而为社区教育内涵式发展提供智力支持和人才保障。

在实践中，社区教育内涵式发展的质量与能否利用好校内外师资队伍资源关系十分密切，应将打造一支量足质优、结构合理、具有发展潜能的社区教育师资队伍作为当前重点工作之一，并在服务全民终身学习和建设学习型社会过程中，使全体教师“发挥所长、人尽其才、教书育人、奉献社会”，这已成为推进社区教育可持续发展的必备条件和关键所在。

二、新时代社区教育师资队伍的组成

众所周知，发展社区教育以服务全民终身学习为宗旨，是“教育社会化、社会教育化”的大教育，同时是一项复杂的系统性工程，为此所需师资队伍在数量规模、综合素质、组成多元、奉献社会等方面都提出了更高的要求。新时代社区教育的“广纳性”，不仅体现在面向全体社会成员提供终身学习服务，而且，发展过程需要充分利用一切可以利用的社会资源，尤其是，广泛吸纳社会各界丰富的人力资源组建为社区教育师资队伍，这是社区教育的特性使然，也是实现社区教育内涵式发展的必然选择。

通俗地讲，社区教育师资队伍即从事社区教育工作的所有师资，一般可以从多个维度进行分类，从广义上来讲，主要包括管理人员、专兼职教师、支持服务人员以及社区教育志愿者等，有时又统称为“社区教育工作者”。而在教育部职业教育与成人教育司印发的《社区教育工作者岗位基本要求》(教职成司函〔2013〕35号)中“社区教育工作者”特指“社区教育的管理人员和专职教学人员”，具体来讲，管理人员是指社区教育机构、街道(乡镇)及相关部门主要从事社区教育管理的工作人员；专职教学人员是指在社区教育机构中专职从事社区教育的教学、研究和辅导等工作的专业人员，包括社区教育中心(社区学院)、社区学校、市民学校等机构的在职教师。

从充分利用社会资源的角度，本书所讨论的社区教育师资队伍具体包括一切从事或参与社区教育事业发展的所有人力资源。其中，根据所从事的工作性质不同，又可以将社区教育师资划分为“三支队伍”：社区教育专职教师队伍、社区教育兼职教师队伍、社区教育志愿者队伍；进而师资队伍建设可以采取以各级各类社区教育机构内的教师为骨干、社会兼职教师为主体、热心社区教育的志愿者为补充，使得师资队伍组成更加多元化，同时实现不断动态优化。

因社区教育师资队伍中的兼职教师和志愿者已成为当前发展社区教育的一支重要力量，为此，在实践中应充分挖掘、有效组织、合理利用社区内有一技之长和热爱社区教育事业的企业家、某一领域的专家，以及生产一线的工程技术人员、管理人员等，从而构建一支“召之即来、来之能用、用之有效”的专兼职相结合的社区教育师资队伍，使之更好地服务于社区教育内涵式发展和全民终身学习，以实现人力资源的最大化共享和有效利用。同时，积极吸纳广大社会优秀人才为社区教育兼职教师和志愿者，不仅可以有效解决社区教育师资短缺的问题，使得师资队伍结构更加多元化，而且，也为社会有识之士和热心居民参与社区教育、实现自我价值提供良好的发展空间和展现舞台。

三、社区教育师资队伍建设的有效措施

目前，我国现有的社区教育师资队伍的理论水平、业务能力、学历层次、知识结构、年龄比例等方面都远不能适应新时代社区教育内涵式发展的长远需要，为此，加快培养一支结构合理、数量充足、素质优良，以专职人员为骨干、并与兼职人员和志愿者相结合的社区教育教学和管理队伍，并充分发挥社会工作专业人士在社区教育发展中的引领作用，探索建立社区教育志愿者服务制度，已成为大势所趋、势在必行。概括起来，为加快新时代社区教育师资队伍建设，具体可以采取如下若干措施。

一是分层组建、分类管理。社区教育师资队伍组建应注重区域性，实现分层组建省域师资、市域师资、县域师资，等等，并按照社区教育组织网络体系中管理职能机构和办学实体配备师资队伍，力求在区域内进行统筹安排、实现各类师资的充分利用和有效共享。同时，还应按照前述分类，实现社区教育管理人员、专职教师、兼职教师和志愿者的分类组建与管理，以更好地适应各类社区教育工作者的岗位需求，并真正实现三支师资队伍“发挥所长、人尽其才”。

二是广泛吸纳、资格认证。社区教育同时兼有全纳性、公益性、共享性、开放性等特征，使其不仅对学习者具有广纳性，而且对参与社区教育的师资队伍也要具有广纳性，应积极吸纳一切可以利用的社会人力资源充实到社区教育师资队伍之中，真正实现“为我所用”。同时，高素质的师资队伍并非是简单

地组合在一起，而是要通过相应的从业资格认证，以规范职业行为、提高职业素质、提升从业能力。

三是动态优化、重点培育。显然，针对庞大的社区教育师资队伍，应采取有效的“动态进入退出”制度，实现师资队伍的动态管理，只有如此，才能不断优化各类师资队伍，尤其是，对于兼职教师和志愿者来说，更需要通过多途径、采取多方式积极吸纳各类社会优秀人才充实社区教育师资库。同时，在社区教育师资队伍中，应分门别类地对社区教育管理人员、专兼职教师和志愿者进行重点培育，打造核心团队和骨干人才队伍，以实现有效发挥示范引领、模范带头作用，进而形成更为积极的教学名师影响力和先进工作者辐射力。

第二节　社区教育师资队伍的功能发挥

在实践中，健全配齐社区教育师资队伍，仅是有效促进社区教育健康、快速、可持续发展的前提和基础，而充分发挥社区教育师资队伍的功能作用，才是其关键所在和核心工作。为此，需要深入探析当前影响和制约社区教育师资队伍发展的重要因素，以实现对各类师资队伍的综合管理，从中总结出新时代社区教育师资队伍功能有效发挥的实践策略。

一、制约社区教育师资队伍发展的重要因素

当前，在实践中，影响和制约我国社区教育师资队伍健康发展的因素有很多，体现在多个方面，包括经济社会发展水平，社区教育发展的国家政策，社区教育的知晓度和认可度，社区教育本身的复杂性，社区教育教师的职业成长通道，社区教育师资队伍管理的科学性，等等。归纳起来，其重要因素主要包括以下几个方面的内容。

一是相关体制机制不健全。由于我国终身教育立法的滞后，使得针对社区教育发展的国家政策和相关体制机制缺乏足够的法律保障。虽然社区教育在

我国历经数十年取得了长足发展，而且参与到社区教育事业发展的师资数量庞大，但是，目前仍然缺乏完善的体制机制，使得从事社区教育的教师无法与国民教育体系中的教师享有同等待遇，尤其是，社会对社区教育教师的认可度有待提高，对社区教育教师的身份认定，以及所从事工作的科学评价等方面工作有待规范化。

二是职业化和专业化不高。职业化程度不高，首先表现在社区教育教师作为教师行业的新群体，至今在大部分地区仍未真正纳入整个教师序列之中，换言之，在社区教育师资队伍中，以兼职教师为主，即使专职教师和管理人员也很少是编制单列的，大多为身兼数职或临时借调的；其次表现在社区教育教师在职务晋升和职称评聘中，也受到很大限制，没有单独的社区教育教师职称序列，只能贴靠其他教师职称序列，缺乏正常的职业成长通道；再者还表现在缺乏以业务技能提升为主的继续教育，使得职业能力发展缓慢，由于当前的社区教育教师大部分是转岗过来的，尤其是，对于兼职教师和志愿者，大多缺乏应有的社区教育专业素养和业务技能，亟需对其开展以业务技能为主的继续教育，以更快更好适应新时代社区教育内涵式发展的需要。专业化程度不高，主要表现在缺乏必要的专业背景，由于社区教育师资队伍中的大部分教师是非教育学相关专业的，再加上部分教师学历层次、知识结构、年龄组成等方面的不合理，使得适应专业发展的能力不足，同时，当前大部分地区未开展社区教育教师“从业资格认证”，难以实现专业化的发展。

三是缺乏有效的管理服务。鉴于社区教育本身的复杂性，社区教育师资队伍的规模庞大、组成多元等因素，有效的管理和及时的服务显得至关重要。但是，在实践中社区教育师资队伍，首先未能真正实现动态管理，以更好地吸纳社会各界优秀人士、优化师资队伍，使其更好地服务于社区教育发展；其次未能真正实现分类分层次管理，以更好地按照管理人员、专兼职教师和志愿者分类开展业务，并根据省域、市域、县域分层次共享师资队伍来推进社区教育发展；再者未能真正实现系统化管理，以实现师资库的信息化管理，并能够做到教师信息的动态更新，同时也没有真正实现全程服务，以为教师工作开展和业务技能提升等提供必要的便利。如此一来，严重影响和制约了社区教育师资队伍整体功能的有效发挥，难以满足加快建设学习型社会、服务全民终身学习的多样化需要。

二、新时代社区教育师资队伍的服务管理

通过上述分析不难发现，缺乏对社区教育师资队伍有效的管理和全方位的支持服务，已成为制约其健康发展和功能最大化发挥的重要因素之一。尤其是，进入新时代，随着社区教育的快速发展和人民对美好生活的更多期待，对社区教育师资队伍提出了更高的要求。为此，需要在社区教育师资的“队伍建设”和“功能发挥”之间，搭建起有效的“桥梁”，即实现综合服务管理，并为之提供全方位的支持服务，在实践中重点可以从以下几个方面做起。

一是实现建设与管理的“一体化”。社区教育师资队伍本身就应该“管”与“建”有机结合，以实现师资队伍建设和管理的“动态性”与“常态化”。首先应实现在区域范围内师资队伍的建设与管理的“一体化”，采用“分层次、分类型”管理，即各区域各单位将属地所建师资队伍同步实现综合性管理与服务；其次应实现建设过程本身融入服务管理，以达到有效保障师资队伍质量的目的；再者应实现服务管理融入建设全程，以达到“动态优化”师资队伍的目的。

二是实现管理与服务的“一体化”。“管理”即“服务”，在社区教育事业发展中尤其如此。尤其是，对于量大面广、组成多元化、以兼职为主的社区教育师资队伍来讲，更需要从服务的视角开展管理，为各类教师更好地融入社区教育工作、开展教学活动、实现业务技能提升等积极搭建平台而提供全程全方位的支持服务，以更好地发挥其功能作用，强调服务过程的“软管理”。

三是实现服务与提升的“一体化”。无论是社区教育师资队伍的管理还是服务，其出发点和落脚点均是为了充分发挥好教师的功能作用，以提升社区教育内涵式发展，更好地服务于全民终身学习和加快学习型社会建设。这其中，

也包含了在社区教育师资队伍管理与服务过程中，应积极为社区教育工作者开展以业务技能和综合素养提升为主的继续教育，为社区教育持久发展注入新的活力，真正实现师资队伍服务与提升的“一体化”发展。

三、社区教育师资队伍功能发挥的有效策略

进入新时代，人民对社区教育有着前所未有的需求和期待，社区教育义无反顾地将承担起新的历史使命，为肩负起新的责任担当而重新出发。而现实中，首当其冲要解决的重要问题之一便是如何能够在社区教育内涵式发展中有效利用和充分发挥各类师资队伍的功能作用，对此必须采取有效可行的实施策略。上述综合性服务与管理主要集中在微观可操作的措施，而当前所论述的有效策略则重在聚焦于宏观指导，具体可以从以下几个方面入手。

一是为社区教育教师正名。通过终身教育立法、国家利好政策、建立健全相关体制机制，全社会应加大宣传、积极引导、有效推进，为现如今被误认为“不入流”的社区教育教师正名，让公众知道社区教育教师如同国民教育体系的教师一样，是最为阳光、最值得尊敬的职业，所从事的社区教育事业可谓“功在当今，利在千秋”。

二是搭建师资“金字塔”。前已述及，社区教育事业发展需要数量庞大的师资队伍，同时组成多元，可谓“量大面广”，而且，社区教育师资队伍又可分为管理人员、专兼职教师和志愿者等多种类型。因此，建设“结构合理、搭配得当、人尽其才、各显所长”的师资队伍，从而搭建出师资队伍的“金字塔”，已成为有效发挥其功能作用的有效途径和最佳选择。所谓师资队伍“金字塔”是指履行顶层设计、统筹协调、督导评价等职能的管理人员为塔顶，只需占总人数的七分之一以内即可；专职教师应成为中坚力量和核心成员，在社区教育事业中发挥主导引领作用，位于塔身，需要占总人数的七分之二；而各地区的兼职教师和志愿者应成为师资队伍的主体，在服务全民终身学习中发挥基础性作用，位于塔底，需要占总人数的七分之四。

三是形成区域共享机制。共享性为社区教育最为鲜明的特征之一，指的

是应最大化共享各类社会教育资源为社区教育发展所用，其中自然也包括了至关重要的人力资源即社区教育师资队伍的共享。在实践中，为使师资队伍共享长久深入，必须形成配套的共享体制机制，以及具体实施措施。一方面要形成共享优质师资队伍的机制，实现将优质教育资源均等化和发挥最大功能；另一方面要形成区域内师资队伍的有效共享机制，以更好地推进和服务本地区全民终身学习。

第三节　社区教育师资队伍发展的专业化和职业化

新时代社区教育师资队伍发展的专业化和职业化，已成为大势所趋和必然选择。《教育部等九部门关于进一步推进社区教育发展的意见》（教职成〔2016〕4号）明确要求“提高社区教育工作者队伍专业化水平”：省级教育行政部门应根据教育部《社区教育工作者岗位基本要求》制定实施细则，省级人社、教育行政部门共同制定社区教育专职教师职称（职务）评聘办法。加大社区教育工作者培训力度。同时，《关于全面深化新时代教师队伍建设改革的意见》和《教师教育振兴行动计划（2018—2022年）》均提出要大力提高教师的能力与素质，其关键就是要促进新时代教师的专业化和职业化发展。为此，有必要明晰当前社区教育师资队伍发展所面临的困境，进而为加快社区教育师资队伍发展的专业化和职业化提出合理化建议。

一、社区教育师资队伍发展面临的困境

随着我国社区教育不断向纵深发展和全民终身学习需求的日益多样化，新时代社区教育师资队伍发展迎来了难得的机遇，同时也面临着前所未有的挑战，身处诸如社会认可度不高、任务重头绪多、多方管理多重考核、流失严重缺乏稳定性、成长通道不畅、发展后劲不足等困境，尤其是，社区教育教师的专业化发展不足和职业化发展不强问题，严重影响和制约了我国社区教育的内

涵式发展。为此，理应引起高度重视，并结合区域发展实际，采取必要措施促使师资队伍向更加专业化和更高职业化发展。概括起来，社区教育师资队伍发展所面临困境中最为突出的主要表现在以下几个方面。

一是管理的合理化不够。当前我国社区教育师资队伍的组成多元且来源分散，尤其是，管理上条块分割，存在着多方管理、多重考核等现实中的不合理问题。这主要是由于社区教育发展中多部门参与但没有真正形成合力，社区教育工作者中的专职教师大部分是由教育主管部门选聘，而更多的兼职教师和志愿者是面向社会临时选聘或动态加入的，这在基层开展社区教育具体工作的社区一线尤为突出，甚至有些教师仅仅是短时间内为完成民政等部门的特定项目而参与到社区教育中来的。如此多元的师资队伍组成再加上来源非常分散，致使在师资队伍管理中，出现了多部门管理但仍有管理不到位的地方、多重考核但仍有考核不全面的地方、多方发力但仍未形成真正合力的不合理现象和不科学问题。

二是具备的专业化不足。其主要表现在首先是专业背景不足，现有的社区教育教师尤其是专职教师，大多是从普通教育领域转岗而来的，所学专业宽泛，包括教育学、语言学、管理学、计算机、法学等；其次是专业知识不足，本来所学专业与社区教育就并不相关，再加上中途转岗或临时聘用而来，使得对于社区教育相关的专业知识和业务技能比较欠缺；再者是专业发展不足，由于社区教育工作复杂繁多，头绪多任务重，使得从业教师没有时间和精力对自我专业发展进行规划并进行相关业务学习，而是疲于应付。

三是发展的职业化不强。其主要表现在首先是身份认同缺乏，由于社区教育教师甚至专职教师不仅要从事教学工作还要开展日常管理、课程开发、活动组织、学习服务等工作，纷繁复杂的角色身份，致使社区教育教师的职业认同感严重不足；其次是职业通道不畅，现实中社区教育教师在很多地区没有真正纳入单独序列进行管理，而是挂靠或跟从其他如普通教育教师进行职称评聘，从而严重影响其职务晋升和职称评聘的上升通道；再者是职业教育不力，开展社区教育工作本身所需要的知识和能力是多方面的，而且随着时代的发展需要不断更新，但当前社区教育的职后教育开展不力，业务技能培训和综合素质提升缺乏，使得社区教育教师在工作开展中力不从心。

二、社区教育师资队伍发展的专业化

前已述及，我国现有社区教育教师存在着组成多元、来源复杂、学历结构不合理、能力水平不足等问题，这均造成社区教育教师从业能力和业务水平参差不齐，社区教育师资队伍建设整体处于低水平徘徊状态，从而严重影响和制约了我国社区教育的内涵式发展。为加快建设学习型社会，促使新时代社区教育和全民终身学习向纵深发展，必须积极引导教师树立终身教育观念，通过多途径、多方式大力培养并造就一支宏大的师德高尚、业务精湛、结构合理、充满活力的高素质专业化社区教育师资队伍，使其发展成为具有多种业务知识、职业情感、教学技能的新时代教师，具体可以从以下几个方面做起。

一是以专业人才引领队伍建设。新时代社区教育若要实现长足持久发展，打造一支以专业人才为引领的师资队伍是不可或缺的重要前提。为此，笔者建议设立社区教育或终身教育的专业学科，进行社区教育教师专业培养，吸引专业优秀人才充实到社区教育师资队伍之中，以引领师资队伍的专业化发展。同时，鉴于社区教育工作的复杂性和综合性，还需要注重培养既有理论高度又有实践经验、既精通教学又善于管理、既懂业务又会技术的复合型人才，以更好地适应我国全民终身学习的多样化需求，不断促使社区教育内涵式发展。

二是明确岗位职责和基本要求。教育部制定发布的《社区教育工作者岗位基本要求》明确了社区教育管理人员和专职教学人员的岗位职责和岗位要求，为社区教育师资队伍的专业化发展提出总要求的同时指明了未来发展的方向。近年来，各省级教育行政部门根据上述岗位基本要求纷纷制定出台了具体实施细则，充分结合当地实际将社区教育工作者拓展为包括管理人员、专兼职教师和志愿者等人员的师资队伍，并详细规定了各类人员的岗位职责、从业资格和职业能力等基本要求，为社区教育教师的专业化发展提供了行为规范和可操作的措施。

三是专业素养和业务技能提升。实践中，在积极引进社区教育专业人才的同时，大力开展对现有社区教育教师的专业素养提升和业务技能培训，已成为促使师资队伍专业化发展的有效措施。为此，各地区应充分结合社区教育发展实际和社区教育从业者的发展需求，采取多种形式、通过多种途径有计划、有针对性地对从事社区教育的教师开展不同层次和不同内容的专业素养提升和业务技能培训，内容涉及社区教育基本理念与理论、社区教育价值观与实施策略、社区教育教学组织与活动开展、社会调查研究、课程开发与资源建设、社会沟通与协调、语言文字表达能力等专业素养和业务技能的系列化培训，进一步开拓社区教育从业人员的视野，提升其服务全民终身学习的综合能力。

三、社区教育师资队伍发展的职业化

纵观我国社区教育数十年的发展，不难发现大部分地区的师资队伍明显出现了工作年限“低龄化”的现象，尤其是社区教育专职教师队伍中新人较多、流动率较高、队伍不稳定，等等，致使社区教育教师职业成熟度较低，究其原因，职业化程度不高是其重要因素之一。为此，新时代社区教育发展过程中，应重点从以下几个方面不断促使社区教育师资队伍的职业化发展。

一是畅通职业成长通道。按照《教育部等九部门关于进一步推进社区教育发展的意见》所提出的“省级人社、教育行政部门共同制定社区教育专职教师职称（职务）评聘办法。”各地区应结合本区域社区教育发展实际和师资队伍职业化发展需求，设立社区教育工作者专业职称系列，为社区教育工作者晋升提供明晰畅通的渠道。各级社区教育机构在条件允许的情况下，力争实现社区教育师资队伍的编制单列，为管理人员的职务晋升和专职教师的职称评聘建立起科学合理制度规范，畅通其职业成长通道。

二是实行“双师型”从业资格。鉴于社区教育所从事的事业同时兼有教育性和社会性，自然从事社区教育的教师应实行“双师型”从业资格：一方面要持有“教师资格证书”，具备教学设计、教学实施、教学反思等教育教学组织所需的基本能力；另一方面还应持有“社区教育从业资格证书”，具备社会调查研究、社会沟通与协调、语言文字表达等开展项目与组织活动的实践能力。只有如此，才能更好地适应新时代社区教育全面深入发展的需要。为此，在实践中要建立社区教育教师从业资格标准，加强社区专兼职教师的资格准入。

三是建立健全培训管理制度。在实践中，首先要明确各类社区教育教师的岗位职责，积极引导每一位教师做好个人职业发展规划，并结合从业教师的不同职业发展阶段，设计实施分层分阶段的业务技能培训体系，加大社区教育工作者培训力度。尤其是，为确保培训质量和学习效果，需要不断建立健全培训过程的考核管理制度，注重过程性考核，形成科学的职业发展评价体系。

第四节　山东社区教育师资队伍建设实践与探索

近年来，山东充分结合社区教育发展需要和师资队伍建设实际，在实践中不断探索，出台了相关文件，各市县配备了数量不等的社区教育专兼职教师，山东省社区教育指导服务中心实施了“百千万”工程，统筹山东社区教育专家库和志愿者总队建设，并制定了相应的管理办法，同时积极开办社区教育骨干人员研修班，评选年度社区教育先进单位和先进工作者，有效推进了社区教育师资队伍建设和功能作用的发挥，致力于服务山东全民终身学习和学习型社会建设。

《山东省教育厅等九部门转发〈教育部等九部门关于进一步推进社区教育发展的意见〉的通知》（鲁教民发〔2017〕1号）明确提出“强化师资配备，建立健全社区教育工作队伍”，具体要求：各市、县（市、区）教育行政部门要指定专门机构、安排专门人员从事社区教育管理工作。各地要鼓励教师兼职社区教育，教师所付出的劳动计入其所在学校教学工作量。鼓励高等学校、中等职业学校开设社区教育相关专业，鼓励引导相关专业毕业生从事社区教育工作，支持社区科普机构建设。省市县要组建社区教育志愿者队伍，广泛吸纳各级各类学校教师、大中专学生以及科技人员、医务人员等不同行业专业人员加入社区教育师资队伍。

总结过去，展望未来。山东社区教育师资队伍建设有了一定的起色，正朝着规范化、制度化迈进。山东省社区教育指导服务中心先后制定发布了《山东社区教育专家遴选与管理办法》《山东社区教育志愿者队伍组建与管理办法》《山东社区教育先进单位和先进工作者评选办法》等。同时，也同样存在着一系列问题，诸如师资队伍的专业化不强和职业化不足，均有待进一步完善和提升。新时代山东社区教育师资队伍建设将不断积极吸纳社会各类优秀人才，壮大队伍、优化结构、提升素质、动态优化，以更好地适应山东"教育强省"和"走在前列"的发展需要。

一、山东社区教育师资队伍建设现状

近年来，随着山东社区教育组织网络体系的不断健全和全民终身学习的深入推进，社区教育师资队伍建设引起了高度重视，有了较大发展；但是，现有师资队伍仍然不能满足全民终身学习的需要，必须采取有效措施将山东社区教育师资队伍建设和功能发挥向纵深推进。具体现状可以概括为如下几个主要方面。

一是数量质量有所提高、制度规范有所起色。目前，已批复成立的社区教育组织网络体系中，均配备了一定数量的管理人员、专兼职教师，并招募组建了社区教育志愿者队伍，而且，从事社区教育的工作人员在专业结构、学历层次、从业经验等方面较之以前也有了大幅提高。如山东省社区教育指导服务中心在山东广播电视大学设置为一个独立的处级单位，设有三个科室，共有专职人员7人，其中，研究生以上学历或副教授以上职称占比近90%；潍坊诸城市实现了各镇街（园区）按不低于常住人口万分之一的比例配备专职教师，最少不低于5人，编制单列；青岛市已建立市级社区大学1所，区级社区学院10所，各类管理人员共1795人，专兼职和志愿者师资队伍约1.2万人。同时，制定了一系列规章制度，针对社区教育专家库、志愿者队伍进行科学管理，并将先进工作者评选纳入年度重点工作。

二是不均衡不稳定、各项保障措施不到位。社区教育发展的不均衡首先体现在师资队伍建设上，济南、青岛、潍坊诸城明显领先，而其他少数市县社区教育起步较晚，师资队伍更是缺乏甚至没有真正建立；同时，师资队伍的流动性较大、不稳定，也是较为突出的问题，不仅表现在兼职教师和志愿者变动频繁，就专职教师来说也存在着变动比较大的问题。究其原因，各项保障措施缺失或不到位为主要因素，另外还有诸如工作繁杂、职业成长通道受限等因素。

三是加强科学管理、提升各项技能和综合素养。加强社区教育师资队伍的科学管理，从队伍建设到功能作用发挥都需要有与其相适应的配套管理。比如师资队伍建设，可以采用广泛征集、由粗到精、严格把关、重点应用的基本策略，建立起一支专兼职相结合的社区教育师资队伍。同时，还应注重提升教师的各项业务技能和综合素养，通过举办从业人员研修班、开展职后继续教育等，为各类教师成长成才提供必要的平台和通道。

二、社区教育专家遴选与管理

为进一步加强山东社区教育师资队伍建设，推动全民终身学习活动的开展，充分发挥专家的示范、引领作用，在山东全省范围内遴选一批在各个领域具有较高理论水平与实践能力，或具有一定社会影响力的专家、学者和能工巧匠，建立山东社区教育专家库。为保证专家遴选工作的公正、公平和日常管理的规范化，制定了如下具体实施方案。

（一）指导思想

以习近平新时代中国特色社会主义思想为指引，坚持党的教育方针，努力把专家库建设成为山东社区教育科学发展的重要人才储备基地，为社区教育的内涵式发展增强动力。以促进师资队伍发展为目标，以社区教育专家库为示范和引领，以先进的教育教学理念为指导，搭建起促进社区教育师资队伍科学发展的平台；同时以“山东终身学习在线”的“社区教育专家网上工作室”为载体，逐步打造一支热爱社区教育、老年教育等公益事业，并具有一定专业特长、本领过硬、富有影响力的社区教育专家队伍。

（二）基本原则

1. 公开、公平、公正原则

山东社区教育专家库的建设与管理严格遵循“公开、公平、公正”原则，确保专家遴选过程透明，同一层次的专家遴选标准统一，专家遴选结果及时向社会公示。其中，专家考核与管理严格按照《山东省社区教育专家量化考核标准及细则》执行，对贡献突出者进行表彰，全过程接受社会各界和纪检监察部门的监督。

2. 理论与实践相结合原则

专家遴选和考核本着理论研究与实践探索相结合的原则，既注重理论研究对社区教育发展的引领和指导作用，又强调一线实践与探索对社区教育发展的领域拓展和模式创新。其中，省级专家侧重于理论研究，市、县级专家侧重于实践探索。

3. 自愿与动态管理原则

专家遴选坚持自愿、自主参与原则，个人自愿申报、省社区教育指导服务中心按照遴选条件进行选拔、确定社区教育专家库成员。同时，采用动态管理方式实现专家库成员的优化，按照量化标准进行年度考核，考核不合格者取消专家资格；对于有意进入专家库的社会优秀人才及时按照程序进行补充。

4. 分层遴选与分类管理原则

根据省、市、县发展实际，结合各地区社区教育发展需要，社区教育专家采用分层遴选、分类管理的原则。省、市、县按照不同的标准遴选相应层次的专家，各司其职、发挥各自特长，积极服务于当地社区教育事业发展，在量化考核与管理上同样采用不同层次、不同领域分类管理。鼓励基层单位积极推荐优秀专家、学者参选省、市、县级社区教育专家，同一专家可以同时拥有省、市、县三级专家身份。

（三）遴选条件

社区教育专家库的专家遴选工作，需要充分结合当地经济社会发展实际和社区教育师资队伍建设需要，分为省、市、县三级不同遴选标准，并对不同层次的社区教育专家实行分类管理。

1. 省级专家遴选标准

（1）热心社会公益、热爱社区教育事业、具有社区教育工作经验的行家能手，德高望重，且符合以下条件之一：①在所从事专业领域中具有省级及以上专业学会（协会）会员资格；②获得本领域内省级一等奖、国家级二等奖及以上奖项；③被省级及以上新闻媒体进行过专题报道；④在所在行政区域内担任一定领导职务或有较突出专业特长，具有一定的社会影响力或号召力；⑤市级社区教育专家一个聘期（两年）内年度考核均为优秀者。

（2）在省内外某专业领域内具有较高知名度和影响力，科研院所、各种社会组织或团体，以及各大企事业单位中在所从事领域内具有较强实践操作或应用能力的一线工作者或专业人士。

（3）具有较强的专业技能培训和组织协调能力，能够带领本领域内省、市、县三级社区教育工作者开展相关专业领域的社区教育活动，参加或主讲过市级及以上专业学术活动或主题讲座。

（4）掌握现代教育技术，能够熟练运用各种网络交流平台，并具有独立维护“社区教育专家网上工作室”的基本能力。

2. 市级专家遴选标准

（1）热心社会公益、热爱社区教育事业的行家能手，且符合以下条件之一：①在所从事专业领域具有市级及以上专业学会（协会）会员资格；②获得本领域中市级一等奖、省级二等奖以上奖项；③被市级及以上新闻媒体进行过专题报道；④在所在行政区域内担任一定领导职务或有较突出专业特长，具有一定的社会影响力；⑤县级社区教育专家一个聘期内年度考核均为优秀者。

（2）在市级及以上地域内某专业领域中具有较高知名度和影响力，科研院所、各种社会组织或团体，以及各大企事业单位中具有较强实践操作或应用能力的一线工作者或专业人士。

（3）具有较强的专业技能培训和组织协调能力，能够带领本领域内市、县级社区教育工作者开展相关专业领域的社区教育活动，主讲或参加过县级及以上主题讲座或专业学术活动。

（4）掌握现代教育技术，能够较熟练运用各种网络交流平台，具有独立维护“社区教育专家网上工作室”的基本能力。

3. 县级专家遴选标准

（1）热心社会公益、热爱社区教育事业、具有一技之长的行家能手，且符合以下条件之一：①在所从事专业领域具有县级及以上专业学会（协会）会员资格；②获得本领域县级二等奖、市级三等奖以上奖项；③被县级及以上新闻媒体进行过专题报道；④在所在行政区域内担任一定领导职务，具有一定的社会影响力。

（2）在县级及以上地域本专业领域内具有较高知名度和影响力，在所从事领域具有较强实践操作或应用能力的本区域各种社会组织或团体、各大企事业单位以及农牧养殖企业的一线工作者或专业人士。

（3）具有较强的专业技能引领示范、培训指导和组织协调能力，掌握现代教育技术，具有维护“社区教育专家网上工作室”的基本能力。

（四）遴选办法

1. 依据上述遴选条件，采取个人申报、单位推荐相结合的办法，所有社会人员均可自愿申报，也可通过已有专家推荐、相关人员引荐等方式参加遴选。所推荐专家特长领域包含但不限于终身教育、社区教育、家庭教育、学习型社会建设相关理论研究，社区教育数字化实践探索，学分银行建设，社区教育尤其是老年教育中与养生、休闲、艺术、营养、护理、“互联网+”生活等相关的领域。

2. 所推荐专家需要填写并提交《山东省社区教育专家推荐表》纸质申报材料（一式两份），同时提供相关领域的受聘（会员、资格）证书（复印件）、成果展示资料（获奖证书、作品或视频资料）等，以及可以展示、代表自己水平的其他材料，邮寄至山东省社区教育指导服务中心，同时发送电子版到指定邮箱。其中，各推荐专家提交的纸质材料需要经过所在单位主要领导审查并加盖公章。

3. 山东省社区教育指导服务中心成立“山东省社区教育专家”评选委员会（以下简称“评选委员会”），负责专家遴选的组织、审查、聘用、过程监督等工作。评选委员会分别对各单位推荐的“山东省社区教育专家”预备人选进行资格初审和评选，最终确定“山东省社区教育专家”。

4. 对拟聘用专家在“山东终身学习在线”上向社会予以公示，由山东省社区教育指导服务中心颁发聘书，并纳入“山东省社区教育专家库”。

（五）职责与任务

“山东省社区教育专家”在聘期内主要从以下几个方面履行工作职责与完成工作任务。

1. 主题讲座。按照山东省社区教育指导服务中心年度计划，根据山东省社区教育发展规划和社区居民终身学习需求，举办单位提前两个月与相关专家协商确定主题讲座的内容、时间和地点等相关事宜，主讲专家应按照要求做好充分准备、如期举办讲座。

2. 师资培训。社区教育专家要在某一领域学有专长、术有专攻，能够发挥示范、辐射和带头作用，通过有计划有步骤的培训、交流和示范，开展对山东省社区教育师资队伍，特别是青年教师的指导、培训和专业素质提升等系列活动。

3. 理论研究。社区教育专家要以专业为基础，针对本领域内经济社会可持续发展、居民综合素质提高等社区教育实践中的重点、热点或难点问题进行专题研究，并取得相应成果。

4. 成果推广。适应全民终身学习的多样化需要，充分发挥线上线下相结合的社区教育混合式学习模式优势，社区教育专家要充分利用“专家网上工作室”，使之成为工作动态发布、成果辐射推广和资源生成整合的平台，成为教师交流和师生沟通的桥梁，通过成果推广、互动交流，实现优质资源的最大化共享与有效应用。同时，利用“社区教育专家网上工作室”在全省范围内介绍、推广教学与研究特长，展示教学与研究成果，充分发挥示范与引领作用。

5.资源建设。为充分发挥和有效利用“社区教育专家”示范引领作用，社区教育专家要以论文、专著、专家论坛、系列微课程、系列微视频、系列多媒体课件等多种形式，为山东社区教育发展提供更多优质教育资源，以专题讲座实录、系列主题录制、重大题材资源共建或参建等多种形式，积极参与，建设优质社区教育数字化课程资源库。

（六）管理与考核

社区教育专家库实行分层、分类管理，按照省、市、县三级进行分层，按照不同专业领域进行分类。原则上，省级专家在全省层面开展活动、市级专家在本市内开展活动并发挥承上启下的纽带作用、县级专家在本区县内开展活动，因特殊需要，市、县专家可以在不同市、县范围进行交流，拓展社区教育活动。

“山东省社区教育专家”以两年为一个聘期，在聘期内，按照有关量化标准进行管理与考核。具体考核内容主要包括“社区教育专家网上工作室”建设应用情况，参加专家讲座的数量与效果，专家在师资培训、理论研究、成果推广和资源建设等方面发挥的示范引领作用，以及社区教育相关领域取得的主要成果等若干方面。对考核优秀者予以表彰奖励，连续两年考核不合格者取消下一聘期的聘任资格。所有考核管理均在“山东终身学习在线”同步进行，并在一定范围内进行公示。

（七）量化考核标准

“山东省社区教育专家”在聘期内主要从以下几个方面进行量化考核，具体标准如下表。量化考核以年度为单位，采用量化积分的办法，各量化项目可多次重复积分，其中，年终累计积分60分以下为“不合格”，60—70分为“合格”，70—80分为“良好”，80—100分为“优秀”，100分以上者设为“突出贡献者”。

省级社区教育专家量化考核标准

序号	考核内容	量化项目	分值
1	专家讲座	综合性全省区域社区教育现场专题讲座	10分/次
2		“齐鲁大讲堂”网上直播讲座	20分/次
3	师资培训	全省范围市县专家现场指导交流	20分/次
4		全省范围市县专家网上视频会议	10分/次
5	理论研究	协同全省市县专家开展社区教育项目研究	20分/个
6		发表社区教育相关研究论文	10分/篇
7	成果推广	将个人动态、讲座内容、研究成果及时发布	10分/次
8		通过各种专家交流会进行现场交流与成果推广	20分/次
9	资源建设	建设微课程、微视频、多媒体课件等资源	5分/学时
10		系列主题资源录制、重大题材资源建设等	10分/学时
11	网上工作室	栏目丰富、内容更新及时、积极互动交流	10分/年
12		有特色资源或栏目开设	20分/年

市级社区教育专家量化考核标准

序号	考核内容	量化项目	分值
1	专家讲座	举办富有区域特色的社区教育现场专题讲座	15分/次
2		“齐鲁大讲堂”网上直播讲座	25分/次
3	师资培训	全市范围社区教育师资现场指导交流	25分/次
4		全市范围社区教育师资网上视频会议	15分/次
5	理论研究	协同全市县专家开展社区教育项目研究	25分/个
6		发表社区教育相关研究论文	15分/篇
7	成果推广	将个人动态、讲座内容、研究成果及时发布	15分/次
8		通过各种专家交流会进行现场交流与成果推广	25分/次
9	资源建设	建设微课程、微视频、多媒体课件等资源	10分/时
10		系列主题资源录制、重大题材资源建设等	15分/时
11	网上工作室	栏目丰富、内容更新及时、积极互动交流	15分/年
12		有特色资源或栏目开设	25分/年

县级社区教育专家量化考核标准

序号	考核内容	量化项目	分值
1	专家讲座	举办富有区域特色的社区教育现场专题讲座	20分/次
2		奔赴“田间地头、车间、学校”开展专题讲座	30分/次
3	师资培训	全县范围社区教育师资现场指导交流	30分/次
4		全县范围社区教育师资网上视频会议	20分/次
5	理论研究	协同全县专家开展社区教育项目研究	30分/个
6		总结提炼区域特色项目或活动开展模式	20分/个
7	成果推广	将个人动态、讲座内容、研究成果及时发布	20分/次
8		通过各种专家交流会进行现场交流成果推广	30分/次
9	资源建设	建设微课程、微视频、多媒体课件等资源	10分/时
10		提供一线特色资源建设选题、素材或合理化建议	20分/个
11	网上工作室	栏目丰富、内容更新及时、积极互动交流	20分/年
12		有特色资源或栏目开设	30分/年

注：上述量化考核标准的解释权归山东省社区教育指导服务中心所有。

三、社区教育志愿者队伍组建与管理

为全面贯彻落实党的十九大和习近平总书记系列重要讲话精神，满足人民群众日益增长的对美好生活的需求，推动山东全省社区教育事业内涵式发展，不断加快山东学习型社会建设步伐。面向全省社区居民广泛征集社区教育志愿者，组建山东社区教育志愿者队伍，制定具体实施方案如下。

（一）组建原则

1. 以人为本、服务社会的原则

始终把社区教育志愿服务的公益性放在首位，以更好地满足全民对社区教育的多样化需求为出发点和落脚点，不断彰显志愿服务的魅力，更好地服务于山东社区教育事业发展。

2. 优化结构、分类指导的原则

根据不同区域、不同时期社区教育的工作重点和主题活动，结合志愿者服务特点和规律，加强分类指导，积极组织和引导社区教育志愿者队伍有序发展。

3. 积极倡导、自愿参与的原则

既鼓励社会成员自愿参与，又不断引导居民增强社会责任意识。扩大社区教育志愿服务宣传的覆盖面，实现自主参与和社会倡导的有机结合与良性互动，不断增强社区教育志愿者服务的影响力和吸引力。

（二）职责分工

1. 山东社区教育志愿者总队设在山东省社区教育指导服务中心，具体负责全省社区教育志愿者队伍组建与运营工作。

2. 山东省社区教育联盟单位及各级各类社区教育机构的志愿者组织机构，由当地社区教育相关部门负责组织与管理，并在山东省教育厅指导下开展工作，业务上接受山东省社区教育指导服务中心指导。

3. 山东省社区教育指导服务中心负责组织全省性社区教育活动，各市县社区教育机构积极配合开展工作，并根据当地实际情况，各自组织相关社区教育志愿者活动。

（三）组建方式

山东省社区教育指导服务中心负责山东省志愿服务总队日常管理工作，组建包括但不限于法律志愿者、医疗卫生志愿者、文体志愿者、社会公益等社区教育志愿者服务队。

1. 山东省社区教育联盟单位及各类社区教育机构根据所在地行政区划进行组建。

2. 采取个人申报、单位推荐相结合的方式，所有社会成员均可根据条件自我申报，也可通过现有自愿者推荐、相关人员引荐等方式参加。针对已成熟的志愿者团队可以以团队为单位集体报名，并由团队负责人进行申报。

3. 申报人员填写并提交《山东省社区教育志愿者申请表》纸质申报材料（一式两份）；已组建的志愿者队伍集体申报填写并提交《山东省社区教育志愿者队伍登记表》纸质申报材料（一式两份）。同时，提供必要的佐证材料，如专家推荐信、获奖证书、资格证书、志愿者服务经历证明，以及申请者认为可以展示、代表自己水平的其它材料，报送当地社区教育相关部门，所提交纸质材料需要所在单位领导审查并加盖公章。

4. 各地区社区教育相关部门汇总社区志愿者登记情况后，秉持均衡兼顾、公正择优等原则进行资格审核，审核通过的名单汇总提交至山东省社区教育指导服务中心。

5. 组建的志愿者队伍名单将在“山东终身学习在线”上予以公示，由山东省社区教育指导服务中心备案并颁发证书，纳入“山东省社区教育志愿者总队”信息库。

（四）报名条件

1. 热心社会公益、热爱社区教育事业、具有奉献精神，具备与所参加的志愿服务项目及活动相适应的基本素质。

2. 年龄在18周岁以上，身体健康，能自觉服从安排，按时参加业务培训及社区教育志愿活动，并满足相应志愿者岗位工作需求。

3. 有志愿者服务工作经验者优先考虑。

（五）工作任务

山东省社区教育联盟单位及各类社区教育机构，可根据当地社区教育发展实际，制定各自的志愿者队伍组建标准，并将社区教育志愿者的资格政审贯穿全过程。

1. 省级社区教育志愿者管理人员

（1）负责全省社区教育志愿者的招募、选拔、审核、汇总、备案等工作；

（2）负责全省社区教育志愿者活动方案制定、组织实施、现场指导等工作；

（3）负责志愿者队伍人员的相关培训、评优、监督等工作；

2. 市县社区教育志愿者管理人员

（1）负责当地志愿者招募的宣传、志愿者审核与选拔、志愿者材料汇总与上报等工作；

（2）负责组织开展山东省社区教育指导服务中心安排的志愿者活动；

（3）负责当地社区教育志愿者活动方案制定、组织实施、现场指导等工作；

（4）根据不同活动，选择志愿者队伍，决定志愿者人数、人员与负责人等；

（5）负责志愿者队伍人员的培训、评优、登记等工作；

（六）培训考核

山东省社区教育联盟单位及各类社区教育机构，采用定期与不定期相结合的方式，积极开展志愿者管理与服务队伍人员的培训活动。按照志愿者管理与服务人员的分类，有计划地开展针对性强、内容丰富的专题培训。其中，对于志愿者服务管理人员，重点培训管理人员的管理经验、管理技能、服务意识；对于志愿者人员，重点提高志愿者的从业技能，着重培养志愿者参加志愿活动的各种能力。

“山东省社区教育志愿者”以两年为一个聘期，在聘期内，主要以参与的活动次数与反馈评价为依据，有关具体标准，各地方可根据实际情况制定。对考核优秀者予以表彰奖励，连续两年考核不合格者取消下一聘期的聘任资格。

山东省社区教育志愿者申请表

<table>
<tr><td>姓名</td><td></td><td>性别</td><td></td><td>出生
年月</td><td></td><td rowspan="2">近期2寸
免冠彩照</td></tr>
<tr><td>职务</td><td></td><td>职称</td><td></td><td>层级</td><td></td></tr>
<tr><td>政治面貌</td><td></td><td colspan="2">专长领域</td><td colspan="3"></td></tr>
<tr><td>联系电话</td><td colspan="2"></td><td colspan="2">电子邮箱</td><td colspan="2"></td></tr>
<tr><td>所在单位</td><td colspan="2"></td><td colspan="2">所在地</td><td colspan="2"></td></tr>
<tr><td>个人成果
或荣誉</td><td colspan="6">（可加附页）</td></tr>
<tr><td colspan="3">所在单位推荐意见

负责人签字：
（公章）
年　月　日</td><td colspan="4">山东省社区教育指导服务中心意见

负责人签字：
（公章）
年　月　日</td></tr>
</table>

备注：（1）个人成果或荣誉可加附页；（2）“层级”是指省级、市级或县级社区教育志愿者。

山东省社区教育志愿者队伍登记表

队伍名称		队伍LOGO	
创建时间		队伍口号	
负责人		联系电话	
所在地区		总人数	
所属单位		擅长领域	
队伍 简介		备注	
申请人		申请日期	

四、山东省社区教育先进工作者评选

为深入贯彻落实《山东省政府办公厅关于加快发展老年教育的实施意见》《山东省教育厅等九部门转发〈教育部等九部门关于进一步推进社区教育发展的意见〉的通知》等文件精神，积极推进山东社区教育内涵式发展，山东省社区教育指导服务中心每年度面向山东省社区教育联盟各成员单位，开展“山东省社区教育先进工作者”评选工作，具体实施方案如下。

（一）评选对象

山东省社区教育联盟各成员单位的社区教育工作者。

（二）评选办法

为保证评选活动的公开、公平、公正，制定了评选标准，实行量化打分。其中，组织开展“山东终身学习在线”应用与推广成绩突出者，不受量化打分分数及名额限制。社区教育先进工作者的评选，主要从进修学习、活动组织、活动参与、资源建设、科学研究等五方面进行评选，具体量化评选标准如下表。

项目	得分点	评分标准
研修学习	积极参与社区教育研修学习	参加教育部社区教育研究培训中心或省社区教育指导服务中心研修会议每次20分
活动参与	积极参与全省社区教育活动	参与全省社区教育活动每项10分； 获得一二三等奖分别得15分、10分、5分
活动组织	积极组织辖区内社区教育活动	组织辖区社区教育活动每项10分； 在“省内快讯”积极宣传每项5分
资源建设	建设富有特色的课程资源	建设社区教育特色课程资源每门20分
科学研究	积极参与社区教育科研项目研究	省市级项目（含省社区教育指导服务中心课题）每项20分； 发表社区教育核心论文20分、一般论文10分

（三）评选程序

1.材料提交

各有关单位认真组织，积极推荐，填写并提交山东省社区教育先进工作者申请表，电子版发送到指定邮箱，同时，纸质版邮寄至济南市历下区舜耕路10号，社区教育办公室。

2.时间安排

（1）所有数据统计时间为：当年1月1日至12月31日；

（2）材料电子版提交截止日期为次年1月10日，纸质邮寄截止日期为次年1月20日；

山东省社区教育先进工作者申请表

<table>
<tr><td>姓名</td><td colspan="2"></td><td>单位名称</td><td colspan="2"></td></tr>
<tr><td>专兼职</td><td colspan="2"></td><td>联系电话</td><td colspan="2"></td></tr>
<tr><td colspan="6">社区教育研修学习情况</td></tr>
<tr><td colspan="2">参加教育部社区教育研究培训中心会议次数</td><td></td><td colspan="2">参与省社区教育指导服务中心会议次数</td><td></td></tr>
</table>

（续表）

社区教育活动参与情况			
参与省内外社区教育活动场次		活动获奖情况	
社区教育活动组织情况			
组织辖区社区教育活动场次		山东终身学习在线“省内快讯”发布新闻数量	
社区教育资源建设情况			
社区教育资源建设数量		资源共建数量	
社区教育科学研究情况			
省市级项目（省社指中心课题）数量		发表社区教育核心论文数量	

备注：

（1）获奖情况需提供佐证材料，并注明获奖层次；

（2）“资源共建数量”指“齐鲁民风民俗”“红色山东”“家风、家训、家教”等社区教育特色资源建设；

（3）省市级项目（山东省社区教育指导服务中心课题）需提供佐证材料；

（4）发表社区教育核心论文需要提供佐证材料。

五、师资队伍业务技能培训与提升

为加快新时代山东社区教育内涵式发展，健全配齐社区教育师资队伍，更好地服务于全民终身学习的多样化需求。近年来，山东省社区教育指导服务中心充分发挥职能作用，连续多年在召开山东省社区教育年度工作会议的同时举办了全省社区教育工作人员研修班，积极开展师资队伍业务技能培训，不断提升综合业务素质和从业技能，具体工作主要包括以下几个重要方面的内容。

一是按需定制，邀请全国知名专家做专题讲座。每年度研修班的培训内容会事先通过多种方式征集全省社区教育工作者的培训需求，经过汇总分析，并充分结合山东社区教育发展实际，邀请全国知名专家为山东社区教育师资培训按需定制专题讲座内容，使得培训更加具有针对性，以更好地满足教师的成长需要，服务于业务技能提升。

二是经验分享，邀请省内先进市县做典型发言。在山东，部分市县的社区教育已经走在了前列，甚至在全国都具有典型性，如济南市“泉学e站”、青岛市“4.9级微学汇”、诸城市“农村社区教育”等，为此，每期研修班均邀请省内不同的社区教育先进市县做典型发言，结合自身发展实际，与大家进行经验分享，使得培训更加具有实操性和借鉴性，以期开创新时代社区教育发展“赶、超、比、帮”的美好局面。

三是注重实效，考核合格颁发研修班结业证书。研修班培训期间，切实做到了实践与理论有机结合，不仅有精彩讲座和经验分享，而且还安排了实地考察与观摩学习，注重培训实效，全程考核合格者方可获得研修班结业证书，使得培训更加具有实效性，让参加学习者具有真才实学，为当地社区教育大发展做出新的更大的贡献。

与此同时，山东省社区教育指导服务中心依托山东广播电视大学，充分利用现代信息技术优势，将每期的研修班内容进行实时录制，并剪辑为相对独立的网络课程，积累汇总各期研修班的录制课程，形成系列化培训课程。下一步，将研发上线“山东社区教育网络研修学院”，以已录制的研修班培训课程为资源库，对全省所有社区教育从业者开展在线继续教育，实现社区教育教师按需“随时随地”点播研修课程，以达到师资队伍业务技能和综合素质提升的最大化效果。

第五章
新时代社区教育的专业与课程建设

新时代，随着人民对美好生活有了更多向往，全民终身学习需求更加多样化，对社区教育有了更多的期待。为此，新时代社区教育需要遵循更加规范、标准、科学、合理的发展路径，实现内涵式发展，其中，专业课程建设有了更加强烈的现实需求，应上升到社区教育的发展日程。而社区教育专业课程建设是一项复杂的系统工程，尤其是，没有现成的可以直接借鉴的经验模式，需要充分结合区域经济社会发展和全民终身学习的实际需求，采取有效策略建设具有时代特征和本地特色的社区教育大专业群及其系列课程，同时充分利用一切可以利用的社会教育资源，以促使社区教育发展的科学化和实效性。

第一节　社区教育专业课程建设的现实需求

《教育部等九部门关于进一步推进社区教育发展的意见》针对“提升社区教育内涵”明确要求“加强课程资源建设”，推动课程建设规范化、特色化发展；教育部新闻办召开新闻发布会专门解读《教育部等九部门关于进一步推进社区教育发展的意见》时指出国家将组织编写一批社区教育通用型课程大纲，并将建设一批具有地域特色的本土化课程。当前，社区教育专业建设还未引起足够的重视，大专业群建设、课程大类划分仍处于粗放发展阶段，缺乏长远规划和顶层设计，更无科学性和规范性；同时社区教育课程建设仍处于零散、无序状态，未形成系列化和标准化。而新时代全民终身学习的多样化对社区教育内涵发展提出了更高的要求，为此，未来社区教育专业课程建设不仅是必要而成为必须，积极响应新时代社区教育课程建设的新需求将其提上发展日程，已成为大势所趋、势在必行。

一、社区教育专业课程发展现状

目前，社区（老年）教育作为非学历教育的重要形式，论及其专业建设的研究在现有文献中并不多见，其实，当前所要讨论的社区（老年）教育专业并非像学历教育一样严格与标准，而是在探索新时代社区（老年）教育发展所应该提炼的大专业或者是专业群。我国现代社区教育历经数十年的发展，其专业课程建设已现雏形，但仍需进一步总结与提炼，就目前的发展现状，概括起来主要包括以下几个方面的内容。

一是已现雏形。实践与探索中，在一些社区教育发展相对较早、比较成熟的先进地区，比较常见的是将所开设的社区（老年）教育课程大多归为某一大类，相对固化为专业课题体系的系列和类别，如艺术类、养生类、健身类、信息技术类等。并且，每一大类之下都内设了一系列相关的课程，以便于开展系统化的课程教学与终身学习，这已经形成了专业课程建设的雏形，若将其再进一步做学科划分就是当前所讨论的大专业或专业群。其中，2019年3月江苏省社会教育服务指导中心召开的社会教育专业建设研讨会，针对社会教育专业开设的必要性、专业从属、开设层次、教学内容、课程体系等内容做了深入的讨论和论证，为新时代社区教育专业课程建设进行了积极探索。

二是无序发展。就目前我国社区教育专业课程建设的总体情况来看，仍处于一种无序粗放发展的状态。换言之，大部分地区社区教育课程的开设，一方面没有做足前期调研和需求分析，仅根据已有师资或跟风式地“零星”开设了若干课程，以解决应急之需或充当一下门面，传授的知识或能力自然就比较“零碎”，不成体系、缺乏系统性，更不用说进行长期发展规划的专业建设了，从而严重影响了新时代社区教育的内涵式发展和全民终身学习的效果。

三是有待提升。显然，社区教育由粗放发展到科学化系统发展，需要一个循序渐进的过程，为满足新时代人民对社区教育提出的更高需求，必须走内涵发展之路，为此，需要将已开展的社区教育系列培训活动、系列课程、系列品牌项目、系列大赛评比与成果展示等，进行汇聚、总结、提炼，进而升华为社区教育专业课程，固化为可借鉴推广的模式，以实现发展的规范化与建设的标准化，意在实现社区教育课程设置更加合理化、活动组织更加科学化、学习实效最大化。

二、新时代社区教育专业课程建设的必要性

众所周知，课程和专业作为任何一种教育形态的核心所在，是其内涵式发展的重要内容和有效途径，同时积极开展社区教育专业课程建设，也是新时代为更好服务于全民终身学习、加快建设学习型社会的必然选择，具有重要的现实意义，其必要性可归纳为以下几个重要方面。

一是新时代发展的需要。进入新时代，社区教育为更好地满足人民对美好生活的向往和期待，同样需要进行供给侧革新，走科学、规范、内涵式发展之路，紧紧围绕当地经济社会发展实际和全民终身学习的多样化需要，使得社区教育各项工作，尤其是教育教学活动来源于生活并融入生活，并将其进行提炼升华为大类专业群和系列课程，如此一来，先进的经验模式和优质教育资源才能得以广泛推广与最大化共享。

二是内涵式发展的需要。由于社区教育的服务对象“量大面广”、涉及内容更是“包罗万象”，经过数十年的积累，必须由原来的粗放式发展转型为内

涵式发展，这就需要以课程建设为抓手、以专业建设为引导，不断“回头总结”，找特色、抓亮点，使得新时代社区教育面向未来做好长期规划，走科学发展之路。

三是可持续发展的需要。社区教育本身是一项复杂的系统工程，秉承“教育社会化、社会教育化”的大教育观，其健康快速可持续发展必然依赖于科学化的有序推进，以固化的模式为重要抓手，这便是社区教育的专业与课程。尤其是，新时代人民对精神文化生活的期待，不再满足于一时的活动和“片段式”的教学，而是更加需要系统化、全方位、连续性的终身学习，以全面提高自我综合素质，更好地满足自我精神文化需求，不断提升学习过程的获得感、幸福感。

三、新时代社区教育专业课程建设的新需求

新时代，人民对美好生活有了更多期待和向往，这种期待和向往对社区教育发展提出了新的更高要求，具体到社区教育的专业课程建设，其新需求概括起来主要体现在以下几个重要方面的内容。

一是专业课程更加富有时代性。新时代社区教育的专业大类和系列课程建设，应紧紧切合时代发展脉络和全民终身学习的多样化需求，其内容要常变常新、形式应多种多样，尤其是要大力弘扬时代精神和社会主义核心价值观。同时，要充分利用现代信息技术，课程的承载媒体不仅要有传统书籍，还要有多种可选形式的新媒体资源，实现课程资源建设的“系列化、数字化、一体化”，从而形成“纸质书、电子书、网络课件、学习包”四位一体学习资源包，以便于学习者能够自主自助学习。

二是专业课程更加富有多样性。所建专业与课程应针对不同人群的终身学习多样化需求，灵活设置其侧重点，如有老年人的养生保健类、新型职业农民的养殖种植技术类、新市民的综合素养提升类等，使得专业课程避免单一化、富有多样性，有效促进新时代社区教育的内涵式发展，以更好地满足全民终身学习的多样化需求。

三是专业课程更加富有实用性。社区教育的专业课程应本着提高全民综合素质和生存生活技能的原则，助力社区治理、和谐社会建设，而不是简单说教、空谈理论、人云亦云，为此，在专业与课程建设中需要更加注重实用性、体现时代性，使得学习者“学有所教、学有所获、学有所用”，能够实实在在的解决问题、提升技能，有效提高综合素质。

第二节　新时代社区教育专业课程建设策略

新时代，社区教育专业与课程建设有着强烈的现实需求和长远的发展意义，但因没有现成的经验模式可以借鉴，为此，在实践中必须遵循一定的建设原则，采取社区教育大专业群、划分大类专业建设策略和系列化课程建设策略，尤其注重社区教育通用型课程和特色课程建设，将发展成熟的社区教育品牌项目和系列培训活动进行提炼升华，积极推进社区教育专业课程建设的有序实施，促进社区教育的内涵式发展。

一、社区教育专业课程建设原则

新时代，社区教育的专业课程建设应以终身学习理念为引领，以服务经济社会发展和全民终身学习为宗旨，以大力提高国民素质为出发点和落脚点，贯彻宣传国家重大方针政策，培育和践行社会主义核心价值观，弘扬中华民族优秀传统文化，增强文化自信，融教育于生活之中，在实践中，应遵循以下若干基本原则。

一是因地制宜原则。因社区教育本身具有较强的地域性和鲜明的实践性，在社区教育专业课程建设中，没有必要规整化一，搞一刀切，而是应该充分结合当地经济社会发展实际和全民终身学习多样化需求，在实地调研、充分论证和长远规划的基础上，首要建设富有当地特色、居民呼声强烈的专业大类，并开设各专业类别的系列课程，做到因地制宜，有特色、有亮点，促使全国社区教育专业课程的百花齐放。

二是循序渐进原则。因社区教育服务人群众多，同时内容涉及到方方面面，其专业课程建设不可能一步到位，更不可能所有专业课程齐头并进，而是应该从现有人财物的实际出发，先选择全民终身学习需求强烈、师资队伍和场地设置较为齐备的领域，从前期积累比较成熟的专业大类着手，集中优势资源建设精品专业大类及其系列课程。然后，再拓展专业领域和课程内容，采取“聚焦为点、连点成线、织线为面、拓面为体”的发展策略，循序渐进地开展专业课程建设。

三是服务民生原则。因社区教育相对于其他的教育形态而言更加侧重关注和强调服务民生，为此，在坚持上述“循序渐进”原则的同时，其建设的重点或者说首选就应该是涉及到有关服务民生的专业大类和课程系列，如服务全民的“公民素养”类、服务老年人群的“养生保健”类、服务新型职业农民的“养殖种植”类、服务新市民的“都市生活”类、服务青少年的“素质拓展”类等。本着“急全民之所急、想全民之所想、做全民之所需”，以服务民生为指挥棒，课程建设应与居民需求、社区发展、和谐社会等紧密结合，促使专业课程建设与社区治理和服务社会有机融合，如此以来必然会赢得学习者的欢迎和好评。

二、社区教育大专业群建设策略

前已述及，本书所探讨的社区教育的大专业群是特指服务不同人群的专业大类，并非学历教育中所指的专业划分。为此，在实践中社区教育的大专业群建设没有统一固化的标准，之所以称之为“大专业群”就是为了将相关的系列课程进行汇聚提炼、科学分类、合理施教，以使得课程建设更具有针对性、教学组织与实施更具有可操作性，有效促进新时代社区教育内涵式发展。换言之，按照所服务的人群或课程涉及的内容进行划分专业大类也是为了更加方便、更加科学地管理服务与开展教学。基于如上理念和构想，新时代社区教育的大专业群建设可以考虑采取如下若干策略。

一是服务重点人群。社区教育专业建设既然是基于按照人群进行划分大类，在实践中，尤其是在社区教育发展还不够充分的地区，可以考虑集中优势资源和现有的人财物先从服务重点人群的重点领域做起；然后，不断积累经验，再逐步拓展到更多更广的群体。一般来讲，当前所应重点服务的人群主要包括老年人、青少年、新型职业农民、新市民、弱势群体、婴幼儿等，其重要领域依次涉及到养生保健、素质拓展、种植养殖、都市生活、职业技能、快乐成长等。

二是不断聚合提炼。当前我国社区教育的专业建设没有真正形成、课程大类划分又比较粗浅、课程开设也比较分散，缺乏针对区域经济社会发展实际和不同人群终身学习需求的深入调研和全面分析，现有课程大类划分比较随意、缺乏科学性，各大类所包括的课程未形成体系，甚至有的出现了重复、交叉等。因此，新时代社区教育的内涵式发展，必然要求对现有专业大类和所开设课程进行重新梳理、不断将粗浅、分散的大类划分进行聚合，从而提炼出富有特色、具有针对性、带有时代性的专业大类和课程体系，为新时代社区教育健康可持续发展奠定坚实的基础。

三是注重实践体验。结合前已述及的专业课程建设原则，社区教育大专业群建设所规划的系列课程应避免理论教条化，而要紧密切合发展社区教育的初衷，更加注重专业课程的实践性和针对性，并适当引入体验式课程，增强教与学的互动性，实现寓教于乐，甚至根据需要可以在大专业类别下设立游学类课程，真正践行“教育社会化、社会教育化”的大教育观，为建设“人人皆学、处处能学、时时可学”的学习型社会注入新鲜活力和增强内动力，绘制出一幅幅全民“愿学、乐学、享学”的美好画面。

三、社区教育课程建设策略

在实践中，将社区教育课程纳入大专业群的框架之下建设和实施，将会使其不仅有建设和实施的基本依据，而且课程内容更加具有针对性、教学过程更加具有可操作性。新时代社区教育的课程建设策略定位涉及到了课程内容选题应更加适合时代发展，课程内容呈现应更加通俗易懂、寓教于乐，课程载体应更加丰富多样等多个方面，尤其是，课程要更加注重特色、做出亮点、追求精品，在实践与探索中建议基于以下几个方面的策略。

一是课程建设系列化。所谓课程建设的“系列化”是指在大专业群所拟定的“总体框架”之下，将各大类所开设和建设的课程“串联”起来，做到课程之间相对独立又彼此相关，为全民终身学习开展较为全面、系统化地教学，使得学习者所学知识和技能不再“碎片化”、“断层式”，这就需要针对每一大专业群的课程进行科学规划、合理设置，使得课程之间具有连续性，以“进阶式”恰当开设各阶段课程，如此一来，课程将会更加“人性化”，更加符合新时代全民终身学习的多样化需求。

二是课程内容通俗化。所谓课程内容的“通俗化”是指具体到每一门课程在内容编排上要通俗易通，采用学习者喜闻乐见的形式呈现课程内容，做到图文并茂、简单明了、雅俗共赏，少理论、重实践，并要充分考虑到学习者的多层次性和学习接受能力的差异，以便于学习者能够实现自主自助学习；同一专业大类的课程之间，最好能够相互衔接、彼此呼应。尤其是，针对特定人群，比如老年人、婴幼儿的课程内容，更应注重内容的通俗、简明，多一些典型案例，少一些理论教条，章节安排和课程组织上也要做到简洁明快。

三是课程形式多样化。所谓课程形式的“多样化”是指课程呈现的载体要灵活多样，不仅要有传统的纸质教材，还要建设同步的数字化课程资源，实现实体教学与线上学习的优势互补，以更好地适应不同人群多样化的终身学习需求，为全民终身学习的课程形式提供多种可能的选择。同时，在课程教学组织形式上也要多样化，融入案例教学、互动参与、翻转课堂等多种现代教育技术和教学模式，以增加课程的吸引力、教学过程的趣闻性、教学组织的人性化管理等。

第三节　社区教育课程资源建设与应用

基于上述大专业群下的课程建设策略，新时代社区教育课程资源有了更加丰富的内涵，在促进社区教育健康可持续发展过程中发挥着至关重要的作用。但是目前我国大部分地区的社区教育课程资源建设与应用现状，尚不能有效满足全民终身学习的多样化需求，因而当前应从本区域社区教育发展实际出发，紧跟时代发展步伐、紧扣时代发展旋律、紧贴居民学习需求，不断拓展课程资源载体和呈现形式，采取有效策略积极推进课程资源建设与应用推广。在实践中，按照“穿针引线”的原则，实现课程资源建设的系列化、全媒体化，更好地满足新时代社区教育线上线下O2O混合式教学的需要。

一、新时代社区教育课程资源的内涵

进入新时代，社区教育的责任担当更加重大而艰巨，为此，必须走内涵式发展之路，其中，专业课程建设便成为重要抓手。尤其是，随着人民对精神文化生活的要求越来越高、全民终身学习需求更加多样化，课程资源作为开展社区教育的重要载体，其内涵更加丰富，涵盖了社区教育教学活动所需的各种资源和全民自主自助终身学习所需的各种资源，概况起来主要包括以下几个方面的内容。

一是纸质传统教材。作为一门课程，传统的纸质教材依然是其最为基础性的资源载体，这也是当前社区教育实体教学所必须的课程资源，该类资源在建设中尤其要遵循上述课程建设策略中所强调的“课程内容通俗化”，甚至并不一定严格按照学历教育的教科书那样编排内容，而应采取与其所服务人群学习需求相适应的章节逻辑进行组织编写。

二是数字学习资源。随着移动互联网络的广泛应用，网络在线学习和移动学习已成为全民参与终身学习的重要途径，为此，建设数字化学习资源已成

为新时代社区教育课程资源的必然选择。其中，数字化课程资源又可分为多种不同形式，如电子书、网络课程、系列微课、系列微视频等。同时所建设的数字化课程资源必须能够做到自适应多终端应用，也就是说，不仅可以通过电脑网页访问学习，而且还可以通过手机、pad等移动端访问学习，以更好地实现“随时随地”的学习。

三是综合信息资讯。新时代，与课程相关的综合信息资讯也将成为一种重要资源形式，有效促进全民终身学习效果，增进学习过程的互动与交流，从而汇聚广大学习者的智慧和力量。同时，综合信息资讯赋予了课程资源更多的时代气息和学习过程的活力，进而增强了课程的吸引力，为课程改进和教学组织提供了一手资料，这也是课程资源常变常新的不竭动力。

二、社区教育课程资源建设与应用现状

目前，社区教育课程建设与应用表现出了严重的区域不均衡，如在社区教育发展比较成熟的上海，专业课程建设已经驶入了快车道，尤其是其社区教育课程资源配送体系搭建了“建设”与“应用”的桥梁，有效促进了上海市社区教育的内涵式发展。而在其他大部分地区，社区教育课程资源的建设与应用仍不能适应全民终身学习的多样化需要，有待进一步加强，具体现状概况为如下几个主要方面的内容。

一是建设缺乏系统化、规范化。随着我国社区教育的快速发展，大部分地区已经意识到课程资源在社区教育发展中的重要性和必要性，并积极开展课程资源建设，但是现有课程资源大多仅涉及到某些方面、若干内容，没有进行顶层设计和统筹规划、缺乏系统化和制度化，“离散、零星”的课程资源较多，但没有形成系列，重复建设比较严重。同时，课程资源的标准不统一、缺乏规范化，使得所建课程资源的质量较低，尤其是数字化课程资源的通用性较差。

二是应用不够充分、形式单一。就目前已有的课程资源而言，有效利用不够、资源形式单一，首先是资源共享的体制机制不健全，未能真正实现优质资源在区域内甚至区域之间的最大化共享和充分利用；其次是现有课程资源的

形式比较单一，未能真正实现“纸质教材+数字化资源”的同步覆盖和一体化设计，尤其是随着移动互联网学习模式的广泛普及，数字化学习资源越来越受到学习者的欢迎和青睐，应统筹纳入社区教育课程资源建设规划之中。

三是建设与应用未能协调推进。当前我国社区教育课程资源建设出现了明显的低水平重复建设，造成了不必要的资源浪费，同时导致资源的利用率不高，这是由于资源在建设与应用上未能实现协调推进。显然，针对社区教育课程资源建设与应用，建设为基础和前提，应用是目标和关键，“建”是为了“用”，“用”引导着“建”，为此，在实践中应统筹处理好两者之间的关系，以实现协调推进，积极探索新时代社区教育课程资源的共建共享模式与机制。

三、新时代社区教育课程资源建设与应用策略

新时代社区教育的内涵式发展对课程资源建设与应用提出了更高的要求，“纸质教材+数字资源+信息资讯”三位一体成为未来课程资源的新模式，但是目前社区教育课程资源建设与应用的现状不容乐观，甚至影响和制约了社区教育的健康可持续发展，急需采取有效措施加以改进。为此，结合上述建设与应用现状，尤其是其中存在的问题，有针对性地给出如下几点推进策略。

一是以实现多种资源形式的一体化推进建设。新时代，不仅居民的学习需求日趋多样化，而且对学习途径和载体也要求有更多的选择，尤其是，随着“互联网+”社区教育的广泛应用，传统实体教学的纸质教材已经不能满足全民终身学习的多样化需求，而借助移动互联网实现“随时随地”的学习已成为了一种“新时尚”。为此，新时代社区教育课程资源建设应实现“纸质教材+数字资源+信息资讯”多种形式的一体化和全媒体化，同步推进课程资源建设，以迎合不同人群在终身学习中对课程资源的多样化需要。

二是以实现充分利用和最大化共享推进应用。在实践中，资源的充分应用和最大化共享是社区教育快速发展的有效途径，这本身符合社区教育的公益性、开放性、共享性和全纳性。为此，应将现有课程资源通过各种形式的实体教学、多终端的在线平台推送给学习者，并为其学习的全过程提供及时的

“导学、助学、促学”等支持服务。

三是以实现建设应用统筹规划推进共建共享。统筹规划对于新时代社区教育课程资源建设与应用显得尤为重要，首先要统筹一下重点应建设哪些课程资源，并规划好如何建设一体化的资源；然后要统筹一下课程资源服务哪些人群，并规划好如何充分利用；最后要统筹协调好课程资源的共建与共享，实现集中有限的“人财物”共同建设优质课程资源，并使其最大化共享和充分利用。

第四节　山东社区教育专业课程建设实践与探索

为加快提升山东社区教育发展内涵，更好地满足人民对美好精神文化生活的期待和向往，《山东省教育厅等九部门转发〈教育部等九部门关于进一步推进社区教育发展的意见〉的通知》明确要求：根据国家社区教育通用型课程大纲，组织各地和高等学校系统开发具有山东特色的优质社区教育课程资源，同时根据实际需要，引进部分国内外优秀课程资源，形成山东省社区教育学习资源。这为新时代山东社区教育课程资源建设指明了方向、明确了目标。

一、社区教育专业课程建设现状

在实践中，山东社区教育专业和课程建设得到了高度重视，专业建设更加注重顶层设计和体系化发展，课程建设更加注重地域特色和一体化发展，取得了一定的成绩。但是，当前专业课程建设仍然不能满足和适应新时代社区教育内涵式发展的需要，应不断提高站位、科学规划、大力推进，破解影响和制约新时代专业课程建设的不利因素，更好地服务于山东学习型社会建设。

一是取得的成绩。近年来，山东社区教育发展更加注重内涵发展，在专业课程建设上不断总结实践经验、积极探索创新，社区教育课程资源按照服务人群和知识体系进行了多维度分类，老年教育的专业划分和建设更加规范合理，校本教材编写、特色资源建设、教学案例提炼、线上线下O2O项目开展等均取得了一定的成绩。

二是存在的不足。当前，专业和课程建设依然是社区教育内涵建设的短板，这也是全国社区教育普遍存在的问题之一，专业课程建设存在着不足，首先专业课程建设缺乏长远规划和顶层设计，专业发展的意识不强，课程建设盲目随意；其次现有专业设计过于粗浅，定位不准，甚至交叉重复；再者课程建设不成体系，没有真正做到在专业大类的框架之下开展课程建设，未实现多种载体的一体化设计、形式相对单一，缺乏山东地域特色和针对性。

三是影响制约因素。现实中众多因素影响和制约着社区教育专业课程建设，首先新时代社区教育发展理念需要更新，内涵建设观念不强、专业和课程建设意识不够；其次国家针对社区教育专业课程建设的相关标准和发展规划缺失，使得在实操中缺乏依据和方向；再者由于保障措施的不到位，当前社区教育仍处于粗放发展阶段，转型为集约发展则需要一个渐进过程。

二、专业课程建设亮点纷呈

经过多年的发展积累，山东社区教育专业课程建设在实践探索中专业体系已现雏形，积极参与全国社区教育、老年教育通用型课程大纲编写，富有地域特色的社区教育校本教材和教学案例已编写数百种，主题鲜明的山东特色课程资源建设与应用开展得有声有色，社区教育专业和课程建设的亮点主要有如下几个方面。

一是专业体系建设。山东社区教育尤其是老年教育在实体办学的专业设置上充分结合山东实际和老年人学习需要，形成了相对稳定的专业体系并不断进行优化，将专业划分为美术、器乐、声乐、舞体等专业大类，各大类下设不同专业，如美术大类又分为书法、山水、素描、花鸟、彩铅等若干细化后的专业，同时，为分层次施教，又将每个专业班级划分为三个学年。而且，为全面了解所开设专业课程情况，调查教师授课情况和学员满意度，进一步提升教学质量和所开设专业课程的适用性，面向所有学员通过课程评价系统对教师授课情况进行评价，以加快社区（老年）教育内涵式发展。

二是校本教材编写。在社区教育专业课程建设中，校本教材因富有地域特色，针对性和实用性强，已成为社区教育内涵建设的有效载体，山东全省共建有14000余门线上线下课程，编制教材715本。2017年，青岛市教育局发布了《关于开展优秀终身教育工作案例和课程遴选的通知》，共征集到社区教育优秀案例100个、优质课程100门，并统一印刷成册。日照社区大学开设了书画类、器乐类、舞蹈类、健身类、文化类、保健类等符合身心健康需求的20门老年教育公益课程，30余个教学班，年培训2000多课时，培训学员达20000余人次。潍坊诸城市在实践中注重社区教育特色课程开发，组织市镇两级社区学院，立足经济发展、产业特色、居民需求，开发了通俗易懂、具有本土文化特色的《苗木繁殖与栽培》《特种动物养殖技术》《农民工进城读本》《居民法制教育读本》《居民生活安全常识》《食用菌高效栽培》等一批新型职业农民培训教材和《绿色无公害韭菜栽培技术》《公民健康教育读本》等“百千万”教育培养工程系列教材11大门类69门课程。临沂莒南社区教育学院自主编写了实用技能培训系列教材56种，为精准培训奠定了坚实基础。

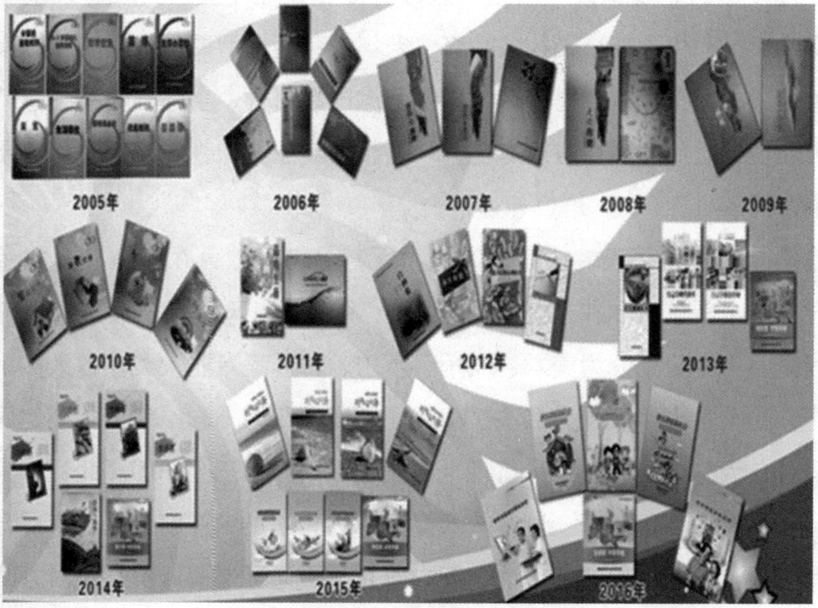

青岛市社区教育系列教材

诸城市社区教育系列教材

三是特色资源建设。为进一步推动山东省社区教育课程规范化、特色化发展，丰富社区教育课程资源建设，提升社区教育发展内涵，2019年，山东省教育厅发布了《关于开展社区教育优秀课程资源遴选活动的通知》，参评课程资源可以是文本教材、视频录像、网络课程、模拟仿真软件、动画、微课等形式，并附表列出了社区教育课程资源的参考分类，划分为四大课程系列，每个系列又细分为四个课程类别，此次遴选活动必将有效促进社区教育课程资源建设和应用推广。为不断提升山东社区教育发展内涵，丰富特色课程资源，2017年、2018年连续两年，山东省社区教育指导服务中心面向全省各级各类社区教育机构开展了“齐鲁民风民俗”“红色山东”“齐鲁家风家训家教”等三大主题课程资源共建共享征集活动，共拍摄60余个特色社区教育课程资源。其中，“齐鲁民风民俗”重点征集具有地方突出特色的民风民俗文化、历史传承与艺术欣赏等选题；“红色山东”重点征集中国共产党领导下的重大革命历史事件和先进人物典型事迹等；“齐鲁家风家训家教”选题聚焦齐鲁优秀传统文化的传承与创新，以山东大地漫长历史中涌现出的真实历史人物、事件为依托，追根溯源，借古鉴今，寻找蕴含于“齐鲁家风、家训、家教”中的文化自觉、文化自信，展现齐鲁传统优秀家风、家训、家教的时代价值和社会意义，意在为在全社会形成“注重家庭、注重家教、注重家风”的良好氛围和社会主义精神文明建设做出积极贡献。

山东社区教育特色课程资源汇总表

选题名称	选题类型	选题单位	课程形式
《滨海诸莒县抗日烈士纪念塔》	红色山东	诸城贾悦社区学院	百家讲坛
《抗战第一村——刘家庄》	红色山东	诸城石桥子社区学院	百家讲坛
《乔有山下话尽美》	红色山东	诸城枳沟镇社区学院	百家讲坛
《跨越半个多世纪的红色情怀》	红色山东	诸城百尺河社区学院	纪录片
《竹山文院联姻〈当代小说〉编创基地》	红色山东	诸城林家村社区学院	纪录片
《“世纪诗翁”臧克家的革命情怀》	红色山东	诸城龙都社区分院	纪录片
《藏氏民俗博物馆》	红色山东	诸城龙都社区分院	纪录片
《临朐奇石》	民风民俗	临朐电大	纪录片
《安丘木板年画》	民风民俗	潍坊电大	纪录片
《安丘木板年画长卷《农家乐》艺术欣赏》	民风民俗	潍坊电大	纪录片
《荷花湾战斗锤炼的“潍城战斗模范连”》	红色山东	潍坊电大	百家讲坛
《青州挫琴》	民风民俗	青州社区学院	纪录片
《青州满族八角鼓》	民风民俗	青州社区学院	纪录片
《云门献寿》	民风民俗	青州社区学院	纪录片
《青州“一门九烈”——刘旭东英雄事迹》	红色山东	青州社区学院	纪录片
《传承风筝文化　放飞生活梦想》	民风民俗	山东科技学院	纪录片
《学习中华剪纸　裁剪美好生活》	民风民俗	山东科技学院	纪录片
《桃李无言　下自成蹊》	红色山东	德城社区学院	纪录片
《精气神功一体　天地人和太极》	民风民俗	德城社区学院	课堂实录
《绣生活》	民风民俗	德城社区学院	课堂实录
《匠心》	民风民俗	德城社区学院	课堂实录
《孝文化》	民风民俗	德城社区学院	百家讲坛
《国宝金丝贴》	民风民俗	德城社区学院	纪录片

（续表）

选题名称	选题类型	选题单位	课程形式
《山东渔鼓》	民风民俗	长清社区教育学院	课堂实录
《版画》	民风民俗	长清社区教育学院	纪录片
《天福山起义》	红色山东	文登电大	百家讲坛
《李龙文化》	红色山东	文登电大	百家讲坛
《郭永怀事迹纪念馆》	红色山东	荣成电大	课堂实录
《荣成伟德将军陈列馆》	红色山东	荣成电大	课堂实录
《胶东育儿所教育基地广场》	红色山东	乳山电大	课堂实录
《多彩五谷入画来》	民风民俗	兖州电大	纪录片
《美丽乡村变身记——兖州小梦梁家村》	民风民俗	兖州电大	纪录片
《葫芦雕刻艺术欣赏》	民风民俗	济宁职业技术学院	纪录片
《社区家风家训家规教育》	齐鲁家风家训	济宁职业技术学院	百家讲坛
《圣地鲁锦》	民风民俗	济宁职业技术学院	课堂实录
《非遗文化“儒苑青陶”技艺传承》	民风民俗	济宁职业技术学院	纪录片
《明清古村朱家峪家风、家训》	齐鲁家风家训	章丘社区教育学院	纪录片
《齐鲁家风家训——王氏》	齐鲁家风家训	德城社区学院	纪录片
《齐鲁家风家训——田氏》	齐鲁家风家训	德城社区学院	纪录片
《齐鲁家风家训——张氏》	齐鲁家风家训	德州社区学院	纪录片
《日照黑陶》	民风民俗	日照市社区大学	纪录片
《日照绿茶》	民风民俗	日照市社区大学	纪录片
《郑板桥的家庭教育》	齐鲁家风家训	山东科技职业学院	百家讲坛
《传承工匠精神，弘扬齐鲁家风》	齐鲁家风家训	山东科技职业学院	百家讲坛
《弘扬好家风　传承好家训》	齐鲁家风家训	诸城市贾悦社区学院	百家讲坛
《戚继光的家国情怀》	齐鲁家风家训	山东科技职业学院	百家讲坛
《莒南历史人物王璟“家风、家训、家教”传统文化的传承》	齐鲁家风家训	莒南县社区教育学院	纪录片

（续表）

选题名称	选题类型	选题单位	课程形式
《三字经开启儿童的国学启蒙之旅》	齐鲁家风家训	朱台镇西单小学	百家讲坛
《家风——一个家庭的信念》	齐鲁家风家训	朱台镇中学	百家讲坛
《仁孝在我身边》	齐鲁家风家训	文登电大	课堂实录
《“修身严、持家俭、为官廉”——一代廉吏王鼎铭的传世清声》	齐鲁家风家训	枣庄学院	纪录片

三、未来发展策略建议

鉴于专业和课程建设依然是目前山东社区教育内涵式发展的弱项，在新时代社区教育发展规划中已将其列入重点内容，各地应善于总结提炼、积极探索、勇于创新，为满足人民对美好精神文化生活的期待，采取有效策略，通过重点举措大力开展新时代社区教育专业课程建设。

一是未来发展规划。针对未来山东社区（老年）教育专业课程建设，山东省人民政府和省教育厅做了科学发展规划，《山东省人民政府关于印发山东省“十三五”教育事业发展规划的通知》（鲁政发〔2017〕33号）设立专项“山东省终身学习平台建设工程”：面向社区教育开发建设200门左右具有公益普惠性的省级非学历继续教育数字化课程。《山东省人民政府办公厅关于加快发展老年教育的实施意见》（鲁政办发〔2018〕7号）明确要求“推进老年教育课程资源建设”：以需求为导向，开发本土化、人文化、特色化老年教育课程，构建具有地方特色的课程体系；编制老年教育通识大纲，编写100门老年教育教材。上述有关发展规划为新时代山东社区（老年）教育专业课程建设明确了发展目标、指明了发展方向。

二是发展策略建议。新时代社区教育内涵式发展需要坚持以需求为导向，按照发展规划目标，采取有效策略补齐专业课程建设这一短板，首先着力创新新时代社区教育、老年教育大专业群建设，实现从粗放发展向集约发展转型；其次参照国家社区教育、老年教育课程大纲和全国家庭教育指导大纲，细化、制定“山东版”的课程大纲和指导大纲；再者大力推进社区教育专业课程建设实现规范化、特色化发展，积极倡导建设富有山东地域特色的本土化专业课程。

三是发展重点举措。在实践中，应充分结合本区域社区教育发展实际和居民终身学习需求，制定切实可行的措施，重点推进急需专业和特色课程建设，首先社区教育专业课程建设应做好科学规划和顶层设计，遵循从无到有、由粗到细、由点及面的原则，需要一个循序渐进的过程；其次通过积极开展优秀课程资源评选活动，遴选优质课程资源并充分发挥其引领示范作用；再者适应全民终身学习的多样化需要，新时代社区教育课程专业建设需要不断动态优化。

第六章
新时代社区教育品牌培育

新时代，社区教育从实践探索上升到深化内涵的重要途径便是以项目化为引领，创新发展社区教育的品牌，走品牌化发展道路。培育品牌是社区教育内涵式发展的应有之义，新时代社区教育发展品牌化已成为必然趋势、有着强烈的现实需求，为此，各地区社区教育发展应充分结合当地实际，不断创新教育载体和学习形式，善于总结、深度挖掘、有效提炼富有地域特色的社区教育品牌，以品牌化引领各地社区教育的内涵式发展。

第一节　社区教育发展品牌化的现实需求

我国社区教育历经数十年的发展和积累，进入新时代之后，正在由粗放发展转向内涵式发展。而大力培育社区教育品牌项目是更好地满足全民终身学习的多样化需求，有效提升社区教育发展水平的必由之路，已成为新时代社区教育内涵式发展的重要标志和有效载体。在实践中，全国各级各类社区教育机构均在积极探索社区教育发展的品牌化之路，众多现有的社区教育项目有待进一步总结、提炼、升华为富有特色，具有较高知名度、参与度和满意度的品牌项目，进而扩大影响，吸引更多的居民参与其中，以更好地满足全民终身学习的多样化需求。

一、社区教育项目开展现状

培育社区教育品牌要以现有的社区教育活动项目为主要对象和重要内容，而社区教育活动项目就是将社区教育的任务具体化、项目化，并以项目管理方式开展的一系列教育教学活动，可以是平台搭建、教学模式，也可以是团队建设、活动形式等。就目前全国社区教育项目开展情况来看，项目化运作现状主要包括如下几个方面。

一是品牌意识不断增强。随着全国各地的社区教育不断向纵深发展，为更好地满足人民对社区教育的更高期待、加快建设学习型社会、大力提高国民素质，在组织开展社区教育活动项目过程中，各办学单位的品牌意识不断增强，在实践中积极探索，不断更新办学理念、明确功能定位、挖掘各种资源、总结项目经验、提炼活动特色、丰富内容形式、提升学习成效，大力培育社区教育品牌项目，营造了浓厚的品牌化发展氛围，有效促进了社区教育的内涵发展。

二是品牌项目遍地开花。目前，在我国社区教育发展比较早的先进地区，涌现了一大批社区教育品牌，如山东济南“泉学e站”、青岛市传统民俗文化体验公益行、北京市的“家校社”合作育人基地、上海市的“申城行走　人文修身”市民终身学习人文行走、天津市南开区健康大讲堂、浙江省的“第三年龄学堂”老年教育等。现有社区教育品牌以其丰富多样的教育培训活动吸引了广大社区居民积极参与终身学习，产生了较高的影响力，形成了可供推广借鉴的经验模式，具有良好的社会效益，赢得了学习者的一致欢迎和好评。

三是品牌培育仍需加强。社区教育品牌化发展永远在路上，应充分结合时代发展需要和居民学习需求，不断提炼优化升级，首先全国的社区教育品牌建设同样是不平衡，品牌意识强的先进地区在品牌数量和品牌质量上均取得了可喜的成绩，但大部分地区还未真正实现已有项目的品牌培育，或者仅仅是在开展一些“零星”的社区教育活动项目，没有长远规划和清晰定位，依然存在着盲目性发展；其次，现有社区教育品牌项目仍需进一步提升，尤其在品牌的内容形式、宣传推广、服务人群，以及影响力和吸引力等方面需要不断拓展和加强；再者，品牌项目在区域内甚至区域间的复制、借鉴与推广也有待加强，应通过多种方式甚至促使形成相应的体制机制，以实现将总结提炼出的优秀品牌在全国得以推广，进而推动新时代社区教育的均衡、健康、可持续发展，不断提升内涵建设。

二、新时代社区教育品牌的内涵

一般来讲，所谓品牌是指人们在长期的实践过程中逐步形成的、为公众所认可的、具有特定文化底蕴和识别意义的一种资源。具体到社区教育品牌则主要指的是服务于全民终身学习和学习型社会建设，在一定区域组织开展的具有一定影响力和知名度，深受学习者喜爱并富有丰富内涵的特色教育活动项目。在实践中，各级各类社区教育机构为全民终身学习所提供的特色教育产品与教育服务，实质上也属于特色化的社区教育活动项目，包括学习项目、工作项目、教学模式等，实现了社区教育活动项目从标准化到特色化的品牌化发展。综上所述，新时代社区教育品牌的丰富内涵包括了以下几个方面的重要内容。

一是社区教育品牌内容包罗万象。其实，在实践中，针对社区教育品牌并没有严格的定义和统一的标准，服务于全民终身学习和学习型社会建设的所有内容，都可以提炼、升华为社区教育品牌，只要其拥有相对稳定的参与人群、产生了较大的影响力、具有一定的社会知名度和用户满意度、富有鲜明的特色、能够持续地开展等，可谓内容包罗万象。

二是社区教育品牌形式丰富多样。不仅社区教育品牌所涉及的教育活动项目内容包罗万象，而且其呈现形式更是丰富多样、不拘一格，如可以是线上线下混合式教学模式、教育基地体验中心，也可以是课程资源建设与应用模式、社区教育在线学习超市，还可以是组织网络体系建设、师资队伍组建与功能发挥，等等。

三是社区教育品牌成效日益显著。纵观现有的社区教育知名品牌，一定是经过多年的沉淀积累，具有可借鉴推广的经验模式，所开展的教育教学活动、所提供的终身学习服务很好地切合了学习者的真实需求，与当地的经济社会发展相适应，在某一方面或一定程度上满足了人民对美好精神文化生活的向往和期待，进而产生了一定的社会成效，有效促进了所在区域全民终身学习和学习型社会建设，等等。

三、新时代社区教育品牌化发展的必要性和现实性

在实践中，培育社区教育品牌意在创新社区教育特色，不断提升社区教育发展内涵，以更加丰富多彩的教育培训项目、灵活多样的教育活动以及更加人性化的支持服务吸引广大居民积极参与终身学习。尤其是，随着新时代社区教育不断向纵深发展，人民对社区教育有了更高的期待，必然要求社区教育不断总结多年的积累、借鉴他山之石、切合时代发展和学习者需求，走品牌化发展之路，才能够使得社区教育具有更大的吸引力、增强自身发展活力，促使社区教育健康快速可持续发展。如此看来，新时代社区教育发展的品牌化，已是大势所趋、势在必行，其必要性和现实性具体概括为如下几个方面的内容。

一是全民终身学习需要社区教育品牌。新时代，人民的需要是对美好生活的向往，自然而然人民在精神文化生活方面对社区教育也有了更高的期待，而不再满足于原来仅仅搞一些低层次的社区教育活动，而是需要系列化的、全方位的、高品质的社区教育活动项目，这就是社区教育品牌所能够提供和满足的。因为社区教育“品牌化”的过程就是迎合全民终身学习需求，不断实践探索、自我革新、提炼升华的过程，成为“品牌”自然就有了吸引力和影响力、就有了知名度和满意度，在服务全民终身学习和学习型社会建设的过程中有效促进区域经济社会发展。

二是社区教育内涵式发展需要品牌化。不言而喻，“品牌化”是社区教育发展成果的综合体，凝结了社区教育发展所需的众多优良因素，固化了社区教育发展中可借鉴推广的经验模式。当前品牌化已成为社区教育内涵式发展的重要载体和有效途径，首先品牌化是社区教育由粗放到内涵发展的必由之路；其次品牌化是社区教育活动项目自我提升的重要途径；再者品牌化是社区教育发展从标准化到特色化的必然过程。

三是项目活动自身发展更需要品牌化。在实践中，任何一个成熟的社区教育活动项目都必然会经历一个从实验探索、总结提升，到标准化、特色化的渐进过程，这正是社区教育品牌培育的过程。为此，社区教育活动项目不应停留在简单的重复和低水平的发展上，而要力求实现螺旋式上升的优质发展，从而将经验模式进行固化，并不断丰富内涵、打造特色，最终必然会产生影响力、具有吸引力，自然成为了知名的社区教育品牌。

第二节　新时代社区教育品牌培育策略

实践中，培育社区教育品牌，是一项复杂的系统工程，必须进行统筹策划和精心设计，按照循序渐进的原则，采取有效措施，实现社区教育活动项目的系统化、特色化发展。其中，培育社区教育品牌的前提条件是功能定位，而精准定位便是寻找社区教育活动项目与全民终身学习需求最佳切合点的过程。找准定位的同时，还要进一步明确品牌发展理念、创新实践形式、务求社会实效，尤其是注重培育、评选、评价等多种措施的有效结合，进而不断提升社区教育品牌的社会影响度、形象认知度和公众认可度。

一、以全民终身学习需求为导向，实现特色化发展

前已述及，培育社区教育品牌首当其冲的便是找准定位，而精准定位便需要以全民终身学习需求为导向，将所开展的社区教育活动项目与所服务人群的

实际需求有机结合、真正契合、充分融合，深度挖掘本地资源，结合区域经济社会发展实际，从活动项目的主题内容、实践形式、推广应用、支持服务等方面力求实现特色化发展。概括起来，可以采取以下几个主要方面的培育措施。

一是契合新时代人民对美好生活的向往。众所周知，社区教育的初衷就是提高居民综合素质，促进社区可持续发展。自然而然，社区教育品牌化发展更应坚持以人民为中心，为了人民更高需求的精神文化生活而发展。尤其是，进入新时代，要不断总结已有社区教育发展经验、契合人民对美好生活的期待，集中优势资源，将人民最需要、最关心、最向往的社区教育发展到基层，惠及千家万户，积极培育社区教育知名品牌，彰显社区教育的魅力，扩大品牌的影响力和吸引力。

二是明确品牌理念引领品牌的功能定位。理念如同灵魂，引领着一个品牌的发展方向、功能定位、实践形式，进而影响着品牌的社会成效。为此，在培育社区教育品牌过程中，应有一个先进明确的品牌发展理念，站位要高、定位要准。只有理念先进了，才能使得品牌的功能定位精准、项目设计合理、组织实施得力、载体形式创新、社会成效显著。如此一来，社区教育品牌的社会影响度、形象认知度和公众认可度将会不断上升。

三是提升内涵打造富有地域特色的品牌。在全民终身学习多样化需求的导向下，社区教育品牌的培育需要找准契合点，做到精准发力，从主题、内容、载体、组织、服务、宣传等方面不断提升品牌的内涵。尤其是，应充分发挥本地资源优势，逐步打造富有地域特色的社区教育品牌，而不应“人云亦云”地去跟风或者简单地去模仿，因品牌本身强调其特质的独有，要在实践中积极总结、不断积累、善于提炼、勇于创新。

二、以线上线下混合模式为载体，实现多渠道发展

中国特色社会主义进入新时代，不仅人民对美好生活的需求越来越高，同时，社会可利用的精神文化和物质生活财富愈加丰富，人们的生活与学习方式也随着移动互联网的日益普及和“互联网+”的广泛应用而发生了巨大的改

变。为此，培育社区教育品牌的渠道也要更加多元化，尤其是在品牌项目的互动参与、宣传推广、支持服务、评价反馈等方面，其中专业性的在线学习平台具有其他渠道所无法比拟的优势。在实践中，将线下实体活动与线上自主参与有机结合，充分利用各自优势实现混合式教学模式，已成为新时代社区教育品牌培育的有效途径和重要载体，具体措施主要包括以下几个方面的内容。

一是发挥线上线下各自优势助力品牌快速成长。在O2O混合模式中，线下实体教学活动可以拉近师生、生生人际关系，尤其在实践活动、亲身体验、动手观察等方面，是其他形式所无法替代的；同时，网络在线平台可以完全根据学习者个性化需求实现自主自助式学习，使“随时随地”的移动学习成为可能。为此，在培育社区教育品牌的过程中，要善于利用线上线下O2O混合教学模式，充分发挥各自优势，在线下面授教学、实践体验和线上互动交流、成果展示等方面做出特色，助力品牌项目快速发展。如被中国成人教育协会评选为全国2016年“特别受百姓喜爱的终身学习品牌项目”的济南“泉学e站”便做到了集线上线下优势于一身，其中，线上建设开通了网络学习平台（泉城学习网），线下在城乡社区建成了一批一站式、标准化、多功能、开放式、数字化的社区学习中心——“泉学e站”。

二是创新实践形式满足不同人群多样化的需要。因社区教育服务人群众多、涉及范围极广，再加上各地经济社会发展水平不同、全民终身学习需求各异。众所周知，“适合的才是最好的”。所以，在实践中，应充分结合当地社区教育发展实际和特定活动项目的需要，创新实践形式、选择适合载体，采用居民喜闻乐见的形式开展项目、组织活动、提供服务，以更好地满足不同人群终身学习的多样化需求。

三是利用一切可以利用的资源实现多渠道发展。社区教育品牌本身是一个复杂的综合体，需要汇聚大量的人力、物力和财力。为此，在培育社区教育品牌的过程中，需要充分利用本地区一切可以利用的社会教育资源，包括所需师资队伍、场地设施、课程资源、新闻媒体等，尤其需要多部门之间的协同合作和广大居民群众的积极参与，为品牌项目发展建言献策，在动态发展中不断优化，实现社区教育品牌的多渠道发展。

三、以“点线面体”策略为引领，实现系统化发展

显然，社区教育品牌的培育并非是一蹴而就的，而是需要一个循序渐进的漫长过程。其中，需要经过一段时期的积累和沉淀，并在实践探索中不断总结提炼、自我革新、去粗取精，尤其需要坚定“以服务民生为宗旨”的信念，助力区域经济社会发展。而随着社区教育全面深入的发展，同一区域内将会创造出不止一个品牌项目，这就需要做好统筹规划和顶层设计，实现多个品牌的系统化协调发展，以全方位地丰富社区教育的发展内涵，概括起来可以重点采取以下若干推进措施。

一是基于“点线面体”策略循序渐进。任何一个社区教育品牌必然要经历从无到有，由小聚大，先实验再示范，不断动态优化的发展过程。在培育过程中，需要在充分调研居民终身学习需求的基础上，做好社区教育活动项目的统筹规划和顶层设计，先集中优势资源在一定区域将其做出亮“点”、做出特色，做大做强，并固化为可供参与借鉴推广的经验模式，然后本区域的其他地区可以学习借鉴已有的经验模式开展社区教育工作，进而形成各自的亮点并将多“点”相连成“线”，还应进一步细化将服务不同人群或不同类别的多个品牌各自连接成“线”，再将同一区域的多“线”编织成“面”，最终构建为具有区域特色的新时代社区教育品牌体系。

二是以服务民生为宗旨务求社会实效。坚持以人为本、服务民生，是社区教育发展的出发点和落脚点，品牌项目与活动开展需要紧密契合新时代人民对美好生活尤其是精神文化生活的期待和向往，服务于新时代经济社会发展的需要。为此，培育社区教育品牌，定位服务于广大居民终身学习所需，其过程需要广大居民积极参与其中，成果为广大居民所共同享有，真正做到务求实效、服务社会。

三是统筹规划实现多品牌系统化发展。在实践中，培育和打造同一地区的多个社区教育品牌时，需要统筹规划，做好顶层设计，不同社区教育品牌

项目在主题内容、服务人群、功能定位等方面要各有侧重，为避免交叉重叠和简单重复，应在力求各具特色的同时又要协调发展，实现多个品牌之间资源共享、优势互补、成效叠加地系统化发展。当然，无论是单个社区教育品牌的培育还是区域内社区教育品牌体系的构建，都需要充分结合社区教育发展实际和居民终身学习需求，循序渐进而切不可跟风式发展。

第三节　品牌化引领新时代社区教育发展

“品牌”就是各地社区教育发展的“名牌”和“招牌”，足以引领区域社区教育内涵式发展。为此，在实践中，不仅要注重社区教育品牌的培育，更要放大和发挥“品牌效应”促使社区教育由粗放到集约、从标准化到特色化发展；同时，品牌项目经验模式，可以被复制与推广，是发挥示范引领作用的重要抓手，在实现新时代社区教育内涵式大发展中具有重要意义。

一、品牌效应促使社区教育内涵式发展

所谓社区教育品牌效应是指由品牌所固化的价值定位、运营模式、独有特色而产生的社会影响力、公众认知度和大众吸引力，为人熟知、受人欢迎、得到认可，拥有广泛的用户群体，并产生了一定的社会成效。这恰恰正是社区教育内涵式发展所期盼的，培育品牌已成为社区教育向纵深发展的有效措施和最佳途径，在实践中应不断放大已有品牌效应，促使社区教育高质量发展，具体体现在以下几个重要方面。

一是品牌本身即为社区教育内涵的集中体现。因社区教育品牌具有理念先进、定位精准、形式新颖、成效显著等优点，活动项目内容具有很强的吸引力，参与人群广泛且满意度较高，迎合了全民终身学习的新期待，产生了较大的社会影响力和知名度，在加快建设学习型社会和提高国民素质等方面社会成效显著，已成为新时代社区教育内涵式发展的集中体现。

二是品牌在内涵发展中具有较强的辐射功能。在社区教育内涵式发展中，一个优秀的品牌项目具有非常强大的辐射功能，能够充分发挥在理念宣传、需求定位、模式借鉴、经验传递、服务优化等众多方面的示范与引领作用，并通过经验模式的复制、借鉴与推广实现“传、帮、带”结对发展，有效促进不同区域社区教育的均衡发展。

三是品牌实现了集中优质资源打造特色项目。培育品牌不仅是社区教育内涵式发展的有效途径，更是加快社区教育内涵式发展的有效策略。鉴于社区教育是服务对象“量大面广”的社会化大教育，再加上当前大部分地区用于社区教育的“人财物”有限。为此，各地必须结合本区域经济社会发展实际和居民终身学习所急需，集中优质教育资源通过培育社区教育典型活动项目，不断总结提炼使其成为富有特色的品牌项目，如此以来不失为新时代社区教育内涵式发展的有效策略和最佳选择。

二、大力借鉴推广品牌项目的经验模式

在实践中，品牌项目实现了社区教育从标准化到特色化、系统化的内涵式发展，积累了从策划设计到管理运营、从功能定位到载体形式、从资源利用到支持服务、从动态优化到提炼特色等众多方面的宝贵经验，因此，为加快新时代社区教育的内涵式发展应大力借鉴学习与复制推广优秀品牌的经验模式，具体可以从以下几个重要方面做起。

一是复制推广的前提是借鉴学习。复制推广社区教育品牌应避免“拿来主义”，不能生搬硬套、照单全收，而是要借鉴学习优秀品牌的先进理念、精准定位、管理运营、经典特色、宣传策划等实质性内容，并且做到“为我所用”，必须真正领会社区教育品牌项目的丰富内涵和经典之处，实现“化为己有”，这是能够有效复制与借鉴推广的前提和基础。

二是复制推广的关键是因地制宜。在借鉴学习的前提下，因地制宜是品牌复制推广的关键所在，也就是说，在将优秀品牌的经验模式应用到本地社区教育项目时，必须充分结合当地经济社会发展实际和社区居民的具体学习需

求，同时还要考虑到现有可以利用的人财物资源和品牌培育基础等内容。在充分综合考量上述各个因素后，将学习借鉴优秀品牌的先进经验模式与实际所开展的项目有机融合，着力培育富有本地特色的社区教育品牌项目，实现品牌的“本地化”。

三是复制推广的是先进经验模式。在上述借鉴学习和因地制宜的前提下，对于优秀的社区教育品牌，可用以借鉴、复制、推广的是其先进的经验模式，而不是要照着其样子复制一个同样的社区教育项目，不同的品牌之间有着共同的先进经验模式，这才是一个品牌最为可贵之处与核心所在。

三、新时代社区教育品牌化发展憧憬

新时代社区教育可持续发展必然要走品牌化之路，其实培育品牌的过程本身即为社区教育内涵式发展的过程。同时，人民对社区教育未来发展的新期待，需要更多的优秀社区教育品牌项目。为此，当前社区教育发展要总结过去、立足现在、面向未来，站位要高、定位要准，以品牌化引领社区教育的内涵式发展、憧憬新时代社区教育发展，具体体现在如下几个重要方面。

一是内涵式发展是新时代社区教育发展的必由之路。前已述及，我国社区教育历经数十年的沉淀积累，现正向纵深发展，同时，随着人民对精神文化生活的更高追求，传统社区教育粗放型发展模式已经无法满足全民终身学习的多样化需求。为此，新时代社区教育必须走集约型、精细化的内涵式发展之路，所谓内涵式发展是对社区教育的一个综合性考量，主要包括专业课程、师资队伍、管理服务、资源平台、优质项目、保障措施、支持服务等系列内容，而且尤其需要上述众多关键因素的协调发展、共同推进。

二是品牌化发展是社区教育内涵式发展的重要支撑。不难发现，社区教育品牌集中体现了内涵式发展所需要的各种核心要素，而且，更加功能聚焦、富有特色、便于操作，优秀的社区教育品牌还具有统一标识，为大众所熟知，具有强大的社会影响力，能够带动并引领着区域社区教育的快速发展。

三是内涵发展和品牌发展是新时代社区教育的必然趋势。社区教育内涵发展需要品牌项目，品牌项目必然要富有丰富的内涵，两者相辅相成。其中，内涵发展是质的综合性要求，品牌发展是实现内涵式发展的重要载体和有效途径，品牌化引领的内涵式发展已成为新时代社区教育发展的必然趋势。

第四节　山东社区教育品牌培育实践与探索

山东社区教育发展一直以来高度重视品牌培育，各地充分结合全民终身学习的多样化需要，整合利用社会教育资源，开展了内容丰富、形式多样、居民喜闻乐见的社区教育活动，形成了一批特色鲜明、具有较高社会认可度与知名度、成效显著的品牌项目，在山东社区教育发展中发挥了引领示范作用。但是目前还存在着社区教育品牌在全省分布极不平衡、品牌项目的宣传推广不够、品牌效应没有得到充分显现和发挥、品牌的内涵特色有待进一步提升等不足。因此，为加快山东社区教育内涵发展、特色发展、优质发展步伐，全面提升全省社区教育的整体发展水平，将以品牌项目的培育和推广为重要抓手推动山东社区教育的均衡、优质、特色化发展，丰富社区教育内涵，不断扩大社区教育的参与面，有效提升居民的参与度和满意度，更好地服务于山东全民终身学习和加快学习型社会建设。

一、社区教育品牌发展现状

山东社区教育经过多年的沉淀积累、实践探索、不断提炼，品牌建设初见成效，自2018年开始，山东省社区教育指导服务中心面向全省范围连续开展了社区教育品牌建设年活动，为品牌培育和推广营造了浓厚的社会氛围。同时山东省社区教育指导服务中心也分析发展中存在的不足，针对影响和制约品牌发展的核心要素，积极探索未来发展策略和推进措施，其发展现状归纳起来概况为如下几个重要方面的内容。

一是取得的成绩。仅2016年至2018年三年中国成人教育协会认定山东社区教育品牌项目共计24个，取得的成绩斐然，各个品牌项目在推进山东社区教育内涵发展中发挥着示范引领作用。同时，为总结、交流和推广山东社区教育发展中涌现出优秀品牌项目的宝贵经验，山东省社区教育指导服务中心组织开展了2018年度社区教育品牌建设年活动，共计收到申报项目34个，申报的社区教育品牌形式多样，有社区教育大讲堂、线上社区学习项目、非遗文化项目、传统特色资源开发、创业实践项目等，展现出了山东社区教育特色发展和优质发展成果。最终评选出2018年度山东省社区教育十佳品牌和社区教育优秀品牌各10个。

2016—2018年中国成人教育协会认定的山东社区教育品牌项目

年度	“终身学习品牌项目”名单
2018年	慧爱父母学堂、0—3岁家庭教育早教课堂、家庭学习中心户、“夕照齐辉”情未了、乐学章丘、灵山卫影视文化大讲堂、黄山成教中心“农民田间学校”、青岛传统民俗文化体验公益行、先锋课堂
2017年	济南市历下区“百课千讲”民生公益大课堂、黄岛区灵山卫四点半课堂、幸福人生公益讲座、济南市天桥区全民学习节、李沧区“社区公益书房”、济南市槐荫区道德街街道“微·能量联盟”全民乐学服务、阳光家长成长学堂、社区教育课程的建设与开发、夏庄街道乐润学堂
2016年	诸城市“百千万”教育培养工程、青岛市李沧区周末乐学汇、济南市市中区商埠银铃讲堂传承大观文化、济南市“泉学e站”（特别受百姓喜爱的终身学习品牌项目）

2018年度山东省社区教育十佳品牌

序号	品牌名称	申报单位
1	济南市“泉学e站”	济南市全民学习服务中心、济南市成人教育协会
2	书画社区行	青州市益都街道社区教育中心
3	社区大讲堂	日照市社区教育指导服务中心
4	青岛市4.9级微学汇	青岛市教育局、青岛广播电视大学
5	馆驿街社区“温馨驿站”	济南市市中区魏家庄街道办事处馆驿街社区居民委员会

（续表）

序号	品牌名称	申报单位
6	“养、医、体、文”一体老年教育	莒南社区教育学院
7	齐国故都资源进社区	淄博市临淄区齐都镇中心学校
8	“百千万”教育培养工程	诸城农村社区学院
9	行智有孝	德城区社区学院
10	孔子学堂	东营广播电视大学（东营市社区教育指导服务中心）

2018年度山东省社区教育优秀品牌

序号	品牌名称	申报单位
1	田间学校	青岛西海岸新区（黄岛区）黄山成人教育中心
2	“以节促学　终身学习”——市南区社区教育节节庆活动	青岛市市南区教体局社区教育办公室
3	影视文化大讲堂	青岛西海岸新区灵山卫社区教育中心
4	乐润学堂	青岛市城阳区夏庄街道成人教育中心
5	济南市“泉学汇”	济南市全民学习服务中心、济南市成人教育协会
6	井塘古韵	青州市王府社区教育中心
7	乐山小区“邻舍家”	济南市市中区杆石桥街道乐山小区社区居民委员会
8	舜园社区“少年行·公益课堂”	济南市市中区舜玉路街道舜园社区居委会
9	灵山卫四点半课堂	青岛西海岸新区灵山卫社区教育中心
10	铸魂立心	济南市市中区杆石桥街道办事处自由大街社区居民委员会

二是存在的不足。现有的品牌项目还不足以支撑新时代社区教育内涵式发展，与人民对美好精神文化生活的向往和期待还存在较大差距，首先社区教育发展的品牌意识不强，不善于问题聚焦和提炼总结，更多地停留在低水平重复性工作的开展；其次已有品牌的宣传推广不够，未能充分利用多种媒体向居

民进行有效推介，使得受众面不广、知晓度不高、影响力不大，没有发挥出应有的品牌效应和社会效益；再者品牌项目的形式相对单一、内容不够丰富，缺乏创新和特色，内涵有待进一步加强。

三是制约因素。同样，社区教育品牌的培育和健康发展受到众多因素的影响和制约，首先品牌培育受到社区教育的发展理念、品牌项目的功能定位、多年发展过程沉淀、经验模式的总结提炼等方面的影响；其次社区教育品牌培育和健康发展受到人财物各项必要的保障措施的制约；再者品牌培育和发展受经济社会发展与居民终身学习需求的发展变化的影响和制约。

二、社区教育品牌建设亮点纷呈

前已述及，近年来，山东社区教育品牌建设取得了长足发展，不仅省内区域涌现了一批品牌项目，而且一些社区教育项目在全国已成为了知名品牌。同时，全省各地的“看齐意识”不断增强，区域之间相互学习社区教育品牌项目的经验模式，“化为己有、为我所用”，积极培育富有本地特色的社区教育品牌。具有较高影响力和知名度的山东社区教育品牌有且不限于如下几个。

一是济南市“泉学e站”。济南市针对社区居民数字化学习条件和能力不足的实际需求，深入街道办事处（乡镇）和居委会（村）社区学校建设了“一站式、标准化、数字化”的市民学习中心即“泉学e站”，为居民提供终身学习服务，将便利的学习服务送到社区居民身边，成为最接地气的数字化市民学习体验中心。已接待全国10余省市70余城市的1000余名同行来访，受到中国教育报、大众日报、山东电视台、人民网等多家媒体累计报道200余次。

二是青岛市4.9级“微学汇”。青岛市积极创新社区教育四级平台延伸项目，建立了终身教育4.9级“微学汇”视角空间站，充分展示了青岛市学习型社会建设的无限阳光，大力营造“全民学习在空间，八方智汇酿甘泉”的学习风尚。在实践中，“4.9级微学汇项目”立足青岛本土特色，开发了胶东大鼓、胶南年画、吕剧、茂腔、胶州秧歌、曲艺等“微学汇”，体现了中国传统文化、齐鲁文化、青岛非遗文化、民间文化、海洋文化特色，彰显出青岛的文化优势。学习形式采用线上（以微信为主）和线下（以社区、楼院为场地）形式，为居民提供更加便捷的学习交流空间，营造“人人皆学、时时能学、处处可学”的良好氛围。截至目前，已累计创建十大类“微信汇”内容近200个。

三是农村社区教育“诸城模式”。2007年，诸城市委、市政府在全市范围内全面推进农村社区化建设的同时，将社区教育纳入城乡一体化发展规划，完善了管理体制，理顺了运行机制，推动了城乡社区教育蓬勃发展。诸城市依托农村社区构建了一个完整的社区教育网络体系，建立了社区教育的三级组织机构（市、镇、社区三级社区教育委员会），完善了三级社区教育阵地（诸城农村社区学院、各镇社区学院分院和社区教学站），逐步壮大了三级社区教育工作者队伍，发挥各镇分院五大服务功能（社会培训、远程教育、基地示范、技术推广和信息服务），为建设学习型城市奠定了坚实基础。近年来，培养了一大批“有文化、懂技术、会经营”的新型职业农民，为全市经济社会发展提供了人才保障和智力支持，社区和谐稳定，居民精神文化生活不断丰富、综合素质明显提高、生活质量显著提升。

另外，诸城市开展了“百名家庭农场主”“千名青年农民”和“万名新市民”等“百千万”教育培养工程，以服务现代农业发展和社会主义新农村建设为宗旨，以促进农业增效、农民增收、农村发展为导向，以全面提升农民综合素质、职业技能和农业生产经营能力为目标，着力培养一支有文化、懂技术、会经营和善管理的家庭农场主、青年农民和新市民，为发展现代农业、推进农村城镇化和全面建成小康社会提供了人力资源保障和强有力的人才支撑。潍坊寿光市通过创新教育模式，积极打造社区教育品牌，在实践中根据“人文化、数字化、精品化”社区教育发展理念，围绕“一社区、一品牌、一特色”发展目标，培育了一批引领方向、展示形象的特色品牌。目前，“欢乐使者”“温馨家园”等13个社区教育品牌基本实现了“覆盖全区、公众认可、社会评价、动态管理”的常态性品牌运行。

三、未来发展策略建议

新时代社区教育品牌培育和发展，需要做好发展规划和顶层设计，坚持因地制宜、因势利导、特色发展，服务于区域经济社会发展和全民终身学习需要，注重宣传推广、实践创新、动态优化，通过开展品牌建设年活动、遴选认定与推介活动等多种形式，引领示范、加强助力新时代社区教育内涵式发展，未来发展策略建议概括为如下几个重要方面的内容。

一是发展规划。《山东省教育厅等九部门转发〈教育部等九部门关于进一步推进社区教育发展的意见〉的通知》明确指出："认定100所省级规范化社区教育学院、30所省级示范性社区教育学院、300个示范性乡镇（街道）社区教育中心学校，支持创建20个国家级农村职业教育与成人教育示范县"。为实现上述发展目标，需要以大力培育一批富有特色的社区教育品牌项目为重要载体和有效途径，助力新时代社区教育内涵式发展。

二是发展策略。新时代社区教育品牌培育和发展，应充分利用一切可以利用的社会教育资源，迎合人民对美好精神文化生活的期待和向往，有计划、有步骤为全体居民提供终身学习服务，注重特色发展、创新实践、丰富内容、优化服务，力求在本地区、本行业内产生较大影响。要充分发挥品牌的良好示范作用，首先，应坚持灵活多样、特色发展，实现就地就近、因地制宜，培育和发展内容丰富、形式多样的新时代社区教育品牌项目；其次，注重过程培育，应做到组织管理规范，计划安排合理，活动组织形式多样，参与方式便捷，学习资源丰富，学习场所、服务内容相对稳定，受益人数多，活动范围广，百姓满意度高，社会影响大；再者在新时代社区教育内涵式发展中应聚焦品牌，渗透品牌理念，深化品牌内涵，提升品牌凝聚力，扩大品牌影响力。

三是重点举措。在实践中，品牌项目培育作为新时代社区教育内涵式发展的重要载体和有效途径，应采取有效措施重点推进，首先按照"点·线·面·体"基本策略集中优势资源，聚焦民生、服务重点人群，积极开展富有地域特色的社区教育活动和培训项目；其次加大宣传推广力度，在不断挖掘、总结、提炼富有本地特色的社区教育活动项目的同时做好现有品牌项目的推广与宣传工作，积极通过“山东终身学习在线”等多种媒体，运用多种形式对各地品牌项目进行推介、宣传，使之成为新时代社区教育的亮丽名片，促进各地社区教育不断创新发展；再者已有品牌项目固化了很多值得借鉴学习的经验模式，为加快社区教育品牌的培育和发展进程，应善于借鉴与学习省内外知名品牌，不断提升新时代社区教育发展内涵。

第七章
新时代社区教育数字化发展策略

教育信息化是教育现代化的应有之义和显著特征，教育信息化带动教育现代化。2015年5月24日，习近平总书记在致国际教育信息化大会的贺信中针对终身学习理念和教育信息化明确指出："当今世界，科技进步日新月异，互联网、云计算、大数据等现代信息技术深刻改变着人类的思维、生产、生活、学习方式，深刻展示了世界发展的前景。因应信息技术的发展，推动教育变革和创新，构建网络化、数字化、个性化、终身化的教育体系，建设'人人皆学、处处能学、时时可学'的学习型社会，培养大批创新人才，是人类共同面临的重大课题。中国坚持不懈推进教育信息化，努力以信息化为手段扩大优质教育资源覆盖面。我们将通过教育信息化，逐步缩小区域、城乡数字差距，大力促进教育公平，让亿万孩子同在蓝天下共享优质教育、通过知识改变命运。"[①]可见，习总书记高瞻远瞩，深刻阐述了终身教育背景下如何充分发挥

① 2015年5月24日，习近平总书记致青岛国际教育信息化大会的贺信，http：//www.xinhuanet.com//politics/2015-05/23/c_1115383960.htm。

教育信息化的功能作用实现构建体系、搭建平台、整合资源，更好地服务于全民终身学习和学习型社会建设，为新时代社区教育的信息化指明了方向。

中国特色社会主义进入新时代，随着现代信息技术的快速发展和“互联网+”教育的广泛应用，我国社区教育迎来了前所未有的发展新机遇。社区教育数字化是推进“教育信息化”在社区教育领域中具体应用的有效途径和最佳选择，以“搭建数字化学习平台、共建共享数字化学习资源、大力提升数字化学习成效”为重要举措，以“技术服务学习、技术改善学习、技术提升学习”为基本理念，以“任何人于任何地方在任何时间”均可“随时随地”终身学习为发展目标，顺应时代发展潮流，迎合人民对美好精神文化生活的期待。在实践中，社区教育数字化将现代教育技术与社区教育深度融合，为全民终身学习插上“数字化”的翅膀，有效促进新时代社区教育的内涵式发展。而且数字化学习作为全民参与终身学习的重要途径和有效手段，将成为学习型社会建设的重要标志之一。

搭建数字化学习平台，有效共享和充分利用数字化学习资源，积极推动社区居民数字化学习，是深入贯彻落实《国家中长期教育改革和发展规划纲要（2010—2020年）》《教育信息化2.0行动计划》等文件精神，加快社区教育数字化进程，满足居民日益增长的多样性、个性化终身学习需求，实现学习方式向自主自助转变的一项重要举措，是新时代社区教育内涵式发展的时代特征和重要取向，也是全方位加强全民终身学习支持服务体系建设的一项基础性工作。

第一节　社区教育数字化学习平台应用与推广

2016年，《教育部等九部门关于进一步推进社区教育发展的意见》明确提出“推进社区教育信息化”，要求“充分利用现代远程教育体系，结合或依托社区公共服务综合信息平台建设，建立覆盖城乡、开放便捷的社区数字化学习公共服务平台及体系。”数字化学习平台是社区教育数字化的核心所在，规划建设与推广应用社区教育数字化学习平台是一项复杂的系统性工程，需要对平台功能、学习体验、资源共享、应用推广、运营管理和支持服务等方面进行积极探索与创新实践。因此，数字化学习平台必须能够提供适时、有效、灵活、多样的泛在学习和管理支持服务。平台的建设和应用在一定程度上大大缩小了社区教育的区域差异，有效促进了教育均衡和现代化进程，并为充分共享和有效利用优质教育资源、扩大终身教育服务对象提供了强有力的保障和实现途径。

因此，当前数字化学习平台已发展成为社区教育信息化的重要途径和最佳选择。在实践中，社区教育数字化将现代信息网络技术与社区教育深度融合，实现了多方资源的有机整合与充分应用，为全民终身学习提供了更加多样化的选择。以数字化引领新时代社区教育内涵式发展，相对传统的社区教育，具有开放、全纳、互动、共享等优点。纵观我国社区教育数字化平台发展，目前仍有待进一步优化完善，尤其是在社区教育数字化平台推广与应用的过程中，更加需要创新形式、注重实效、提升服务，充分利用现代信息技术为全民终身学习提供“导学、助学、促学、督学”支持服务，积极培育学习者“愿学、乐学、享学”的学习习惯，实现全民自主自助终身学习。

一、新时代数字化引领社区教育内涵式发展

数字化是实现智慧学习的基础和关键，通过社区教育数字化可以有效助力构建更加开放、更加适合、更加人本、更加平等、更加可持续的新时代终身教育网络体系。利用新一代信息技术为全民终身学习提供个性化支持和精准化服务，促进学习者在任意时间、任意地点，采用任意方式、任意步调进行自主自助学习，进而创新区域终身教育发展机制，实现纵向衔接、横向贯通，形成全方位、多层次、立体化的终身教育新格局，为加快学习型社会建设插上“数字化”的翅膀。

中国特色社会主义进入新时代，科学技术日新月异，正在改变着我们的学习、工作和生活的方方面面，数字惠民便是应用新技术服务新生活的重要

体现。当前，为加快实现社区教育所追求的全纳性、普惠性、共享性，有效解决现存的发展不均衡、不充分等问题，以及着力绘制“人人、时时、处处”终身学习的美好愿景，有效促进社区教育内涵式发展，数字化已成为加快新时代社区教育发展的有效途径和最佳选择，其引领示范作用主要体现在如下几个方面。

一是数字化迎合了全民终身学习的需求。随着“互联网+”模式的广泛应用和移动互联网的日益普及，智慧城市、智慧学习影响并改变着我们的生活、工作和学习。尤其是，身处信息爆炸的知识经济时代，全民对实现“随时随地”跨时空的终身学习提出了更高的期待，同时更多的人群面临着“工学矛盾”，期望能够根据各自个性化需求实现自主自助式终身学习，这都对传统社区教育模式提出了挑战。为此，顺应时代发展潮流，社区教育数字化通过搭建数字化学习平台、共享优质教育资源、培育数字化学习习惯，以更好地适应新时代学习者在学习方式和生活方式上的变化。

二是数字化促进了社区教育的均衡发展。在实践中，全国各地均在积极搭建并不断优化区域性终身学习在线平台，如山东终身学习在线、江苏终身学习在线、福建终身学习在线等，平台汇聚了丰富的数字化课程优质资源，面向本区域所有居民免费开放，并为居民学习过程提供全方位的支持服务，使得全体居民享有相同的终身在线学习资源和服务，不再受不同地区经济社会发展水平和社区教育发展程度的限制，使得社区教育的普惠性和全纳性得以充分体现，有效促进了新时代社区教育的均衡发展。

三是数字化优化了学习全程的管理服务。数字化学习平台不仅实现了学习者个性化自主自助学习，而且还为学习者之间交流互动提供了良好平台，打造了网上学习“虚拟社区”。尤其是，数字化学习平台有效运营和管理为所有参与者提供了多渠道、全方位的实时在线支持服务，积极搭建“课程选择方便快捷、最新资讯动态呈现、学习成果轮动展示、热门活动醒目发布、相关网站链接直观”的“超便利”社区教育学习超市，进而构筑成为一个富有“人情味”的学习共同体。

二、社区教育数字化平台发展现状

近年来，在我国大部分地区，数字化引领着新时代社区教育正朝着内涵式发展，数字化学习平台在数量大幅增加的同时性能不断优化，更加趋于多种功能的集成化、内容形式的综合化和操作使用的智能化。但是，当前数字化学习平台的开放性和共享性仍然不够，尤其是在智慧学习方面与新时代全民终身学习的多样化需求还存在着较大差距，需要在日常管理运营过程中坚持以学习者为中心，为学习者提供更加人性化的支持服务，其发展现状可以概括为如下几个主要方面的内容。

一是数量与质量均有较大提高。据不完全统计，目前全国各级各类数字化学习平台已近300个，其中，省级平台基本实现了全覆盖。同时相当一部分平台在功能上更加综合、在用户体验上更加友好、在区域实现上更加一体化，而且将多种教育类型进行了有机整合，形成了立体化的终身学习网络。全国各级各类的平台整体架构多为基于网络的"学校·社区·家庭"互连互动式综合性数字化学习平台。

二是开放性和智能性仍然不足。现有数字化学习平台在建设与应用中"各自为战"的现象依然比较突出，平台的开放性和共享性严重不足，与新时代发展和全民终身学习需求不相称。其开放性不足主要表现在与其他学习平台未能真正实现互通互联和有机融合、不同平台之间数字化资源未能实现有效共享和最大化利用，这已成为数字化学习平台高质量发展的瓶颈。再者，当前数字化学习平台的智能性不足，主要表现在未能有效实现多终端的一体化、自适应与无缝同步，以及全民在线学习过程中"导学、助学、促学"支持服务的智能化管理等功能需求，严重影响了平台对学习者的"粘"度。

三是运营管理有待进一步加强。运营与管理是数字化学习平台建设、应用与推广过程中的基础工程和关键环节，应贯穿于整个平台建设与应用的全过程。而当前部分数字化学习平台存在着重建设轻应用，或者重应用轻管理，主要表现在平台优化更新不及时、居民在线学习得不到有效及时的支持服务、学习成效未能得到实时反馈和及时评价等。为此，在平台运营中，应坚持做到以制度为保障，推进平台建设；以质量为核心，提升平台内涵；以服务为支撑，推广平台应用；以宣传为手段，聚集平台人气，为实现新时代社区教育内涵式发展做出更大积极贡献。

三、社区教育数字化平台应用与推广

在实践中，数字化学习平台应以服务教育、启迪智慧为首任，以大力提高国民素质为宗旨，以开放式、智能化和超便利为发展方向，采用远程开放、自主自助的学习形式，积极搭建融门户网站、移动学习APP、微信公众号和线上线下学习支持服务于一体的社区教育学习超市。而充分利用现代信息网络技术搭建出多终端、一体化、综合性的数字化学习平台只是为服务全民终身学习奠定了物质基础，采取有效措施宣传推广平台以吸引更多的学习者参与在线学习，并为每一位学习者提供及时有效的学习支持服务，使其“学有所获、乐在其中”，才是新时代社区教育内涵式发展的目的所在，具体可以从如下几个主要方面开展数字化学习平台的应用与推广。

一是加大数字化学习宣传与推广的力度。社区教育数字化学习应以理念宣传为先导，通过多种方式和渠道积极引导、有效培育居民数字化学习习惯，不断加大平台应用与推广的力度，比如全民终身学习活动周、数字化学习体验中心、老年教育学习中心、社区（老年）教育体验基地、线上线下O2O社区教育活动等，通过上述宣传、引导、试学和体验等方式，让居民真正感受到数字化学习所带来的种种便利。同时，每年通过评选“全民学习之星”“优秀学习型组织”“终身学习品牌项目”等活动，借助全民终身学习的励志故事和典型人物，通过感染、激励、引领、示范等举措，进一步激发居民数字化学习的积极性与内动力，积极营造全民终身学习的良好氛围。

二是提升数字化学习平台运营管理水平。在实践中，组建支持服务团队，针对平台运营全过程进行跟踪服务，包括学习者学习过程的支持服务、资源资讯的实时更新、平台的宣传与推广、数据信息安全防护、学习者行为舆情跟踪

与分析等。尤其是要将新媒体技术充分应用于社区教育内涵式发展的各个环节中，使其发挥越来越重要的作用，以赢得更多更广的用户群。重点要提高社区居民的知晓度、认同度和参与度，通过多种网络媒介，如微信公众号、QQ群、微博等进行宣传推广，并为居民数字化学习提供及时周到的个性化支持服务，做到有求必应、有问必答。

三是及时认定评价反馈在线学习成果。积极响应国家号召，做好顶层设计和长期发展规划，有效推进一定区域内数字化学习平台与终身教育学分银行管理系统的一体化设计和无缝对接，加快实现各级各类教育的“纵向衔接、横向互通”，为每一位学习者提供能够记录、存储学习经历和成果的个人学习账号，建立个人终身电子学习档案，对学习者的各类学习成果进行统一认证，使其在各个阶段通过各种途径获得的学习成果或学分能够得到积累与转换。其中，被认定的学分，按照一定的标准和程序可以累计作为获取学历证书、职业资格证书、继续教育证书或培训证书的凭证。同时，要通过各种技术手段对学习者的学习成果进行及时的评价和反馈，包括学习进度提醒、学习过程积分、学习成果展示等，以有效激励居民参与数字化学习的积极性。

第二节　社区教育数字化资源共建与共享

众所周知，现代社区教育是基于学习资源的社会化大教育，学习资源建设和应用必须满足全民终身学习的多样化需求，服务于区域经济社会发展。在实践中，通过搭建数字化学习平台将现代信息技术融入社区教育教学全过程，推进线上线下一体化教学，实现学习资源跨区域、跨行业、跨部门共建共享，扩大优质数字化学习资源对农村、贫困地区的辐射，并为学习者提供导学助学促学、优质资源推介、个性化学习支持等全程全方位服务。其中，数字化资源是社区教育数字化学习得以顺利开展的前提和基础，资源建设是社区教育内涵式发展的重要内容和关键环节，并已经成为建设数字化学习型社区的一个关键切入点，而将一切可以利用的各种社会教育资源进行有效整合与最大化共享则是新时代社区教育资源建设的重要举措和有效途径。

一、社区教育数字化资源建设与应用现状

随着数字化学习平台的有效推广与广泛应用，全民数字化学习的热情日益高涨，与此同时，数字化学习资源建设引起了各级各类社区教育机构的高度重视和积极参与，面向不同领域针对不同人群建成了大量的优质课程资源，并汇聚到数字化学习平台以便于居民按需进行在线学习。但是由于缺乏必要的资源共建共享机制，使得现有资源出现了大量的重复建设，反而严重缺乏富有地域特色的社区教育课程资源，与全民多样化的终身学习需求不相适应，为此，为实现新时代社区教育内涵式发展必须加强数字化资源的共建与共享。当前，资源建设与应用的具体现状可以概括为以下几个主要方面。

一是数字化资源的数量质量有了大幅提升。近年来，全国各地均不同程度地投入了人力、物力、财力通过购买、自建、改造等多种途径，建成了社区教育数字化资源库，汇聚了大量的覆盖各门类的课程资源，如“山东终身学习在线”的课程中心拥有近万门课程资源、“江苏学习在线”现有1902门课程共计36060个资源、“福建终身学习在线”的资源中心将资源分为三大类共有11260个资源等。而且，已有数字化课程资源在质量上也有了较大提升，大部分摒弃了早期的三分屏而采用液晶触摸大屏的交互方式，并由标清升级为高清，同时，视频输出多为流媒体格式，能够很好地对多终端播放进行自适应。

二是富有地域特色的数字化资源严重不足。由于大部分地区是通过见效最快的购买方式建立起的数字化学习资源库，致使现有资源中通识类、公共类居多，而备受居民所喜爱的、富有地域特色的数字化资源却甚少。在实践中，特色资源应成为新时代社区教育课程资源建设的重点和方向，通过自建或共建本地特色资源，挖掘优秀地域文化和草根文化，更好地服务于弘扬优秀传统文化、宣传推广非物质文化遗产，实现文化自信。

三是数字化资源的共建共享有待大力加强。当前的数字化资源建设与应

用更多地还停留在“各自为战”的阶段，大多社区教育机构在封闭式地做发展规划，制定资源建设计划、列预算，并通过多种途径努力丰富数字化学习资源库，但是受限于人财物的现状，始终难以聚集起能够满足全民终身学习对课程资源的多样化需要；同时，已建成的数字化学习平台资源库在开放性和共享性上做得不到位，未能实现与其他平台的互联互通和无缝对接，使得现有资源难以实现充分利用和最大化共享。

二、社区教育数字化资源共建策略

在实践中，全国大部分地区在社区教育发展中积极通过“创新”模式、“协调”机制、“绿色”通道、“开放”引进和“共享”成果的发展路径，努力构建全民共建共享的社区教育内涵式发展新格局。充分利用现有各类教育资源，调动社会各方的积极性，通过横向联合、纵向沟通，不断建立健全资源共建的体制机制，并借力数字化学习平台的开放性以有效实现资源共建，促使最大化资源共享，为社区教育内涵式发展奠定了坚实的物质基础，具体共建措施可以概括为如下几个主要方面的内容。

一是建立多方共建的体制机制。由于全民终身学习需要海量的课程资源，而且需求还在不断动态变化，从而促使学习资源必须经常更新换代，为此单凭一己之力来满足人民对终身学习的新期待是不现实的，实现多方共建已成为新时代社区教育快速发展的必然选择和最佳途径。其中所指的“多方”主要包括各级政府和教育主管部门、社区教育机构、资源制作公司、社区和其他有意参与资源共建的企事业单位等，在共建中要充分发挥各自优势，明确职责分工、理顺多方合作关系、规范资源制作流程、确定资源使用归属，以制度化确保规范化，以规范化促使标准化，必要时建议签订多方资源共建协议，进而形成良性的资源共建体制机制。

二是依托开放性平台实现共建。这就需要在规划设计数字化学习平台时，通过开放公共接口实现与其他平台的无缝对接，如“山东终身学习在线”积极探索与云教室、直播课堂等资源制作系统的有机对接和融合，从而使得通过云教室和直播课堂所制作的数字化资源可以直接存入平台资源库，以实现实时的资源“共建”与“共享”；再如与各类公共图书馆甚至高校的电子图书库进行互联互通，以充实丰富数字化学习平台的资源库，为全民终身学习提供更多优质学习资源。同时，可以在平台中增设“资源征集”功能模块，为社会各界资源上传开辟通道，建设“人人贡献、人人利用、人人享有”的优质教育资源，实现“多、快、好、省”地汇聚更多的优质特色资源，形成更为积极、开放、共享的终身学习氛围。

三是以有效共建促使最大共享。有效共建、最大化共享和充分利用各种教育资源更好地服务于全民终身学习是新时代社区教育内涵式发展的应有之义，已成为当前我国社区教育发展的重中之重和关键所在。共建与共享是互为前提、相辅相成、密不可分，并成为新时代社区教育快速发展的两大驱动轮子，只有有效实现资源共建，才能够促使资源的最大化共享，共建为途径，共享才是最终目的。在实践中，应按照“整合、共享、完善、提高”的基本原则，积极有效地调控增量资源、激活存量资源、最大限度发挥现有资源的潜能，进而形成长效可行的社区教育资源共建共享机制。

三、社区教育数字化资源共享策略

共享性是新时代社区教育最为本质的特征之一，其首要的是对各类社会教育资源的共享，数字化学习资源的共享是其中重要内容之一。当然，共享并非就是随便拿来就用，必须遵循原则讲究策略。其主要原则有以共建为前提、以标准为基础、以联盟为平台、以置换为措施、以实用为目的，意在实现社区教育资源的最大化共享，促使现有教育资源发挥更大作用，建立健全在区域范围内资源共建共享的运行机制。具体实现策略概括起来归纳为如下几个主要方面。

一是以统一标准一体化设计促使最大化共享。资源的可共享性和平台的互操作性在社区教育数字化中显得至关重要，但是目前由于缺乏全国统一的制作规范与标准，使得现有数字化学习资源的通用性和兼容性较差而无法真正实现最大化共享，尤其是对于网络课程、微课程、微视频等新型数字化学习资源形式来讲。同时，资源的共建共享需要注重学习资源建设的“系列化、数字化、一体化、全媒体化”，从而形成“纸质书、电子书、网络课件、学习包”四位一体的资源开发模式。换言之，配套的全媒体/富媒体等资源形式的建设与应用也是有效促进资源共享的有效措施，使得社区教育资源能够更好地满足各类人群多层次、个性化的终身学习需求。

二是以联盟置换互通有无促使最大化共享。为实现不同区域之间资源的有效共享，成立“社区教育资源共享联盟”已成为当前促进社区教育又好又快发展的有效措施和重要途径，联盟成员单位按照达成的既定规则进行课程资源置换或结对帮扶实现互通有无，如此一来，各成员单位所建资源不再是独占而成为共享，极大地丰富了各自的课程资源库。同时，在同一区域内，借助数字化学习平台对课程资源引入会员机制，对资源打上来源标签进行有效管理，按照一定标准促使社区教育机构“多共建、多共享”，进而激发大家共建共享的积极性和内动力，这同样也可以有效促使资源的最大化共享。

三是以多终端充分利用促使最大化共享。数字化资源的共享并不再局限于不同区域或不同社区教育机构之间，还应该外延到通过充分利用现代信息网络技术制作出适合于多种终端通用的数字化学习资源，其终端主要包括电脑PC、智能手机、移动手持设备，等等，并且，还要实现同一用户登录不同终端学习课程资源的同步，即做到视频的续播、电子图书的续读、音频的续听等智能化人性化的支持服务和有效管理，从而使得同一课程资源为不同的用户群所共享，这正是新时代社区教育内涵式发展所追求的。

第三节　社区教育数字化学习体验与示范

近年来，随着“互联网+”教育的广泛应用，自主自助式在线学习在社区教育领域得到迅速发展，因其具有以学习者为主体、可以自定步调和路径进行个性化学习等优点，得到了越来越多学习者的喜爱和追捧。基于“互联网+”的社区教育O2O混合学习模式把传统学习方式的优势和数字化在线学习的优势充分结合起来，实现了既能充分发挥教育者引导、启发、监控的主导作用，又能充分体现学习者作为学习主体的主动性、积极性与创造性，获得了最佳的学习效果和教育成效，实现了面对面教学和在线学习两种学习模式的整合和优化。

目前，基于网络的线下体验学习已经发展成为我国应用较为普遍的体验学习模式，在实践中既有健全的数字化在线学习网络平台，又设立了线下体验中心（基地），学习者在参加线上学习的基础上，同时可以参加线下各项体验，而且线下体验的内容还可以在线上展示和演绎。无论是数字化学习体验中心，还是社区教育实验示范基地，都在积极服务于全民数字化学习，并采取多种措施培育全民良好的数字化学习习惯，进而取得预期的数字化学习成效，丰富新时代社区教育的发展内涵。

一、新时代数字化学习习惯培育

数字化学习作为一种新型学习方式，有效拓展了学习空间，打破了传统学习时空限制，有效促进了教育机会均等和教育惠民，为广大社区居民创造了前所未有的自我提升机遇和更加多样化的终身学习选择，同时为新时代社区教育内涵式发展注入了新的活力、提供了不竭动力，成为实现社区教育快速发展的牵引力。通俗地讲，数字化学习是以学习者为主体，运用现代信息技术和各种数字媒体实时交互工具，为学习者提供更加方便快捷、更加有效学习的一种新型教育形态，具有“便捷、实用、全时空”等独特优势，通过“导学、助学、促学、督学”等多种方式，使得学习者习惯于“自主自助学习”，其教育对象不再是单一年龄段的社会群体，而是包含了从儿童到老年人各个年龄段的所有社会群体。

在实践中，社区教育数字化不仅仅是一种技术手段，同时也是一种学习方式、学习过程和学习模式，已发展成为加快建设“人人皆学、时时能学、处处可学”学习型社会的有效途径，意在实现各类人群“学习的内在动机得以激活、学习的兴趣得以激发、学习的全过程得以激励”良好学习行为习惯的培育[①]。概括起来，新时代培育良好的全民数字化学习习惯可以采取如下若干措施。

一是有效引导注重实效。由于数字化学习成效受多种因素的影响和制约，主要包括全社会终身学习氛围营造、学习者综合信息素养、数字化学习过程的引导与支持服务等。为此，数字化学习应以终身教育理念为引导，充分利用现代信息技术促使终身学习变得更加便捷、轻松、自如，以更好地服务于全民终身学习的多样化需求。在实践中，应积极营造数字化学习氛围、搭建数字化学习环境、优化数字化学习平台、多措并举培养居民的数字化学习习惯，不断提高居民应用数字化学习资源的意识和使用数字化学习平台的能力。同时积极通过学习者行为习惯培育、数字化学习项目推动、数字化学习体验中心引导等途径，有效促进学习者数字化学习成效。

二是注重学习成果积累与反馈。实践中积极探索有效的学习成果记录与积累机制，尤其是其实现形式，将“终身教育学分银行”信息管理平台与数字化学习平台有机融合、无缝对接，为居民建立终身学习个人档案，记录与积累学习成果，并且力求实现学习全过程实时跟踪和构建完善的支持服务体系，是重要的实现形式。该形式能够不断增强居民数字化学习体验，使得居民在学习中具有更多的获得感。同时，在数字化学习过程中，对学习者学习成果的及时反馈，尤其是个性化的评价和引导，也是促使学习者持续学习的一个非常重要的驱动力。

三是积极搭建学习共同体。在数字化学习中，学习方式的改变不仅要实现不断优化学习过程的功能，更要充分发挥“导向、激发、聚合”等强大功效，如通过学习型组织或兴趣小组，借助网络平台按照人群或学习兴趣搭建“虚拟社区”，将相关学习者聚集在一起，按需搭建学习共同体，为其提供交

---

① 范华、谢明浩：《终身教育理念下学习型社会建设——山东社区教育数字化探索》，江苏教育出版社2016年版，第116页。

流心得、分享经验、展示自我的机会和舞台，实现“赶、超、比、帮”的协同学习、共同进步，使得网络在线学习平台不仅是人人享学的“大讲堂”，更是大家文明进步的“精神家园”。

二、社区教育数字化学习体验中心

体验学习能够让学习者体会到“动手动脑”“寓教于乐”“线上线下”有机融合的参与式学习所带来的无穷乐趣，为新时代社区教育内涵式发展带来新的活力。数字化体验学习是一种基于网络的线上线下混合式一体化学习模式，能够有效激发学习者的主动性和积极性。在实践中，建设标准化数字化学习体验中心，为全民终身学习提供必要的数字化学习场所设施，并与数字化学习平台形成线上线下优势互补的重要教学实践基地，意在发展成为集学习交流、参观展示、培训活动等于一体的综合性指导服务中心，以实现宣传推广数字化学习理念、示范引领数字化学习模式、培育提升数字化学习成效，不断提高居民信息化综合素养和信息技术应用能力。其具体举措和功能发挥主要包括如下几个方面的内容：

一是不断提升数字化体验中心功能。社区教育数字化学习体验中心建设应充分利用现代信息网络技术，根据实际规模合理设置电子阅览室、直播课堂（云教室）、电子借阅室、多媒体教室、移动学习体验区和交流讨论区等不同的功能区。这些功能区可以用于访问互联网丰富的信息资源，数字化交互式教学，借阅电子图书、期刊、报纸等数字化资源，进行活动开展、成果展示、集中面授等教学活动。也可以帮助学习者通过智能手机、pad等移动终端进行移动学习，以及数字化学习经验交流、活动项目的研讨与集体会议等。

二是积极引导居民参与数字化学习。在基于网络的数字化学习体验中，网络平台不再是一个简单的学习平台，同时还是资讯发布平台、成果展示平台、活动评选平台等。学习者不仅可以进行在线学习，而且还可以主动发布个人作品进行成果展示，甚至可以组建形成学习共同体开展各种讨论、交流经验。在此过程中，要善于通过多种方式积极引导居民参与数字化学习，如进行学习平台的应用培训、推介优质课程资源、提供及时的支持服务，还可以通过学习积分在线排名、积分兑换奖励、评选学习之星等方式，多举措激励全民参与数字化学习的积极性和内动力。

三是大力开展丰富的线上线下活动。在实践中，线上线下O2O混合式教学模式已成为新时代社区教育内涵式发展的有效载体和重要途径，尤其是在数字化学习中发挥着引领示范作用。线上线下O2O模式的优势主要体现在：首先，可以实现线下实体教学与线上自主自助学习的有机结合，破解了大部分学习者的“工学矛盾”，加之能够做到在线交流学习心得、实时提供学习支持服务等，更好地迎合了全民终身学习的个性化需求；其次，可以将线下实体教学的学习成果通过数字化平台进行展演，让学习者实现学习交流的同时有“学有所获、乐在其中”的获得感和幸福感，进一步激发其参与终身学习的积极性和内动力；再者还可以举办面向一定区域的社区教育活动大赛，进行线下作品线上网络投票实现线上投票、线下集中评审、线上优秀活动成果展示等O2O一体化模式的有机融合，使得大赛覆盖面更广、评选更加人性化，突破传统赛事的时空限制。

三、社区教育数字化学习示范基地

上述体验中心可以看作是社区教育内涵式发展的“试验田”和“样板间”，更加注重标准化建设和各种“先试先行”的体验学习，而社区教育数字化学习示范基地则更加注重区域特色和功能的综合性。在实践中，社区教育数字化示范基地是为加快新时代社区教育内涵发展、特色发展、优质发展的步伐，努力打造一批在区域社区教育发展中具有引领、示范和辐射作用的社区教育先进典型综合体。显然，体验中心与示范基地在功能上各有侧重，实现了优势互补、协调发展，共同推进新时代社区教育的内涵式发展。针对社区教育数字化学习示范基地的规划建设和功能发挥，可以重点从如下几个方面入手。

一是社区教育基地功能定位。示范基地作为面向社会成员公共开放的社区教育示范中心，应与数字化学习平台有机融合，发挥社区教育数字化交互式教学、实体办学、活动开展等功能，努力建设成为与数字化学习平台形成线上线下优势互补、混合式教学的重要基地，打造成“直播课堂+实体课堂”模式和“直播+录播+点播”多功能叠加模式的综合体。在实践中，数字化学习示范基地应面向本区域各级各类社区教育机构和基层社区的社区教育从业人员开展培训，引领区域社区教育从业人员继续教育，打造成拓宽居民终身学习的有效渠道，进而发展成为广大居民身边的“乐学之家”，为满足日益增长的全民终身学习多样化需求做出更大贡献。

二是社区教育基地建设策略。新时代社区教育实验示范基地建设核心在于先试先行、创新实践、提升内涵，实现由规范化到制度化、由制度化到标准化发展具体建设策略如下：首先，社区教育基地是一个集教学活动、项目开展、实验示范的综合体，需要将人员配备、场地建设、资源利用、宣传推广、课程设置、支持服务等一系列相关因素统筹推进；其次，社区教育基地从实验到示范需要经历一个长期积累、不断提升的动态发展过程，以实现科学管理、优化服务、丰富内容、拓展活动、整合资源、创新形式等若干方面的总结提炼和升华，其中，可以通过评选评定等有效措施加以引导和规范；再者，社区教育实验示范基地更加强调富有地域特色，需要深度挖掘本地优质教育资源和优秀传统文化，以示范基地建设为重要载体，积极培育社区教育品牌项目。

三是社区教育基地未来展望。随着新时代社区教育不断向纵深发展，社区教育基地建设将会如雨后春笋般涌现，进而为社区教育品牌化发展奠定坚实的物质基础。在此基础上，将社区教育数字化学习示范基地努力打造为新型职业农民培训、新市民教育、老年教育、家庭教育、亲子教育等全民终身学习的新名片，必然会有效拓宽居民终身学习渠道、不断扩大社区教育供给、大力促进新时代社区教育的内涵式发展。

第四节　山东社区教育数字化实践与探索

山东社区教育数字化实践以“数字化学习平台、数字化学习资源、数字化学习成效”三大主题为核心，从全省视野探索山东省社区教育综合性网络体系并取得了一定成绩。该网络体系集社区教育高用户体验的自主自助式数字化学习平台、数字化学习资源共建共享、线上线下有机融合的O2O混合式学习模式、项目示范与应用推广、学习管理支持服务等为“一条龙”。同时随着新技术新应用日新月异和新时代人民对美好精神文化生活的更高需求，社区教育数字化必须做好长远发展规划，以共建共享为重要举措，为全民终身学习提供机会均等的社会化大教育，践行社区教育的普惠性、公益性、全纳性和共享性等核心理念，以数字化引领新时代社区教育内涵式发展。

一、社区教育数字化现状

2014年10月，山东省教育厅《关于公布第一批山东省教育信息化试点单位名单的通知》（鲁教信字〔2014〕5号）批复山东广播电视大学开展信息化专项试点项目“山东省城乡社区教育公共服务平台建设与应用”，经过近几年的实践与探索，取得了预期的试点成效。同时随着山东社区教育数字化不断向纵深发展，也遇到了种种问题，受到诸多因素的影响和制约，山东社区教育数字化发展现状概括为如下几个主要方面的内容。

一是取得的成绩。在实践中，山东社区教育数字化在山东省教育厅的主管领导下，按照“系统规划、通盘设计、重点建设”的原则，其成果为搭建出“开放式、智能化、超便利”的社区教育“超市”即“山东终身学习在线”（www.sdlll.net）门户网站、移动学习APP和微信公众号“山东终身教育”，实现了“一体化”建设和“一条龙”服务。而且，部分市县也在积极探索社区教育数字化，如青岛全民学习网（www.qdcu.com）、泉城学习网（www.0531xue.

com）、寿光社区教育网（hwww.sgsqjyw.com），山东科技职业学院社区教育网（sksqjy.chaoxing.com）等。同时，山东省社区教育指导服务中心积极探索数字化学习体验中心、面向全省遴选社区教育实验示范基地和组织开展系列线上线下活动。2017年，投入40余万元建成了社区教育数字化学习体验中心。2018年，面向山东省社区教育联盟单位组织遴选社区教育实验、示范基地，共收到全省10市、17个区（县），共计34家社区教育基地申报，涌现出一批在当地富有特色、影响力较大、长期服务居民终身学习的优秀社区教育基地。2016—2018年采取线上线下相结合的方式组织开展了系列社区教育活动。

社区教育系列热门活动一览表

序号	活动名称	作品数量	年度
1	2018年山东省社区教育剪纸大赛暨“悦动德城”首届社区教育剪纸大赛	100余幅	2018
2	2018年度第三届“传统文化进社区”微视频大赛	35件	2018
3	2017年山东省社区教育书画展暨“乐学章丘”首届社区教育书画展活动	500余幅	2017
4	2017年山东省老年人摄影大赛暨“享学长清”首届老年人摄影作品展	340余幅	2017
5	2017年度第二届“传统文化进社区”微视频大赛	50件	2017
6	2016年度首届“传统文化进社区”微视频大赛	30件	2016

二是存在的不足。在实践中，山东社区教育数字化学习的平台有待完善、资源有待优化、服务有待加强。首先，数字化学习的理念宣传与应用推广力度不够，未能将平台和资源优势有效推介、惠及到广大社区居民；其次，数字化学习过程的支持服务不到位，不足以为全省居民提供及时周到全时空的学习支持服务，同时学习过程的激励措施需要不断改进；再者，数字化学习资源的优化整合和共建共享力度不强，各市县对“山东终身学习在线”资源库的贡献率非常低，只有少部分市县和单位提供了自建资源用以全省居民学习共享与使用，而大部分市县为零贡献。

三是制约因素。社区教育数字化实践与探索受到平台功能优化与推广宣传、数字化学习的引导与支持服务、数字化学习资源的共建共享体制机制等众多因素的影响和制约。尤其是在数字化学习平台的应用与推广中，有几大关键因素对于平台建设优劣与居民应用平台好坏至关重要，主要包括数字化学习环境搭建，居民的信息综合素养提升，社区居民对数字化学习平台的知晓度、认同度和参与度等。

二、社区教育数字化亮点纷呈

近年来，山东社区教育数字化在数字化平台功能发挥、数字化资源应用、数字化学习支持服务、体验中心和实验示范基地建设与应用等方面，积累了一定的经验、取得了一定成效，在促进全省社区教育均衡发展、加快内涵建设等方面发挥了引领示范作用，概括起来主要体现在如下几个方面。

一是山东终身学习在线。山东终身学习在线秉承“技术服务学习、技术改善学习、技术提升学习”基本理念，定位于服务山东学习型社会建设，促进经济强省、和谐山东建设，致力于为全民终身学习提供丰富、全面、实用、新颖的各类教育资源和一体化全时空的支持服务。实践中，山东终身学习在线将社区教育与现代信息技术深度融合，实现了学习网站、移动学习APP和微信公众号的“三位一体”，努力使其成为山东终身教育、全民学习的资源超市、信息中心、管理平台、服务窗口和研究载体，为实现“任何人、任何地点、任何时间”自主自助学习提供了可能。山东终身学习在线采用了“一体两翼”的基础架构即“三库两空间一体化平台”(“一体”指集学习、管理、服务等多功能于一体的综合性网络平台；“两翼”指平台的“资源库、项目库、师资库”三库和“学生空间、教师空间”两空间)，搭建为“开放式、智能化、超便利”的社区教育学习超市，通过“导学、助学、促学、督学”等人性化策略意在实现学习者“愿学、乐学、享学”达到“助人自助”的美好愿景。截止目前，“山东终身学习在线”已注册学习人数33万余人，总访问量为600万余人次，共有课程资源近万门、图书期刊35257册、实时报纸1000余种。

二是体验中心与示范基地。山东省社区教育指导服务中心充分利用数字化学习体验中心开展了老年教育实体办学、学习体验、经验交流与成果展示等活动，并充分利用云教室积极探索与“山东终身学习在线”有机融合的面向全省社区居民的“直播课堂”。同时制定发布了“实验、示范基地动态评估指标体系”，将社区教育实验示范基地评选与动态管理作为常态化工作，充分发挥其在新时代社区教育内涵建设中的引领示范作用。

三是青岛全民学习网。“青岛全民学习网”建成于2010年10月，采用先进的流媒体技术和信息网络技术打造一个面向全体青岛市民的终身学习和交流平台。近年来，青岛市教育局与青岛市开放大学协同共建，不断优化学习网的功能和丰富资源，目前点击量已突破1000万人次。在实践中，青岛全民学习网通过线上学习、线下实践的形式，积极服务于社区治理“最后一公里”民生工程，不断探索“互联网+”社区教育的创新形式，推进网上学习平台互联互通和数字化学习资源共建与共享，为居民提供线上线下多种形式的学习支持服务。

三、未来发展策略建议

新时代社区教育数字化，要以教育信息化推动教育现代化，积极促进现代信息技术与社区教育的有机融合、创新发展，努力构建网络化、数字化、个性化、终身化的终身教育体系，形成“人人皆学、处处能学、时时可学”的泛在学习环境。归纳起来，新时代社区教育数字化发展策略建议主要包括如下几个方面。

一是发展规划。《山东省“十三五”教育事业发展规划》将“山东省终身学习平台建设工程”列为专栏，明确建设“山东省终身学习网”。面向社区教育开发建设200门左右具有公益普惠性的省级非学历继续教育数字化课程。同时，《山东省教育厅等九部门转发〈教育部等九部门关于进一步推进社区教育发展的意见〉的通知》明确要求“整合学习资源，建设开放共享的数字化学习平台”，具体要求建立“山东省终身教育网”，服务全省社区教育。线上资源将通过“山东省终身教育网”以及各地社区教育网站、数字科普平台等向全省社区居民提供服务，线下资源将在全省推广使用。

二是策略建议。新时代社区教育数字化应积极营造一个“无人不在学习、无处不在学习、无时不在学习”的终身学习环境。推广数字化学习，理念先行。首先，通过“人性化”的技术手段完成课程资源推介、学习过程激励与学习成果展示，使得终身学习者能够自主自助式学习，逐步实现各类人群“学习的内在动机得以激活、学习的兴趣得以激发、学习的全过程得以激励”的良好数字化学习成效，做到数字化学习更加“人性化”、适应居民“个性化”、满足全民“多样化”；其次，应通过多途径、多方式加强数字化学习理念宣传，如全民终身学习活动周、省市县教育主管部门网站、多种新闻媒体和报纸等，通过每年评选“全民学习之星”活动，借助全民终身学习的励志故事和典型人物，感染、激励、引领、示范居民数字化学习的积极性和内动力，积极营造全民数字化学习的良好氛围，同时积极搭建数字化学习环境、不断优化数字化学习平台、进一步丰富数字化学习课程资源、有效培育居民数字化学习习惯；再者新时代社区教育内涵式发展应深度挖掘具有山东特色、齐鲁底蕴的教育资源，分门别类地建设、汇聚一批富有地域特色的数字化课程资源，并通过平台将优质课程资源推送给社区居民。尤其是，各级社区教育机构应加大对全民数字化学习全过程的支持与服务力度，提升学习过程中交互的质量和效率，更加注重数字化学习成效，切实提高社区居民数字化学习的积极性，为居民数字化学习提供更加人性化、更加完善的学习支持与服务。

三是重点举措。在新时代社区教育数字化实践与探索中，应按照“边研究、边建设、边总结、边应用、边完善”的总体思路，重点采取切实有效的举措从数字化学习平台、数字化学习资源和数字化学习成效等多维度推进社区教育内涵建设。首先，在数字化学习平台运营中坚持做到“以质量为核心，提升平台内涵；以服务为手段，推广平台应用；以宣传为手段，聚集平台人气”；其次，遵循“人人贡献、人人利用、人人享有”的原则，平台开通“在线分享”模块，广泛吸纳社会优质教育资源，即通过“大家帮大家”的有效举措实现各部门单位建设的资源能够彼此公开、大家共享，同时还要有效激活存量资源，实现学习资源“多维度、细粒度、全透明”深度共享，将资源建设成为“活”的资源，使其做到动态更新、常用常新，变成对社区居民真正有用的资源，另外还应充分发挥数字化学习平台的公共服务功能，将全民终身学习所需社会教育资源进行有效链接，实现其“牵线搭桥”的功能，有效拓展资源供给；再者充分应用现代教育技术和移动通信网络，积极探索开展在线学习、自主学习、自助学习、移动学习、体验学习等多种学习形式，着力构建网上学习圈、移动学习群、学习互助小组、主题兴趣小组等各类新型学习共同体。为了给各学习共同体提供优质服务，需要加大对数字化学习平台的实践创新与应用推广，不断提升全民对数字化学习的认知度、参与度和满意度。

第八章
终身教育理念下的学分银行建设

新时代，学分银行以终身教育理念为引领，以构建终身教育体系为根本，以畅通全民成长成才通道为宗旨，在加快学习型社会建设、提高国民综合素质过程中发挥着至关重要的作用，已成为社区教育内涵式发展的重要载体和必然选择。在实践中，按照国家顶层设计和统一部署，学分银行建设将努力推动基础教育、职业教育、高等教育、继续教育等多种教育形态逐步实行统一的学分制，加快实现各级各类教育之间“纵向衔接、横向互通”。学分银行为每一位学习者提供能够记录、存储学习经历和成果的个人学习账号，建立个人终身电子学习档案，对学习者的各类学习成果进行统一的认证与核算，使其在各个阶段通过各种途径获得的学分或成果可以得到积累与转换。

党和国家高度重视学分银行建设，推动全社会积极搭建全民终身学习“立交桥”，着力加快学习型社会建设。《中国教育现代化2035》明确提出：构建更加开放畅通的人才成长通道、建立国家资历框架、建立健全国家学分银行制度和学习成果认证制度。《加快推进教育现代化实施方案（2018—2022年）》具体要求：“搭建沟通各级各类教育、衔接多种学习成果的全民终身学习立交桥。”因此，借鉴国内外先进经验模式，充分结合各地经济社会发展实际和全民终身学习需要，积极搭建组织架构和资历框架、制定标准体系和制度体系、研发信息管理平台，以及提供周到及时的支持服务，应当作为新时代学分银行建设的重要内容和有效途径。截至目前，74个“一带一路”沿线国家中，已有64个国家建立了资历框架。2017年，我国广东省首发资历框架等级地方标准，实现了被认定的学分按照一定的标准和程序可以累计作为获取学历证书、职业资格证书或培训证书的凭证。

第一节　学分银行在学习型社会建设中的功能定位

众所周知，建设学习型社会的初衷是搭建人才成长的“立交桥”，拓宽终身学习通道，实现各级各类教育的沟通与衔接。学分银行便是为建设学习型社会和构建终身教育体系搭建“立交桥”，其功能定位是面向区域全体社会成员，服务全民终身学习，实现学习者各类学习成果的认定、积累和转换以实现各级各类教育之间的沟通和衔接。其中，关键在于积极探索建立和完善终身教育学习成果认证、积累和转换制度及激励机制。

早在2004年3月，教育部印发的《农村劳动力转移培训计划》明确提出了：大力推进学分制改革，探索和建立“学分银行”制度，形成学分互认制，为学习者跨地域、转专业、分阶段参加学习或培训创造条件。在《国家中长期教育改革和发展规划纲要（2010—2020年）》中重点强调：搭建终身学习“立交桥”。促进各级各类教育纵向衔接、横向沟通，提供多次选择机会，满足个人多样化的学习和发展需要。建立继续教育学分积累与转换制度，实现不同类型学习成果的互认和衔接。而《国民经济和社会发展第十三个五年发展规划纲要》再次重申：建立个人学习账号和学分累计制度，畅通继续教育、终身学习通道，制定国家资历框架，推进非学历教育学习成果、职业技能等级学分转换互认。由此足以看出，党和国家对学分银行建设的重视由来已久，并且提出了越来越清晰、可行的实施策略和实现路径。

《教育部等九部门关于进一步推进社区教育发展的意见》以重要保障措施提出了“推进学习成果积累转换”：鼓励有条件的省级和市（地）级教育行政部门先行先试，探索建立居民个人学习账号，开发、研制具有学时记载等功能的社区学习卡，记录学习者注册报名、培训考勤、线上线下学习学时等具体信息，形成居民终身学习电子档案，探索建设社区教育学分银行。这为学分银行实践与探索指明了方向、提出了具体要求、明确了重点举措，应作为新时代社区教育内涵建设的重中之重加以推进。

一、学分银行概述

一般而言，学分银行是指借鉴和模拟银行的机理、功能和特点，以学分为计量单位，对学习者的资历成果进行鉴定和管理的一种模式或体系。学分银行使得学习者能够自由选择学习内容、学习时间、学习地点具体形式有终身教育学分银行、市民学分银行、联盟学分银行等。在实践中，2010年国务院办公厅印发的《关于开展国家教育体制改革试点的通知》指出：北京、上海、江苏、广东、云南、中央广播电视大学作为开放大学试点省市和学校，进一步探索开放大学建设模式，建立学习成果认证和“学分银行”制度。当前，我国学分银行建设取得了阶段性成果，同时也存在着诸多不足和问题，而且随着学习型社会建设的加快对学分银行建设提出了更高的要求。

一是取得的成果。首先，党和国家的高度重视，国家政策文件的多次强调，将学分银行建设提到了前所未有的高度，其实施策略和具体举措也更加清晰可行；其次，全国各地的积极响应不同程度地推进适合本区域实际的学分银行建设，尤其是广东省取得了突破性、实质性进展，基本建成了省级学分银行，在资历框架、基本制度体系、信息管理平台和资历成果库等方面卓有成效。国家开放大学作为教育部“国家继续教育学习成果认证、积累与转换制度的研究与实践项目”“继续教育学习成果认证、积累与转换试点项目”的具体承担单位，积极立足自身实践为国家学习成果认证、积累与转换制度的建立勇做探路者和先行者。其他省市也正以广播电视大学为主体积极开展学分银行建设的实践与探索，并取得了一定成效；再者部分地区积极实践与探索基于学分银行建设的学籍管理制度制定，研发上线了学分银行信息管理平台和门户网站，并为数以百万计的学习者建立终身学习账户，认证、储存了学习成果。

近年来，浙江省终身教育学分银行服务体系完成了全省市、县、区的全覆盖建设，依托杭州广播电视大学等11家单位成立浙江省终身教育学分银行分部，依托杭州市西湖区社区学院等86家单位成立浙江省终身教育学分银行分中心，共设置了约680个受理点。2017年9月，河南省终身教育学分银行首次启动学分认定、积累与转换（试点）注册工作。2017年12月陕西高等继续教育学分银行信息平台建设项目顺利通过验收，并于2018年3月至6月，陕西高等继续教育学分银行渭南、咸阳、西安市新城区、宝鸡、商洛、铜川等分部分别举行授牌仪式，初步搭建起了陕西省学分银行服务体系。2018年7月12日，福建广播电视大学开展了首批学分银行试点单位的申报工作，确定了福建省电大职业学院、宁德电大分校、泉州电大分校、漳州电大分校、福建省人力资源管理师协会作为福建省终身教育学分银行首批试点单位。2018年12月，吉林广播电视大学、长春理工大学分别与省内26家技工院校签订了合作办学框架协议，通过学分银行这个平台，使“技能+学历”两者更好的融合，深化学分积累与转换，为吉林省构建终身教育体系、建设学习型社会做出新的贡献。

2016年7月，在教育部职成司的领导下由国家开放大学联合5所地方开放大学和6家行业机构共同发起成立了“学习成果互认联盟”，截至2018年底，联盟成员已发展到32家机构。互认联盟成员包括高校、行业部委××协会、培训机构等并带入学习成果，初步建立了申请入盟、机构审核、成果转换、业务提案等工作机制，开展了通过引入第三方认证吸纳企业加盟等试点，开发认证单元1000余个，形成转换规则30多条，在国内建立了初步影响。互认联盟将在不断完善联盟运作机制的基础上，广泛吸纳联盟成员，拓宽合作平台，深化和延伸合作内容，为国家资历框架制度的建立和国家学分银行的建设做积极探索。

二是存在的问题。在实践中，学分银行建设面临着较大的困难、存在着诸多问题。首先，终身教育立法和学分银行相关制度的制定严重滞后，国家学分银行的顶层设计和统筹规划还没有实质性进展，部分地区针对终身教育学分银行建设仍未引起足够的重视；其次，缺乏国家和行业标准的统一规范，学分银行相关制度不健全，运营体制机制还未形成，各区域标准体系严重不统一，多种教育质量标准同时并存，各类教育条块分割历史已久，水平参差不齐，难以进行等值兑换，等等；再者，对于学分银行在构建终身教育体系和建设学习型社会过程中发挥的重要作用宣传推广力度不够，未能真正引起社会各界和广大社会成员的共同关注，加之现有区域性学分银行的权威性和公信力不足，致使学习者的参与性不高。

三是发展的需求。随着新时代社区教育不断向纵深推进，其内涵建设对终身教育学分银行建设的需求更加强烈。首先，全民终身学习的成果需要通过学分银行进行认证、积累和转换，学习的过程需要通过学分银行进行跟踪和激励；其次，加快学习型社会建设需要有与之相配套的学分银行，通过学分银行搭建终身学习的“立交桥”，实现各级各类教育的有效衔接与互通，有效拓宽广大社会成员的成长成才通道；再者，新时代社区教育内涵式发展需要大力发展学分银行，学分银行建设将为社区教育发展注入新的活力，并为社区教育的健康可持续发展增强内动力。

二、新时代学分银行的功能定位

新时代学分银行以终身教育理念为引领，为全民终身学习提供学习成果的记录、认定、积累和转换，以及学习过程跟踪、学习成果查询、出具学习成果证明等服务。在实践中，学分银行按照政府主办、管办分离、多方参与、统一标准等基本原则，遵循教育规律、科学设计、需求导向，在构建终身教育体系和加快建设学习型社会过程中发挥着枢纽作用。新时代学分银行具体功能定位概况为如下几个重要方面的内容：

一是认定功能。学分银行的认定功能主要是指学习成果的记录，即按照资历框架所制定的统一标准，对学习者的学习成果进行认证，并登记到信息管理服务平台。认定功能的核心在于为学习者建立个人终身学习档案，开通学分银行账户，并与在线学习平台无缝对接，跟踪学习过程，实时记录学习状态；为用户和单位提供学习成果查询，并开具学习成果证明，等等。

二是积累功能。学分银行的积累功能主要是指服务于全民终身学习全过程，及时认定并存储各类学习成果，激励学习者积极参与终身学习，意在实现学习者阶段性、碎片式学习成果的“零存整取”，从而为广大社会成员的成才成长提供更多可供选择的通道。积累是一个不断对学习成果认定的过程，该过程发生着从量变到质变的升华，积累的结果最终可以实现学分的转换。

三是转换功能。转换是学分银行的核心功能，首先是学习型社会“立交桥”的功能实现，为实现各类教育相互融通和衔接提供了有效途径；其次是在资历框架下按照统一标准进行等值兑换，比如在学历教育与各类资格证书之间的转换；再者是学分经过一定积累后可以兑换为毕业证书、成果证明等，也就是学习者一系列“零存”后的“整取”，是对学习者长期累计学习成果的回报和认可。

三、学分银行助力学习型社会建设的实现策略

当前，“加快建设学习型社会”已成为新时代终身教育发展的“最强音”。在实践中，实施策略众多，如构建终身教育体系、促进社区教育内涵式发展、强化各项保障措施、充分利用和最大化共享社会教育资源、不断优化师资队伍、大力发展老年教育、积极推进学分银行建设等。其中，学分银行助力学习型社会建设的策略主要包括如下若干方面：

一是激励全民参与终身学习。学习型社会以“人人皆学、处处可学、时时能学”为重要特征，意在建设“学习大国”，实现人力资源强国。这就需要通过“导学、助学、促学”等多种方式和途径，不断激励全民参与终身学习的全过程，而学分银行便是激励全民参与终身学习的有效方式。首先，学分银行能够对学习成果进行及时反馈、公正评价和标准认定，并以个人终身学习档案

的形式永久记录学习者一生各阶段的学习成果；其次，学分银行能够实现各类教育的纵向衔接、横向连通，实现各类学习成果的等值兑换，将学习者多种教育形式的学习成果有效汇聚到一起，为学习者提供多种可供选择的成才通道；再者，学分银行能够为全民终身学习的全过程提供支持服务与管理，实现为学习者引导学习路径、辅助学习技巧、督促学习进度，进而激发学习积极性和内动力。

二是搭建终身教育“立交桥”。打通原有各类教育之间的壁垒，畅通多种可供选择的成才通道，有效发挥终身教育“立交桥”的功能，是新时代学分银行助力学习型社会建设的核心所在。当前，现有各类教育各成体系，人为地将人的一生所接受的教育划分为若干阶段，严重影响制约了全民终身学习的可持续性和学习过程的完整性，尤其是对于国民教育体系之外的继续教育而言，更需要一个纽带将多种形式的教育和学习成果有效积累、存储起来，实现“积少成多”的成才梦想，可见，学分银行在学习型社会建设中有助于构建完备的终身教育体系。

三是整合各类社会教育资源。学分银行助力学习型社会建设的功能不仅仅在于实现对学习成果的“存、兑、取”，同时还体现在促进教育教学模式改革、整合各类社会教育资源、优化学习支持服务等方面。学习型社会以职后的继续教育作为重要内容之一，以大力提高国民素质为出发点和落脚点，充分利用和有效整合一切可以利用的社会教育资源，借助学分银行实现对教育资源的汇聚、精选和利用，从而为全民终身学习提供多样化的优质教育资源和学习支持服务。

第二节　新时代学分银行建设策略

当前，由于我国各区域的经济社会和终身教育发展很不平衡，处于不同阶段，呈现不同特点，同时全民终身学习的需求也不尽相同，再加上学分银行本身是一项复杂的系统工程，需要深入研究、积极探索、创新实践、先试先行，在实践中学分银行建设不可能采取相同的模式，其推进过程必然是一个不断突破、创新、构建的动态优化过程。为此，新时代学分银行建设应充分发挥政府在规划设计与应用推广过程中的主导作用，采取“系统化设计+试点探索”的发展策略，不断积累经验，逐步由点及面、循序渐进，为全民终身学习提供强有力的支撑。

新时代，学分银行应成为社区教育内涵建设的核心所在，必须立足于经济社会发展实际和全民终身学习的现实需求，分析问题所在和面临的主要困难，理清影响和制约学分银行建设的关键因素，从而有针对性地探索适合不同地域经济社会发展实际和全民终身学习需求的学分银行建设策略，尤其是，以国家职业教育改革为契机，着力推进学习成果认证服务体系不断建立健全。

一、学分银行发展现状

近年来，学分银行建设得到了国家和各级政府的高度重视，并引起了社会各界的共同关注。《国务院办公厅关于开展国家教育体制改革试点的通知》（国办发〔2010〕48号）明确提出：探索开放大学建设模式，建立学习成果认证和“学分银行”制度，服务终身教育体系构建。《教育部关于办好开放大学的意见》（教职成〔2016〕2号）将“建设‘学分银行’，实现学习成果积累和转换”作为办好开放大学的十二项重要任务之一。在实践中，学分银行建设呈现出多方积极参与、支持服务体系进一步健全、整体运行情况好转等良好势头，具体发展现状概括为如下几个主要方面。

一是国家积极倡导。前已多次述及，党和国家高度重视学分银行建设，并多次在纲领性文件和发展规划中反复强调加强学分银行建设，建立个人终身学习档案，实现学习成果的认定、积累和转换，积极搭建终身教育“立交桥”，助力加快学习型社会建设。与此同时，各级地方政府和教育主管部门也将学分银行建设纳入区域发展规划，并纷纷出台实施方案加快推进实践进程，为新时代学分银行建设营造了良好的发展环境。

二是建设主体多元。纵观全国学分银行发展，学分银行的建设和运营均以政府为主导，实现了多元参与，得到了社会各界的大力支持，形成了强劲的发展合力。在实践中，业务归口到教育主管部门，并以全国各区域的广播电视大学（开放大学）为实施与运营主体，充分发挥了其系统优势、平台优势，以及在社区教育推进中的实践优势，开创了学分银行在我国的实践模式。

三是运营情况好转。学分银行在我国经历了研究、试点、探索、实践等若干发展阶段，并尝试在不同区域和不同行业进行应用与推广。同时，为确保学分银行建设的顺利推进和应用推广的深入开展，先行省市大力开展了体系建设、标准制定、模式推广、平台研发、服务优化等一系列重点工作并进行实践创新，实现了一定区域内学习者开户建档、认定成果、转化学分，有效促进了终身教育体系构建和学习型社会建设。

二、制约学分银行建设的关键因素

随着终身教育不断向纵深发展，尤其是新时代社区教育的内涵式发展对学分银行建设提出了更高的要求，全民终身学习的内动力、积极性更加需要借助学分银行的驱动力进行激发和调动。当前，国家和区域学分银行建设均进入到了实质性阶段，在实践中受到众多因素的影响和制约。概括起来，其关键因素主要包括如下若干个方面的内容。

一是立法保障。强有力的立法保障是学分银行建设有序推进和有效实施的重要保障和坚实后盾，但是目前由于终身教育立法的严重滞后和相关法律规范的缺失，使得学分银行缺乏权威性和公信力，严重影响和制约了学分银行作为终身教育“立交桥”的功能发挥，仅靠出台政策文件难以打破原有教育壁垒、难以实现教育资源的有效整合、难以畅通学习成果的“等值兑换”。

二是统一标准。显然，统一标准是真正实现学习成果“等值兑换”的前提和基础。但是，目前由于国家对于学分银行未做出科学明确的顶层设计，实施方案也没有进行统筹规划，缺失国家层面对于资历框架的制定和发布，致使各地所制定的有关学分银行的相关标准难以统一，尤其是在学历教育与非学历教育之间的学分转换存在着较大出入，难以跨区域实现学分的转换。

三是多方协同。众所周知，学分银行本身是一项极其复杂的系统工程，需要在政府强力主导下推进社会各界共同参与。而目前，我国大部分地区更多的是教育主管部门在唱独角戏，广播电视大学（开放大学）系统在积极争取政策的同时力所能及地开展着实践与探索，而其他相关职能部门和各级各类教育机构处于被动等待与观望状态，没有形成应有的发展合力，致使学分银行建设进度缓慢，实施过程困难重重，应用成效不明显。

三、新时代学分银行发展策略

如前所述，新时代学分银行建设已进入到了攻坚期，在实践中应力求创新、关键突破、系统推进，坚持整体规划、分步实施，并以全民终身学习和学习型社会建设的需求为导向，发挥其“立交桥”的枢纽功能。因此，充分结合各区域经济社会发展实际，采取渐进式发展策略应提上日程，具体措施可以重点从以下几个方面着手。

一是做好顶层设计和统筹规划。鉴于学分银行涉及到众多领域和多方利益，因此需要从国家层面做好顶层设计和统筹规划，由政府主导汇聚社会各界力量形成合力共同推进学分银行建设和发展，并为其推广与应用提供强有力的保障措施。在推进过程中，需要将学分银行建设纳入学习型社会建设和构建终身教育体系的视域下，上升到国家战略，定位于有效拓展全民成才通道、大力提高国民素质，以实现人力资源强国为发展目标。

二是做好标准制定和平台建设。在实施过程中，应以资历框架为核心做好相关标准制定和制度建设，为区域内、区域之间，甚至全国领域的学习成果“等值转换”奠定坚实基础。同时，建设并不断优化以信息管理平台为核心的终身教育学分银行综合服务平台，与数字化学习平台进行无缝对接，为建立居民个人终身学习档案，实现学习成果“记录、认定、积累、转换”提供物质基础和操作平台。

三是做好多方协同和服务管理。学分银行建设涉及到资源应用、教学模式改革、第三方认证和监督，以及全民终身学习过程的“导学、助学、促学”等多个领域，因此，其建设与应用需要在政府主导下实现多方协同推进，多方协同主要实现社会各界相关方密切配合、协同合作、共同关注和合力推进学分银行建设，同时在学分银行的应用与推广中还要做好服务管理，为各类学习者提供“一站式”综合性服务。

第三节　新时代学分银行发展憧憬

学分银行不仅在终身教育体系中发挥着纽带作用，同时在学习型社会建设中发挥着不可或缺的“立交桥”功能，而且对于全民终身学习成果的“认定、积累、转换”具有重要作用。新时代经济社会发展和人民对美好生活的期待，为学分银行建设和发展提供了前所未有的机遇，同时也提出了更高的要求，学分银行需要以终身学习理念为引领，采取有效策略积极推进自身建设，更好地服务于新时代社区教育内涵式发展。

一、终身学习理念下学分银行的功能定位

终身学习践行了“活到老，学到老”的中国古训，在新时代社区教育终身学习理念的引领下，倡导实施“教育社会化，社会教育化”的大教育。新时代社区教育积极响应国家号召，顺应时代潮流，迎合人民对美好生活的向往和期待，使我国在全民“乐于、享于”终身学习浓厚氛围中成为学习大国，进而由人口大国发展成为人力资源强国。新时代学分银行的发展将为大力提高国民素质、打造人力资源强国做出更大贡献，以终身学习理念为引领学分银行建设的功能定位主要体现在如下几个方面。

一是服务全民终身学习。学分银行的建设与应用使得学习者的学习由“阶段性”变为“连续性”，通过学习成果的认定和积累，真正实现终身学习的“日积月累”，不断激励并有效引导全民参与终身学习并保持学习的“持续

性”。同时，在全民终身学习过程中，通过资源整合、服务管理、信息平台为“人人皆学、时时能学、处处可学”提供个性化支持服务。

二是贯通各类学习成果。学分银行充分发挥“立交桥”作用，意在实现各类教育之间的“纵向衔接、横向沟通”，对全民终身学习过程中所取得的各类学习成果进行及时认定，并可按照相关标准进行“等值转换”。对学习过程进行及时评价反馈和成果认定，能使学习者感到“学有所得、学有所获、学有所乐”，有效提升学习过程的“参与感、获得感、幸福感”。

三是拓宽成长成才渠道。学分银行在服务全民终身学习和贯通各类学习成果的功能实现中，打破了传统“学校阶段性教育”独木桥式的成才机制，为学习者成长成才提供了多种可供选择的通道，有效解决了职后继续教育的“工学矛盾”，极大地调动了全民参与终身学习的积极性，必将在提高国民综合素质和建设学习型社会中发挥积极作用。

二、新时代学习型社会“立交桥”的搭建策略

显然，搭建学习型社会的“立交桥”是学分银行最为核心的功能，进而有效促进不同类型学习成果的统一认定、彼此互认和等值转换，实现各类教育的无缝衔接与融合贯通。学习银行功能的发挥将积极推动全民终身学习，助推社区教育内涵式发展。新时代实现学分银行“立交桥”功能发挥的具体举措归纳为如下几个重要方面。

一是打破各类教育之间条块分割的壁垒。现有的包括国民教育体系在内的各类教育具有显著的发展阶段性、育人的功利性、自我的封闭性等特点，未能真正实现开放式办学、普惠性教育和彼此之间的衔接与互通，形成了严重的条块分割局面，从而严重影响制约了一个人的成长成才和终身学习的多样化选择。学分银行建设的初衷便是打破当前各类教育之间条块分割的壁垒，搭建多种教育形式的“立交桥”，畅通成才成长通道，为全民终身学习提供多样化的选择和个性化的服务。

二是实现学历教育与非学历教育的沟通。学历教育大多归属于国民教育

体系，而非学历教育更多地指向职后继续教育，以及各级各类职业资格证书和专项证书培训等。在实践中，实现两者之间的互认、沟通与转换是学分银行建设的重要目标之一，也是促进个人终身学习和成才成长的关键举措，更是终身教育“立交桥”功能发挥的核心所在。

三是将经验业绩纳入学习成果认定范围。学分银行不仅打破了传统教育之间固有的壁垒，实现了学历教育与非学历教育之间的有效融通，而且将学习者的个人经验业绩纳入到终身学习成果的认定范畴，能够及时对学习者学习的“所获和所得”进行反馈和认定，必然有效激发全民参与终身学习进行自我提升和创新创造的积极性与内动力。

三、学分银行助力构建终身教育体系

通俗地讲，终身教育体系是指包括国民教育体系在内的贯穿人的一生各阶段学习的完整教育体系，是实现全民终身学习的教育保障体系，是全体社会成员成才成长的支持服务体系。显然，构建完善的终身教育体系是加快建设学习型社会的必然选择和重要载体，也是新时代社区教育内涵式发展的应有之义，而学分银行的加快建设与推广应用将有助于终身教育体系的构建，概括起来具体体现在如下几个重要方面。

一是有效激励全民终身学习。学分银行将学习者不同教育形式所取得的学习成果进行及时认定，实现了“日积月累”。这些学习成果还可以进行“等值转换”，兑现成所需要的学习成果证明甚至学历证书，实现了“付出就有回报”。学分银行在全民终身学习过程中极大地调动了参与主体的积极性和内动力，久而久之，便实现了学习者由“要我学”到“我要学”的学习动机的转变。

二是无缝衔接了各类教育。学分银行在构建终身教育体系中充分发挥纽带和桥梁作用，实现将“阶段性”贯通为“连续性”、将不同教育形态从学习者成长成才的视角融为一体、将个人学习理念由“一次学习够用一生”提升为“终身学习一生受用”，以学习成果的统一认定和等值转换实现了各类教育的无缝衔接。

三是不断优化教与学过程。新时代终身教育体系不仅包括教学组织体系，而且还包括学习过程的支持服务体系，学分银行意在实现两者的不断优化和有机融合，使得整个教学过程更加注重学习者的能力提升和综合素质的提高，实现全程支持服务更加“人性化”，所需教育资源更加优质和多样化。

第四节　山东积极探索学分银行的实践

山东在大力发展终身教育、加快建设学习型社会过程中积极推进“山东终身教育学分银行”建设，在全省区域内进行学习成果认证、积累与转换等方面的实践与探索，并主动参与全国学习成果框架建设。山东广播电视大学协同全省电大系统，不仅积极在山东社区教育发展中发挥了主体作用，而且在山东终身教育学分银行建设上敢于先试先行，同时青岛、济南等地在学分银行建设中也进行了实践创新，并取得了一定成效。

一、山东终身教育学习银行发展现状

当前，山东省终身教育学分银行建设虽然取得了一定进展，各级政府也已经意识到建设学分银行的必要性和重要性，但是还处于起步阶段，政府仍未将学分银行建设真正上升到重要议程；再加上学分银行本身的复杂性，涉及到众多利益相关方，需要强有力的法律制度作保障，受到诸多因素的影响和制约。概括起来，山东终身教育学分银行发展现状包括如下几个重要方面的内容。

一是取得的成绩。在实践中，山东广播电视大学从终身教育体系构建、学习型社会建设和全民终身学习需要的视角，以山东开放大学建设为契机，主动发起、深入调研、充分论证、先行实践，拟定了学分银行建设方案和发展规划，积极争取省政府、省教育厅等部门的大力支持，主动承担建设“山东省终身教育学分银行”，成立学习成果认证中心，更好地服务于新时代全民终身

学习的多样化需要。2015年，山东广播电视大学成立了学分银行建设领导小组，并在学校教务处设立专门机构“学分银行管理办公室”。2016年山东广播电视大学申报成为“国家开放大学学习成果认证中心山东分中心”，2019年研发上线了“学分银行综合管理信息与服务平台”，为新时代山东省终身教育学分银行建设奠定了坚实基础。

二是存在的不足。山东省终身教育学分银行建设的滞后，已严重影响到终身教育体系的构建和学习型社会建设的步伐，存在着诸多不足。首先，山东终身教育促进条例等法律制度的缺失，使得学分银行建设缺乏法律依据和强有力的推进措施；其次，学分银行建设与应用的实质性进展不足，未能惠及全民、没有实现突破、难以发挥“立交桥”功能；再者，政府依然没有批复成立省级终身教育学分银行管理机构，缺乏资金支持。

三是制约因素。由于终身教育学分银行建设本身是为了打破传统教育所存在的壁垒，因而受到众多因素的影响和制约。首先，理念宣传、氛围营造是学分银行建设和推广的前提，没有得到应有的重视，理念宣传包括终身学习理念、学分银行在拓展成才通道和搭建终身教育“立交桥”的功能作用，氛围营造指先进典型的引领示范宣传等；其次，政府自上而下的强制力是学分银行建设和推广的关键，其能力没有得以发挥，学分银行不是民间行为，更需要政府的公信力和强制力；再者，标准制定、实践创新是学分银行建设和推广的抓手，应实现多重教育形态的有效融通，统一标准、敢于创新，尤其是通过先试先行探索路径、积累经验、推广模式。

二、山东学分银行建设实践与探索

近年来，山东围绕服务经济社会发展和全民终身学习需要，从建设方案与发展规划、区域经验交流、信息管理与服务平台建设，到试点应用，积极开展学分银行建设与推广工作，做了大量的理论研究与实践探索，为新时代山东省终身教育学分银行建设奠定了良好基础，所开展的重点工作概括为如下几个方面的内容。

一是区域经验交流。在实践中，山东积极推进学分银行建设、搭建终身学习“立交桥”，有效促进学习型社会建设。2018年11月16日至17日，山东广播电视大学与青岛广播电视大学在青岛联合主办了2018“区域性学分银行与终身学习立交桥建设”学术研讨活动。活动聚焦国家建设人力资源强国和学习型社会的战略要求，旨在解读探讨建设学分银行和学习型社会的国家政策与发展趋势，交流资历框架与终身学习“立交桥”建设的实践与构想，分享开放大学学分银行建设的研究成果与实践经验，进一步推动山东省终身教育学分银行建设，为构建山东省终身教育体系和加快建设学习型社会贡献力量。

二是济南实践探索。济南市全民学习服务中心通过“泉城学习网”，为学习者建立终身学习档案库，免费发放终身学习卡。为每一位市民定制了唯一的实名制终身学习电子身份，用以详细记录其学习经历。学习成果可以为用人单位提供录用、考核、晋升的依据，也便于学习者随时查看个人学习进度和所取得的学习成果。在实践探索中，济南市全民学习服务中心逐步建立了学习成果认证和转换机制，建设“学分银行”，将学习成果折合转换成相应的学分，当学分积累达到规定的标准后，便可以为学习者颁发国家承认的学习证明、资格证书、技能等级证书，甚至是学历文凭等。

三是青岛实践探索。2016年，青岛社区大学以青岛市建设学习型城市为契机，启动了终身教育“学分银行”建设工程。2017年10月26日，青岛市教育局、市广播电视大学与市北区教育局在市北区社区教育学院联合举行了青岛市学分银行市北第一分行启动仪式，青岛市学分银行市北分行正式启用，首次为265名市民注册了学习账号。此后，青岛市学分银行逐步推进学习成果认证、积累与转换试点工作，促进青岛学习型社会建设快速发展，让终身学习成为精彩人生的新风尚。青岛市学分银行门户网站开通运营后，青岛电大的开放教育首先实现了与近20个国家级职业资格证书、技能证书、从业资格证书之间的学习成果双向互认，同时，青岛电大还开展了与中国海洋大学、青岛大学、青岛科技大学、青岛理工大学、青岛农业大学、青岛职业技术学院、青岛港湾职业技术学院等高校之间的学分转换，并对青岛行业企业中开放教育学员的学习成果类型进行调研，开展了岗位培训等非学历学习成果评定和认证、制定认证要素和标准工作，为新时代社区教育内涵式发展注入了新鲜活力、增强了快速发展的内动力。

三、未来发展策略建议

终身教育学分银行建设与推广是新时代社区教育内涵式发展的关键所在，也是加快建设学习社会的重要抓手和有效途径。山东出台系列政策文件对学分银行建设提出总要求、做出总规划，并采取有效策略，将发展规划落到实处，以高标准、高规格争取尽早建成“山东省终身教育学分银行信息管理与服务平台”，以实现不同类型终身学习成果的认证、存储与转换。

一是发展规划。近年来，山东多部门从不同视角对学分银行建设做了发展规划。2016年3月，山东省人力资源和社会保障厅、山东省财政厅关于贯彻《专业技术人员继续教育规定》的实施意见（鲁人社发〔2016〕10号）明确提出将探索建立继续教育“学分银行”和“导师制”，并为专业技术人员参加继续教育设立“终身学习账户”；《山东省“十三五”教育事业发展规划》要求“大力发展继续教育，构建惠及全民的终身教育培训体系；建立个人学习账号和学分累计制度，畅通全民终身学习通道，建设人人皆学、处处能学、时时可学的学习型社会”；《山东省人民政府办公厅关于转发省教育厅等部门山东省教育培训业转型升级实施方案的通知》（鲁政办字〔2016〕85号）也同样强调：“探索建立个人学习账号、学习成果认证和学分积累与转换制度，融合学历继续教育与非学历继续教育，实现不同类型继续教育学习成果的互认和衔接。”

二是策略建议。新时代，为深入贯彻落实《中国教育现代化2035》《加快推进教育现代化实施方案（2018—2022年）》《国家职业教育改革实施方案》等文件精神，各级政府和教育主管部门，加快了推进山东省终身教育学分银行建设的工作。首先，加快终身教育立法，为学分银行建设提供法律依据，不断提升学分银行的公信力和影响力；其次，由省政府批复设立山东省终身教育学分银行管理机构，统筹规划全省学分银行建设与推广应用；再者，按照“分步实施、有序推进”原则，开展学分银行应用试点、经验总结、模式推广等工作。

三是重要举措。按照上述策略建议，还需充分结合各区域社区教育发展实际，不断创新实践形式，使得推进措施更加得力。首先，做好顶层设计和发展规划，全省学分银行建设“一盘棋”，协调发展，合力推进；其次，统一标准和规范，为学分银行内涵发展建章立制，成立学习成果认证专家委员会和学习成果认证中心；再者，不断优化学分银行信息管理与综合服务平台，并做好应用推广与宣传工作，率先推行区域内各级各类学习成果的认证、积累与转换，以学分银行信息管理平台为依托联合各级各类教育机构成立学分互认联盟，加强学分银行与支持服务体系建设。

在实践中，山东广播电视大学积极申请创立山东省终身教育学分银行，组建学分银行专家委员会和学习成果认证委员会，制定学分认证标准与转换规则，在推进专业课程标准化建设的同时建成以“学习成果认证、积累、转换”为主要功能的学分银行信息化服务平台。为实现以上目标山东广播电视大学将有序推进校内开放教育、成人教育、中高职教育和证书培训等的学分互认与转换，实现校内各级各类教育学习成果的纵向衔接与横向沟通；组建全省电大学分银行联盟，畅通系统内学历教育与非学历教育、校内教育与校际教育之间的转换通道；面向社会成员开展学习成果认证、积累、转换和查询服务，在继续教育领域先行先试，搭建终身学习“立交桥”。

第九章
社区教育发展的法制化与制度化

教育立法和建章立制是确保新时代社区教育健康可持续发展的根本所在，是促使社区教育内涵式发展的关键所在，是保障全民终身学习权利得到有效行使的前提所在。《加快推进教育现代化实施方案（2018—2022年）》在提出的重点任务中特别强调："加快构建终身学习制度体系，加强终身学习法律法规建设。"当前我国终身教育立法严重滞后于全民终身学习的现实需求和加快建设学习型社会的时代需要，同时社区教育发展在向纵深发展的过程中，所遇到的体制机制障碍和各类教育之间已有的壁垒，均急需通过强制的法律制度进行破解。显然，社区教育法治化和制度化建设需要一个循序渐进的过程，必须充分结合我国经济社会发展实际和全民终身学习需求的动态变化，采取国家和区域分层进行推进，尽快尽早得以落实。

在实践中，社区教育的法制化和制度化建设，既包括国家与地方制定颁布相关法律文件，又包括各级部门出台的政策文件和各级各类社区教育机构为更好地管理与服务所制定的各项规章制度。社区教育的法制化和制度化建设已成为新时代加快学习型社会建设、更好地服务于全民终身学习的助推器和动力引擎，有利于社区教育的规范化发展、标准化发展和均衡化发展。

第一节　社区教育发展法制化与制度化概述

中国特色社会主义进入新时代，为了更好地服务于全民终身学习的多样化需求，社区教育作为终身教育事业的重要载体和有效途径，在发展过程中需要整合社会教育优质资源、形成多方合力、理顺人财物关系。但是，当前由于缺乏强有力的立法保障，社区教育不仅发展后劲不足，更无长远的科学规划，难以满足日益增长的全民终身学习需求。为此，新时代社区教育的法治化和制度化建设势在必行。

一、社区教育法制化建设现状

当前，我国终身教育的国家立法严重滞后，与“加快建设学习型社会”的总要求不相适应，与新时代社区教育内涵式发展不相适应，更难以保障全民终身学习的应有权益。虽有部分省市在终身教育立法上已先试先行、创新实践、积极推进，但总体成效不明显，有待进一步完善，尤其在法律条款的可操作性和各方职责履行的督导上有较大提升空间。概括起来，我国社区教育法制化建设现状可归纳为如下几个方面的内容。

一是国家积极倡导。党和国家高度重视终身教育事业发展和学习型社会建设，并印发出台了一系列政策文件积极倡导社区教育的制度化建设。自2004年出台的《教育部关于推进社区教育工作的若干意见》，到2014年，《教育部等七部门印发关于推进学习型城市建设的意见》，再到2016年，《教育部等九部门关于进一步推进社区教育发展的意见》，由此足以看出国家对于社区教育发展的关注由教育部单个部门的倡导，到多部门联合共同推进力度日益加大。同时，国务院办公厅出台的《老年教育发展规划（2016—2020年）》明确强调“推动相关法规制度建设”，主张研究完善涉及老年教育的相关制度。文件还提出要支持鼓励有条件的地区通过制定相关地方法规促进老年教育事业规范健康发展。

二是区域先试先行。近年来，我国部分省市在区域终身教育地方立法上进行了先试先行，主要包括2005年《福建省终身教育促进条例》、2011年的《上海市终身教育促进条例》、2012年的《太原市终身教育促进条例》、2014年的《河北省终身教育促进条例》以及2015年的《宁波市终身教育促进条例》《成都市终身教育促进条例》等。上述各省市“终身教育促进条例”地方性法规的颁布实施，意味着有地域特色的全民终身教育走上了法制化轨道，所属区域社区教育的各项工作得到了强有力的保障这些地区的先试先行举措，有效促进了当地社区教育的健康发展，不仅使社区教育有法可依、有章可循，而且为当地社区教育的更好发展保驾护航，成为了社区教育可持续发展的坚实后盾。同时，先试先行地区的成功做法为国家层面的终身教育立法积累了宝贵经验，提供了可借鉴推广的经验模式。

三是急需国家立法。目前，我国尚缺乏专门针对终身教育的国家层面法律法规，而现有的相关法律和制度文件往往规定的简略而抽象，缺乏可执行性和针对性，有一些还仅仅停留在原则层面上，没有切实可行的具体措施，尚需各级政府和有关教育职能部门进行深入研究、强力推进，尽早颁布实施《终身教育法》。只有如此，才能有效保障、大力促进终身教育事业的健康持续发展，这已成为新时代构建终身教育体系、加快建设学习型社会、推进社区教育内涵式发展的关键所在。

二、新时代社区教育发展法制化的现实需求

由于社区教育本身是一项复杂的系统性社会化大教育工程，若要形成多方合力，必须通过强有力的保障措施才能得以顺利推进，这就需要加强社区教育法制化和制度化建设。只有通过立法，才能够破除制约社区教育健康发展的体制机制，才能够整合、汇聚、优化社区教育发展所需要的人财物，才能够为全民终身学习提供所需的支持服务，从而宏观上对我国社区教育进行强有力地

调控和督导，对全民终身学习起到积极的促进、规范和导向作用，为社区教育快速健康可持续发展提供有力保障和坚实后盾。新时代社区教育法制化和制度化建设具有强烈的现实需求，主要体现在以下几个方面。

一是提升终身教育国家战略的需要。党的十九大明确强调“加快学习型社会建设，大力提高国民素质”，这对新时代终身教育发展提出了总要求。在实践中，将终身教育上升为国家战略，必然需要由体现国家意志的终身教育立法进行强有力的推进，以实现科学规划、统筹实施、有序发展。尤其是应通过建立健全配套的体制机制为社区教育健康发展提供人财物等坚实保障。

二是整合利用社会教育资源的需要。社区教育大发展需要丰富多样的优质教育资源，为此整合利用现有社会教育资源已成为最佳选择和有效途径。而当前教育资源大多都分散在不同教育体系和企事业单位中，这就需要通过立法实现教育资源的有效整合、最大化共享和充分利用。尤其是在资源共建共享中通过明确的法律制度理顺关系，可以使社区教育的资源利用合法合理，并形成健康可持续发展的长效机制。

三是保障全民终身学习权利的需要。社区教育本是一项服务于全民终身学习的公益性、普惠性工程，是一种体现教育公平、机会均等的社会化大教育。确保“人人、时时、处处”享有终身学习的机会，保障全民参与终身学习权利，是学习型社会建设的初衷和应有之义，而对权利保障的最有效措施就是终身教育立法。终身教育立法，为学习者在选择机会、资源利用、支持服务等方面提供了强制性保障，也为教育实施过程的督导和评价提供了法律依据。

三、影响社区教育法制化建设的重要因素

因社区教育是服务全民终身学习的社会化大教育，在统筹规划、系统推进的过程中，需要整合、利用一切可以利用的社会优质教育资源，需要社会各界的共同参与与合力推进。因此，在实践中社区教育法制化和制度化建设受到众多因素的制约和影响，不仅与经济社会发展水平有关，还与终身教育理念宣传、全民参与终身学习的现实需求、多方推进社区教育发展的责权利关系等多

方面有关，其重要因素可归纳为如下若干个方面的内容。

一是理念宣传与引导。虽然自终身教育理念引入后，和现代社区教育发展在我国已历经数十年，但是由于全民终身学习并非刚性需求和社会各界对终身教育认识还不到位，终身教育理念至今仍未得到全社会的一致认可，甚至在某些地区社区教育被认为是可有可无的。究其原因是对终身教育理念的宣传不到位，对全民参与终身学习的引导不力，对社区教育的长远功效认识不清，这都不同程度地影响和制约着我国终身教育立法社会氛围的营造。

二是立法定位与实践。目前在学术研究领域，对“终身教育法”还是“终身学习法”存在分歧，立法范围是要涵盖终身教育体系的所有教育类型还是着重聚焦“继续教育”悬而未决。同时，虽然我国少数省市在终身教育立法上已先试先行，但是也伴随着试点范围有限、试点周期较短、试点成效不显著等问题，而且在推行过程中困难重重，为国家层面的终身教育立法积累的实践经验仍然不足。

三是主客体的复杂性。前已述及，社区教育是“教育社会化、社会教育化”的大教育，其主客体极其复杂。首先，社区教育服务于全民终身学习，参与的学习者可谓“量大、面广”，学习需求具有鲜明的多样化和个性化，教学活动项目更是五花八门；其次社区教育的实施主体也是多元的，需要社会各界的广泛关注、共同参与、合力推进，其中包括教育部等有关职能部门，承担教学与服务的各级各类教育机构等；再次，社区教育实施过程也是一个系统复杂的过程，需要由师资队伍、平台资源、活动项目、支持服务等多方面的融合发展。可见，如此复杂的系统工程，在制定法律过程中必然也要兼顾多方利益，考虑诸多因素，需要系统化设计、通盘考虑。

第二节　新时代社区教育发展法制化实现策略

早在2016年全国教育工作会议上，时任教育部部长袁贵仁就明确指出，在全面加强依法治教方面，积极配合全国人大做好《终身学习法》等各项法律的起草工作。这意味着从国家层面上已经认识到终身教育立法的重要性和必要性，并将其提到了重要议事日程，开始着手进行《终身学习法》立法工作，这也给我国社区教育发展释放了强烈的法制化建设信号，各地政府和教育职能部门定会积极响应，争取早日建立健全终身教育法律法规。

新时代社区教育法制化建设应以终身学习理念为引领，服务于全民终身学习，为构建终身教育体系和加快建设学习型社会提供法律保障。在实践中，国家终身教育立法理应高瞻远瞩，做好顶层设计和统筹规划，而区域终身教育促进条例等法律制度应更加侧重可操作性，充分结合当地经济社会发展实际和全民终身学习的多样化需求，在国家终身教育法律的框架下制定更加适合于本地区社区教育发展的法律条文，为区域社区教育内涵式发展提供强有力的保障。

一、以终身学习理念引领法制化建设

显然，终身教育立法理应以终身学习理念为引领，为建设“人人皆学、时时能学、处处可学”的学习型社会、实现全民参与终身学习提供法律保障。立法工作重在理顺各方权责利关系、整合利用社会教育资源、为全民终身学习提供均等机会和个性化服务，实现“学有所教、学有所获”，在实践中关键要做好以下几个方面的重点工作。

一是以服务全民终身学习为中心。终身教育立法的出发点和落脚点均为服务于全民终身学习，因此在立法实践中应坚持以人为本、以人民为中心，通过理顺各方关系、发挥政府调控和督导作用、提供所需的人财物等基础保障、形成可持续发展的长效机制等措施，为全民参与终身学习提供均等机会、优质资源、综合平台、支持服务，有效促进终身教育体系构建和学习型社会建设。

二是以建设学习型社会为宗旨。终身教育立法应以加快建设学习型社会为总目标，通过保障“人人、时时、处处”都能够学习的权利，积极倡导各类学习型组织的有序发展，并为之营造良好氛围、搭建平台和大力扶持。同时，用“立法”的强制力打破各类教育之间的壁垒，积极搭建终身学习“立交桥”，使得全民参与终身学习的成果得以认定并可以实现转换，使其“愿于、乐于、享于”终身学习，如此一来，全民参与终身学习必定蔚然成风，学习型社会建设将会水到渠成。

三是以资源整合利用为重要举措。社会教育资源的有效整合和充分利用是新时代社区教育内涵式发展的有效途径和必然选择，同时需要社会各界形成合力共同推进全民终身学习的健康发展，这均需要通过法律制度的强制性才能得以顺利实施。为此，在终身教育立法中需要通过具体条款明确资源整合利用的富有可操作性的保障措施。

二、国家社区教育发展法制化策略

鉴于社区教育的复杂性，国家在推进终身教育立法工作过程中应更加慎重，力争做到统筹兼顾，需要在总结我国部分省市终身教育促进条例先试先行的经验教训基础上，面向全国深入调研并进行充分论证，务必做到在立法中高点站位、统筹规划，既讲究战略又注重战术，使得国家终身教育法既为地方立法工作做好纲领指导，又为其留有足够的拓展空间。概括起来，国家社区教育发展法制化具体实践策略有如下几个重要方面。

一是充分论证、高点站位。其实，现有地方终身教育促进条例的先试先行在取得一定成效的同时也暴露出很多问题，这都给国家终身教育立法工作以充分借鉴并警示其有效避免。而且，国家层面的终身教育立法面向全国将会面临更加复杂的情况和更加多样化的需求，这就需要做好调研和论证，才能够使得立法更加具有普适性和实践性。尤其是，作为国家终身教育大法站位一定要高、定位一定要准、视角一定要广阔。

二是高瞻远瞩、统筹规划。由于终身教育法需要统筹全局、协调各方、方略得当，所以必须高瞻远瞩，做好顶层设计和长远规划。终身教育的立法工作应以构建完善的终身教育体系和加快学习型社会建设为目标，为满足全民多样化的终身学习需求提供强有力的法律依据和制度保障，坚持社区教育的公益性、全纳性、共享性和普惠性，促进新时代社区教育内涵式发展，为实现人人“学有所教、学有所获”奠定坚实的基础。

三是为地方立法留有空间。在实践中，终身教育的发展必然要与区域经济社会发展相适应、与当地居民多性化终身学习需求相契合，因此社区教育的发展不可能全国千篇一律、搞“一刀切”，而是应该不同地区有各自的发展步调和特色。所以，国家终身教育立法在做好统筹规划和顶层设计的同时，还应该为地方终身教育促进条例的制定和实施留有足够的发展空间，这也是中国特色社会主义新时代社区教育发展的现实选择和有效途径。

三、区域社区教育发展法制化策略

前已述及，由于社区教育本身的复杂性，再加上全国经济社会发展的不平衡和人民对美好生活期待和向往的日益提高，使得社区教育法制化建设必然选择在国家终身教育法的总体框架下，不同区域应充分结合当地实际制定和实施地方终身教育促进条例，以更加人性化的方式促进本地区社区教育的健康可持续发展。其实，我国部分省市勇于创新、积极尝试、先试先行，目前已颁布实施了终身教育促进条例，并取得了良好的社会效果。在此，针对区域社区教育法制化建设，可以采取如下若干策略进行推进和实施。

一是遵循国家终身教育法。国家终身教育法因面向全国而更加强调通用性和普适性，各区域的终身教育促进条例不得与国家终身教育法相违背，而应该在其既定总原则和统筹规划下，进一步结合当地实际，制定实施细则、拓展适用领域、丰富条款内容等，以提高实施措施的可操作性和针对性。

二是重在实施的可操作性。各区域终身教育促进条例在制定与实施中，必然需要充分结合本地区经济社会发展实际和全民终身学习的多样化需求，实施细则的重点在于使得条款内容更加富有针对性和可操作性，为保障当地社区教育的内涵式发展“量身定做”富有地域特色的法律条文。

三是重点突破、勇于创新。要使得终身教育促进条例更加具有针对性和可操作性，必然需要在制定与实施中勇于创新、重点突破、击中要害，敢于破除不利于社区教育健康发展的体制机制，敢于在关键领域重拳出击先试先行，敢于为全民终身学习扫清障碍建章立制，用法律手段强有力地推进全民终身学习的有效实现。

第三节　新时代社区教育发展法制化功能定位

当前，由于我国终身教育立法的缺失，导致社区教育发展后劲不足、发展无序，各类社会教育资源未得到有效整合与充分利用，大部分地区仅是教育部门在唱独角戏，未形成多方共同参与的合力。为此，急需加快推进终身教育法制化建设，理顺社区教育健康发展所需要的人财物关系，使得社区教育发展更加规范化，进而为社区教育内涵式发展提供强有力的保障。

一、法制化促使社区教育发展规范化

新时代社区教育的规范化发展必然需要建章立制，需要有政府强大的推动力和社会各界的共同参与，需要为满足全民多样化的终身学习需求提供均等机会、优质资源和支持服务，如此众多的必要条件，没有配套的国家终身教育立法，是难以保障和实现的。在实践中，法制化建设是促使社区教育发展规范化、提升发展内涵的强有力保障，其具体功能主要体现在如下若干个方面。

一是促使社区教育全面发展。众所周知，社区教育的内容可谓包罗万象，服务于所有人群，具有“全员、全程、全面”三全特征，只有通过立法才能够有效实现资源整合、形成发展合力、提供优质服务、满足多样化需求，促使新时代社区教育统筹师资队伍建设、学习平台优化、资源整合与利用、项目活动开展、学分银行实践等众要素协调推进和全面发展。

二是促使社区教育健康发展。新时代社区教育的健康发展，需要形成

长效发展的体制机制，需要社会各界的共同参与，需要有持续的人财物投入。同时，社区教育健康发展必然蕴含着均衡发展、协调发展和内涵式发展，并保有持续发展的后劲，这都需要政府通过终身教育立法进行强有力的保障。

三是促使社区教育可持续发展。可持续发展强调的是社区教育不是一时的，而是社区发展和全民学习的一种常态；不是某位领导的政绩工程，而是提高国民综合素的系统化社会工程；不是可有可无的短期教育活动，而是伴随人一生发展的终身教育活动。为此，社区教育的可持续发展同样需要政府主导，其有效措施依然是加快推进社区教育法制化建设。

二、法制化为社区教育内涵式发展提供强有力保障

为更好地满足人民对美好生活的向往和期待，内涵式发展已成为新时代社区教育发展的必然选择和有效途径。新时代社区教育内涵式发展在总结过去发展经验的基础上面向未来发展的需求，全面提升社区教育的各功能要素，以更好地服务于全民终身学习的多样化需要。这同样需要社区教育的法制化建设提供保障，其具体功能概括为如下几个方面的内容。

一是实现统筹规划。无论是国家终身教育法还是区域终身教育促进条例，都应从终身教育体系构建和学习型社会建设的视域，为社区教育发展进行统筹规划，做好顶层设计，为各地社区教育实践提供依据、指明方向、设定目标，这正是新时代社区教育法制化建设的关键所在。

二是实现系统推进。系统推进是指通过终身教育立法，采取有效措施围绕社区教育内涵式发展的各功能要素，实现社区教育的整体提升和全面发展。其功能要素主要包括理念宣传、平台推广、资源利用、品牌培育、学习成效等众多方面的同步推进，以更好地满足全体社会成员多样化的终身学习需求。若要实现众多要素的系统推进，法制化成为必然选择。

三是实现品牌发展。新时代社区教育的内涵式发展更加强调特色化发展，不同区域应充分结合当地经济社会发展实际和全民终身学习需求，大力培育社

区教育品牌项目，并通过法制化建设为品牌发展提供政策支持和资金保障，积极提升社区教育活动的知名度和影响力，以居民的参与度、认可度和满意度等多维度来评价和引导社区教育的品牌化发展。

三、法制化有助理顺社区教育发展所需的人财物关系

任何教育的健康可持续发展都离不开“人财物”的支持，新时代社区教育的内涵式发展更需要有效整合、充分发挥和最大化利用各类社会教育资源，而整合、发挥和利用的关键在于要通过法制化建设形成良性发展的体制机制，真正理顺在社区教育发展中多方协同推进的“人财物”关系，其核心功能主要体现在如下几个方面。

一是促使师资队伍的职业化和专业化。对社区教育师资队伍的建设和管理是要理顺“人”的关系，重点组建由管理队伍、专兼职教师和志愿者队伍构成的多元化人才库，为服务全民终身学习提供人才支撑和智力支持。其中，促使师资队伍的职业化和专业化发展是其关键所在，这就需要通过法制化建设为师资队伍提供成长平台、打通晋升通道、注重能力提升，从而确保社区教育从业人员与其他教育工作者一样享有同等的待遇、得到应有的尊重。

二是促使所需教育资金纳入财政预算。实现社区教育全面、健康、可持续发展必然需要有足够的专项教育资金来支撑，这正是需要通过终身教育立法重点要解决和实现的，即应将社区教育所需资金纳入各级财政年度预算明确写入立法中，并设定最低额度和增长方式，以便于教育督导和评价。

三是促使形成多方共同推进的合力。首先社区教育发展尤其需要社会各界的共同参与，形成快速发展的强大合力；其次需要充分利用一切可以利用的社会优质教育资源，包括公共文化设施，各级各类教育机构的场地和设施，以及家庭、社区和学校的共同参与；再者需要实现各级各类教育的纵向衔接和横向沟通，搭建终身学习“立交桥”，实现“人人、时时、处处”个性化学习。为此，只有通过国家终身教育的立法才能够实现上述目标，形成多方共同推进的强大合力。

第四节　山东社区教育制度化实践与探索

近年来，山东积极推进社区教育法制化和制度化建设，出台了一系列政策文件、发布了若干规范和管理办法，在建章立制方面一些地区和单位积累了宝贵经验，取得了明显成效。这些经验对于促进新时代社区教育法制化发展的规划更加明确、目标更加清晰、措施更加得力具有重要意义。但是，山东社区教育法制化建设仍没有取得突破性进展，而且由于社区教育法制化建设主客体的复杂性，在推进中受到诸多因素的影响和制约。鉴于此，政府主导作用的发挥至关重要，应充分借鉴国内外经验模式，并结合山东发展实际，通过有效策略措施大力推进，为新时代山东社区教育加快内涵发展增强动力、注入活力、成为牵引力。

一、山东社区教育制度化建设现状

在实践中，山东高度重视社区教育制度化建设，山东省政府明确将社区教育事业发展纳入对市级政府的考核评价。目前《山东省终身教育促进条例》已进入调研起草论证阶段，《青岛市终身教育促进条例》已由人大通过正式实施，潍坊诸城市委市政府出台了《教育事业和社区化发展考核办法》，将社区教育纳入对镇街部门的考核指标，列入政府督查范围。但是，目前法制化和制度化建设是与新时代社区教育内涵式发展的要求不相适应、是社区教育发展的短板。

山东社区教育制度化建设的现状概括为如下几个方面的内容。

一是取得的成绩。2018年，山东省政府办公厅印发的《对市级人民政府履行教育职责开展评价工作的实施方案》（鲁政办发〔2018〕29号）明确要求从2019年起，山东将每年对市级政府履行教育职责工作进行考核评价。在对各级各类教育发展情况的评价内容中明确提出：“建立完整的继续教育保障、激励、监管和评估机制，健全市、县、乡（镇、街道）、村（居）四级社区教育网络、管理队伍和师资队伍，完善办学条件，在职人员继续教育培训机会有保障。广泛开展城乡继续教育、社区教育、老年教育，加快构建终身教育体系和学习型社会。”将社区教育发展列入教育职责评价内容是山东社区教育法制化建设进程中的一大突破，必然会引起各级政府和教育主管部门的高度重视，为各级各类教育机构开展社区教育增强了动力，必将加快山东社区教育内涵式发展，更好地服务于全民终身学习。在地方立法方面，《山东省依法治教实施规划（2016—2020年）》明确要求“2016年启动《山东省终身教育促进条例》调研起草工作”，同时《山东省教育厅2017年工作要点》也提出“起草《山东省终身教育促进条例》”。

二是存在的不足。山东社区教育法制化和制度化依然不能满足新时代的发展需要，急需加快建设步伐。首先，法制化与制度化建设与新时代加快学习型社会建设的总要求不相适应、与人民对美好精神文化生活的向往和期待不相适应；其次，省级层面的制度建设与标准制定依然不健全，尤其在社区教育师资队伍发展的专业化和职业化、各级各类社区教育机构建设标准、社区教育经费投入与筹措办法等方面；再者，各级各类社区教育办学单位的规章制度与管理办法有待加强，存在着各项工作开展过程无序性和随意性的现象。

三是制约因素。在实践中，社区教育法制化和制度化建设受到众多因素的影响和制约，主要表现在以下几方面。首先，有关终身教育立法的理论研究、终身教育立法的定位，以及社区教育的功能定位等内容直接影响着法制化建设的进程；其次，全社会各部门共同参与法制化建设的合力没有形成，尤其是在政府的主导下教育、人社、民政、财政等部门的积极参与程度不高；再者，在法制化建设过程中深入调研、充分论证、意见建议征集等决定着法律制度文件的质量和成效的环节没有得到应有重视。

二、社区教育制度化亮点纷呈

山东社区教育制度化建设无论在省级层面还是市县层面均做了积极探索，

为山东社区教育健康发展提供了强有力的制度保障，取得了明显的成效。其中，2010年以来，出台发布的省级层面有关社区教育发展的制度文件具有代表性的如下表。同时，山东省社区教育指导服务中心、青岛市和部分市县也制定发布了富有针对性、具有可操作性的一系列社区教育制度文件，有效促进了新时代社区教育的内涵式发展。

年份	制定部门	文件名称	目标要求
2010年	山东省政府办公厅	《山东省中长期教育改革和发展规划纲要（2011—2020年）》	建立继续教育学分积累与转换制度，实现不同类型学习成果的互认和衔接。加快社区教育网络建设，形成城乡一体化的社区教育发展格局
2012年	山东省教育厅	山东省教育厅《关于推进城乡社区教育发展的意见》（鲁教职字〔2012〕30号）	广泛开展城乡社区教育，是社会发展的必然要求，是加强社区建设、提高社会管理水平的重要举措，是建设全民学习、终身学习的学习型社会的重要平台
2016年	山东省政府办公厅	《关于转发省教育厅等部门山东省教育培训业转型升级实施方案的通知》（鲁政办字〔2016〕85号）	广泛开展社区教育，发展老年教育，实现学历教育与非学历教育协调发展
2017年	山东省教育厅、民政厅等九部门	《山东省教育厅等九部门转发教育部等九部门关于进一步推进社区教育发展的意见的通知》（鲁教民发〔2017〕1号）	到2020年，基本建立起组织机构健全、经费保障有力、师资队伍稳定、运行机制畅通、服务管理有序的终身教育管理模式和运行机制，形成具有山东特色、开放共享、便民惠民的城乡社区教育体系
2018年	山东省人民政府办公厅	《关于加快发展老年教育的实施意见》（鲁政办发〔2018〕7号）	到2020年，基本形成面向全体、覆盖城乡、管理科学、规范有序、形式多样、特色鲜明、运行平稳、保障有力的老年教育新格局

一是省社区教育指导服务中心。为认真贯彻落实《山东省教育厅等九部门转发教育部等九部门关于进一步推进社区教育发展的意见的通知》（鲁教民发〔2017〕1号）要求的相关工作，省社区教育指导服务中心制定发布了《关于认真做好“鲁教民发〔2017〕1号”文件落实工作的通知》（鲁社教指〔2017〕3号），提出了八项具体工作措施：一是高度重视，明确社区教育组织机构；二是统筹协调，促进社区教育健康可持续发展；三是有序推进，加快社区教育实验区和示范区建设；四是内涵驱动，全面提升社区教育工作者队伍专业化和职业化水平；五是协同发展，共建共享社区教育资源和数字化学习平台；六是以人为本，积极推进各类社区教育活动的开展；七是科研引领，不断探索富有山东特色的社区教育新模式；八是加强督导，建立社区教育发展年度报告制度。同时，省社区教育指导中心还制定了《山东省社区教育联盟章程》《山东省社区教育专家遴选与管理办法（试行）》《山东省社区教育志愿者队伍组建与管理办法（试行）》《山东省社区教育先进单位和先进工作者评选办法（试行）》等规章制度。

二是青岛市社区教育制度化建设。青岛市为统筹做好学习型社会建设的各项工作任务，各区、市建立了由党委、政府统筹发动，教育主管部门带动，相关部门联动，街道社区推动，居民团体齐动，督导评估促动的“六联动工作机制”。2017年3月，青岛市教育局等八部门联合制定《青岛市区（市）社区教育学院建设标准（试行）》《青岛市镇（街道）社区教育中心建设标准（试行）》《青岛市居（村）社区教育学校建设标准（试行）》（青教通字〔2017〕16号），提出建设青岛市区（市）社区教育学院、镇（街道）社区教育中心和居（村）社区教育学校三级社区教育的体系标准，积极推进全市学习型社会建设与社区教育深入发展，为新时代社区教育内涵式发展提供了制度保障。

三是市县社区教育制度化建设。近几年来，山东省各市县相关部门高度重视社区教育制度化建设，并联合制定发布了更具时代性、更有针对性、更加明确性的文件，尤其是在贯彻落实“鲁教民发〔2017〕1号”文件上，比较具有代表性的社区教育相关制度文件如下表所示。

年份	文件名称	目标要求
2017年	《济南市教育局等九部门转发〈山东省教育厅等九部门转发教育部等九部门关于进一步推进社区教育发展的意见的通知〉的通知》(济教成字〔2017〕3号)	以市全民学习服务中心为龙头，以“泉学e站”为骨干，加强县区社区教育学院、乡镇(街道)社区教育中心学校和村(社区)学校的标准化建设和绩效评估，形成覆盖全市的四级社区教育网络
2016年	《关于印发〈青岛市教育局等7部门关于加快推进学习型社会建设的若干措施〉有关通知》(青教通字〔2016〕8号)	从领导管理体制、各部门工作职责、推进终身教育立法、构建社区教育学习服务中枢、统筹各类学习资源、完善教育体系、加快数字化资源平台建设、建立成果互认体系、创建学习型组织、加强师资建设、加大经费投入、建立评价督导体制以及营造良好学习氛围等十三个方面明确了执行主体和执行时限
2017年	《关于加快推进社区教育机构建设的通知》(日教字〔2017〕213号)	本着统筹规划、分级管理、分层推进、注重实效的原则，设立市、县(区)、乡镇(街道)、社区(村)四级社区教育机构。四级社区教育机构上下联动、协调配合、资源共享、形成合力，共同推进日照全市社区教育科学发展
2017年	《烟台市教育局等9部门关于转发鲁教民发〔2017〕1号文的通知》(烟教发〔2017〕35号)	明确要求全市所有县市区将在乡镇(街道)建立社区教育中心学校、在村(社区)建立社区学校并初步建立社区教育工作队伍，实现开展社区教育的县市区全覆盖
2017年	《临沂市教育局等九部门关于转发“鲁教民发〔2017〕1号”文件的通知》	明确提出依托临沂广播电视大学，成立临沂市社区大学和临沂市社区教育指导服务中心，统筹指导、协调全市社区教育
2017年	济宁市教育局下发“济教字〔2017〕79号”文件	批复济宁广播电视大学设立济宁市社区教育指导服务中心，作为全市社区教育的指导、咨询、服务机构

（续表）

年份	文件名称	目标要求
2017年	《济南市长清区教育体育局等八部门关于转发〈济南市教育局等九部门转发山东省教育厅等九部门转发教育部等九部门关于进一步推进社区教育发展的意见的通知的通知〉的通知》（长教体字〔2017〕22号）	是山东省第一个转发“鲁教民发〔2017〕1号”文件的区县
2012年	诸城市委市政府出台《教育事业和社区化发展考核办法》	将社区教育纳入对镇街部门的考核指标，列入政府督查范围

三、未来发展策略建议

新时代社区教育法制化和制度化建设可谓任重而道远。基于其在社区教育内涵式发展中所发挥的重要助推器作用，山东社区教育对此做了具体规划。在实践中充分结合山东发展实际按照既定目标有序推进，在重点领域和关键环节发挥政府主导作用的同时联合多部门通过有力措施共同攻克难题，未来发展策略建议概括为如下几个重要方面的内容。

一是发展规划。《山东省教育厅等九部门转发〈教育部等九部门关于进一步推进社区教育发展的意见〉的通知》明确提出在推进全省城乡社会教育发展方面，要“加强制度建设，完善评价机制”：积极配合省人大开展《山东省终生教育条例》立法工作，为终身教育、社区教育的发展提供法制保障。由省教育厅牵头制定《山东省社区教育工作者岗位基本要求实施细则》，修订完善《山东省县级社区教育学院、乡镇社区教育中心学校设置标准》《山东省示范性县级社区教育学院、乡镇社区教育中心学校评估标准》《山东省省级规范化社区教育学院评估标准》，科学制订社区教育评价标准，加大评估力度，促进社区教育健康发展。各级教育督导部门要把开展社区教育督导作为推进教育现代化的重要内容。

二是策略建议。鉴于社区教育法制化和制度化建设的复杂性，在实践中需要做好顶层设计和长远规划。首先，充分借鉴国内外经验模式，并与山东发展实际有机结合，积极探索、创新实践、先试先行；其次，社区教育法制化与制度化建设同步推进，明确各自目标，厘清两者关系，实施对应策略；再者，可以在终身教育地方立法过程中以服务重点人群的老年教育促进条例为切入点实现突破。

三是重点举措。按照既定发展规划，遵循上述策略建议，山东省社区教育各方主体有效措施着力推进新时代社区教育法制化和制度化有序开展。首先，坚持走党委领导、政府主导、人大为主体、教育主管部门积极参与、其他部门密切配合的发展之路；其次，在推进过程中应做到深入调研、充分论证、广泛征求意见建议，使得法制化和制度化建设更加科学化；再者，应以制度化建设推动社区教育标准化和规范化，为法制化建设不断积累经验，使得两者发展相辅相成、互为基础、彼此促进。

第十章
终身学习理念下的开放大学建设

《教育部关于办好开放大学的意见》(教职成〔2016〕2号)的“指导思想”明确强调:探索具有中国特色、体现时代特征的开放大学办学模式,满足全民学习、终身学习需要,建设学习型社会。这为新时代我国开放大学建设指明了方向,也对其提出了总要求,赋予了新使命。为此,开放大学建设必须以终身学习理念为引领,充分利用广播电视大学已有的系统优势、资源优势和平台优势,坚持以学历教育和非学历教育并重,积极搭建终身教育“立交桥”,努力在学习型社会建设和服务全民终身学习中发挥主体作用、成为中坚力量。

第一节　新时代赋予开放大学新使命

中国特色社会主义进入新时代,全民学习、终身学习已蔚然成风,单纯的传统国民教育已无法适应和满足“人人、时时、处处”全民终身学习的多样化需求，推行“学习强国”、实现由人口大国到人力资源强国的转变成为了新时代赋予终身教育的新的历史重任。发展终身教育与建设学习型社会的大任必然要有明确的办学实体来承担，而承担主体就是我国的开放大学办学体系，开放大学是由广播电视大学转型发展的一所新型大学。

针对开放大学的办学定位，《教育部关于办好开放大学的意见》明确指出“坚持开放办学，服务全民学习”：顺应全民学习、终身学习需求，向社会最大程度开放教育资源，提供形式多样教育服务，广泛开展学历教育和非学历教育，满足不同类型不同层次学习需要。这便是新时代开放大学的责任担当，也是广播电视大学转型为开放大学的新使命，更是终身学习理念引领下开放大学建设的目标。

一、广播电视大学向开放大学转型的必然性

自1979年，在邓小平同志大力倡导下创建的四十余年时间里，广播电视大学系统为社会培养了数以百万计的应用型人才，尤其是在学历补偿教育上做出了突出贡献，在我国教育史上留下了重重一笔。但随着国家战略的调整、时代的发展和教育需求的不断变化，经过自2012年[①]以来“5+1”试点单位的实践与探索，广播电视大学向开放大学转型发展已成为历史的必然，究其原因概括起来主要包括如下几个方面。

一是教育发展的需要。二十世纪七八十年代，我国高等教育资源难以满足广大适龄青年的求知需求，尤其是“文化大革命”期间因错失高考而急需进行学历补偿教育的大龄社会青年对高等教育的需求更为强烈，在党和国家大力倡导下广播电视大学应运而生。数十年来，广播电视大学系统培养了遍布全国城乡的数百万社会主义建设者和接班人，为国家经济社会发展做出了巨大贡献。中国特色社会主义进入新时代，高等教育已逐渐成为大众化教育，在岗

---

① “5+1”试点项目，指2012年由国务院先后批准设立的国家开放大学、北京开放大学北京、上海、云南、江苏、广东和国家开放大学等。

人员的学历有了大幅度提高，新时代人民对美好生活有了更高期待，“一次学习，够用一生”的观念已经过时，知识经济、信息时代促使全体社会成员树立起了“学习伴随一生”的新理念。如今，终身学习理念已为更多的人所接受和认可，学习者普遍实现了从“要我学”到“我要学”学习观的转变，“活到老、学到老”已成为国民的共识。教育发展需求的转变更加需要“坚持开放办学，服务全民终身学习”，加快建设和办好新型高等学校“开放大学”，广播电视大学向开放大学转型便成为了历史发展的必然。

二是国家战略的需要。新时代，党和国家大力倡导“大众创业，万众创新”“加快建设学习型社会，大力提高国民素质”，建设“学习强国”，实现由人口大国到人力资源强国的转变。如此重大国家发展战略落实到教育事业上，就必须坚持“以人民为中心”的办学理念，落实立德树人的根本任务；就必须坚持以终身学习理念为引领服务于全民终身学习和学习型社会建设、搭建终身学习“立交桥”，实现各级各类教育的纵向衔接和横向沟通。

三是时代发展的需要。时代在发展，社会在进步，人民的需求也更加趋于多样化，尤其在精神文化生活方面，对传统教育形式和现有教育体系提出了更大挑战，要实现“人人、时时、处处”终身学习的社会化大教育梦，必须有效整合社会教育资源、创新人才培养模式、促使全社会合力推进。只有坚持“创新、协调、绿色、开放、共享”新发展理念、坚定“开放办学、系统发展、服务全民”的开放大学才能够担当这一大任，在服务全民学习、建设学习型社会中充当主力军，发挥主体作用。

二、新时代开放大学的责任担当

《教育部关于办好开放大学的意见》作为当前我国开放大学建设的最高纲领，明确要求“切实办好开放大学，推动建设学习型社会”，意在办成服务全民终身学习的新型高等学校。在实践中，开放大学应充分发挥教育资源整合集成、现代信息技术与教育教学深度融合、人才成长通道转换衔接等方面的优势，实现人才培养模式不断创新。在发展过程中，通过不断细化学校服务面向，针对区域、行业、企业等不同人群提供与之相适应的教育服务。开放大学要坚持面向基层、面向行业、面向社区、面向农村，广泛开展职工教育、社区教育、老年教育、新型职业农民教育和各类继续教育培训，突出人才培养特色和办学特色。新时代，开放大学的责任担当可以概括为如下几个重要方面的内容。

一是服务于全民终身学习。服务于全民终身学习，努力发展成为我国终身教育体系构建和学习型社会建设的主力军，在提高国民综合素质和实现“文化自信”中发挥重要作用，已成为开放大学建设的出发点和落脚点，将作为评判是否办好开放大学的重要依据。这就需要对现有广播电视大学转型升级，适应当地经济社会发展需要，以更好地满足新时代人民对终身学习的新期待和多样化需求为宗旨，创建并办好新型高等学校“开放大学”。

二是搭建终身学习“立交桥”。现有各类教育的条块分割已成为影响和制约全民终身学习、畅通个人成长成才通道的重要因素，开放大学的创新所在就是要适应全民终身学习需求，打破传统教育封闭发展的壁垒，为全民终身学习的学习成果认定、积累和转换提供便利服务，搭建终身学习的“立交桥”。实践中，在政府的大力主导下开放大学应积极与各级各类教育机构、行业企业，以及用人单位等进行有效沟通，并通过协议或联盟等方式，实现相互之间学习成果的互认和不同类型学习成果的转换，以有效拓宽人人成长成才的通道。

三是整合利用社会教育资源。服务全民终身学习单凭开放大学一家之力是难以实现的，必须在党和国家的宏观调控下，通过不断建立健全配套的体制机制，为开放大学提供发展所需要的“人财物”上的有力保障，尤其是要通过建立多部门联动、形成合力、分工明确的开放大学协调推进机制，有效整合、汇聚、利用优质社会教育资源，为开放大学建设和发展提供良好的环境和平台。

三、终身学习理念引领开放大学建设策略

新时代开放大学建设应以终身学习理念为引领，适应经济社会发展新需

求，运用现代信息技术发展新成果，不断聚集优质教育资源，丰富教育教学手段，创新人才培养模式，改革管理体制和运行机制。开放大学要积极探索具有中国特色、体现时代特征的开放大学办学模式，更好地满足全民学习、终身学习的多样化需求，为构建终身教育体系和建设学习型社会不断做出新的贡献。在实践中，需要明确和理清如下几个方面的重要内容。

一是更新办学理念。开放大学的“新型”最为首要的特点便是办学理念先进，因此不断更新办学理念至关重要。在开放大学的建设和发展过程中，必须牢固树立并贯彻落实“创新、协调、绿色、开放、共享”的发展理念，坚持立德树人的教育方针和“以人为本”的办学导向，以终身学习理念为引领，服务于人类的全面发展和经济社会的文明进步，彰显终身教育的开放性、公益性、普惠性和全纳性，践行“教育社会化、社会教育化”的大教育观，办“人民满意”的教育。

二是坚持开放办学。开放大学的“新型”最为核心的特征是开放性，坚持开放办学需要做好如下工作。首先，在政府的主导和统筹下积极与多部门联合，协同推进开放大学体系建设和功能发挥，服务于全民终身学习；其次，整合、汇聚、利用社会优质教育资源，包括开放大学建设所需的“人财物”，将各级各类教育机构的优质资源“串联”起来，为全民学习提供优质教育服务；再者，面向全体社会成员办居民身边的“大学”，将其发展成为“居民乐学之家”，为实现“人人、时时、处处”终身学习提供多样化选择。可见，开放大学是一所没有围墙的大学，是一所办在社会中的大学，是一所全民参与服务全民的大学。

三是拓展成才通道。开放大学的“新型”最为强大的特征是枢纽作用，这一作用表现为通过充分发挥在学历继续教育办学中积累的经验模式，坚持学历教育与非学历教育并重，大力推进现代信息技术与教育教学的深度融合，实现线上线下一体化发展，不断创新教育教学模式。尤其是，建设学分银行，积极搭建终身学习“立交桥”，实现终身学习成果的认定、积累与转换，为全民持久参与终身学习注入活力、增强动力，为人人成长成才不断拓宽通道。

第二节　新时代开放大学建设

通过上述对于新时代开放大学所肩负的历史重任的分析，不难发现建设并办好开放大学并非易事。原因有如下几点：开放大学所处的经济社会发展环境日新月异、所要迎合的人民对美好生活的期待和向往更加多样、所面临的教育服务对象“量大面广”、所传授的教育内容包罗万象、所赋予的责任担当重大而艰巨。为此，需要系统总结、梳理我国开放大学的建设现状，深入探究影响和制约新时代开放大学发展的关键因素，进而采取有效策略更好地推进开放大学有序快速发展。

《教育部关于办好开放大学的意见》将“明确功能定位，创建新型高校”列为建设开放大学“主要任务”的首位，并对其提出了具体要求：“开放大学要以终身教育思想为引领，树立开放、灵活、优质、便捷的办学理念，充分运用现代信息技术，创新办学形式、组织模式和运行机制，努力办成服务全民终身学习的新型高等学校。”这对新时代开放大学的建设和发展提出了总要求，并从办学理念、途径方式和功能定位等方面明确了发展策略。

一、开放大学的建设现状

2012年，开放大学建设在我国正式拉开帷幕，国家开放大学和北京、上海、广东、云南、江苏等五所地方开放大学共同担起了创建并办好“新型高等学校”的光荣使命和历史责任。郝克明（2017）认为开放大学在短短五年的改革试点中显示出强大的生命力，这标志着从广播电视大学向开放大学的战略转型迈出了历史性的第一步，也标志着具有新的教育理念、新的办学和育人模式、新的运行机制的新型大学正在诞生。当前，开放大学在看到所取得试点成绩的同时，也要清醒地认识到广播电视大学转型升级为开放大学所存在的问题和面临的困难，并结合各地经济社会发展实际和需求有针对性地做好发展规划，充分利用好新时代大好发展的难得机遇、破解发展难题、商讨发展大计。总的来讲，当前我国开放大学建设现状概括为如下几个主要方面。

一是取得的成绩。自2012年开放大学启动试点以来，“5+1”新型高等学校取得了可喜的发展成果，在服务全民终身学习和学习型社会建设中发挥了积极作用，得到了社会各界的一致好评和学习者的共同认可。同时，全国其他省市均积极行动起来，各地政府和教育主管部门结合区域经济社会发展实际，出台了关于支持加快建设地方开放大学的政策文件，明确将开放大学建设纳入“十三五”教育发展规划，如甘肃省人民政府办公厅印发《关于支持建设甘肃开放大学的意见的通知》、兰州市政府办公厅印发《关于印发支持建设兰州开放大学的实施意见》、白银市人民政府办公室印发《关于支持建设白银开放大学的意见的通知》等政策文件。这些文件均明确指出：以现有的广播电视大学为依托设立开放大学，以终身教育思想为引领，采用“互联网+教育”模式，面向全体社会成员开展学历继续教育、非学历继续教育。而且，各地广播电视大学主动出击，按照《教育部关于办好开放大学的意见》中“十二项主要任务”不断提升内涵，通过充分调研论证制定了符合本地区发展实际的“开放大学建设方案”，并经过当地政府审核后提交到了教育部。尤其是，全国广播电视大学（开放大学）系统在当前我国社区教育发展中积极作为，率先担负起服务全民终身学习、推进学习型社会建设的大任，成为了当地终身教育的倡导者和践行者。

二是存在的问题。上述成绩的取得来之不易，当前开放大学建设在迎来了前所未有机遇的同时也面临着一系列重大挑战，在建设和发展中遇到了众多问题。首先比较突出的便是转型问题，广播电视大学转型为开放大学并不是简单的“翻牌”，而是要面向新需求新环境，创建并办好一所新型的高等学校。在转型过程中，核心问题在于如何将开放大学的“十二项主要任务”与广播电视大学所开展的教育内容衔接起来。这一问题涉及到办学理念、功能定位、体制机制、体系构建、师资队伍、育人模式、资源整合和支持服务等方面的工作，尤其是在当前国家已有政策的扶持不足的情况下，要想仅靠广播电视大学转型来支撑起服务全民终身学习和建设学习型社会的庞大工程，可谓任重而道远。这一切都需要在政府的主导下，充分发挥广播电视大学已有优势，从科学规划到探索实践，积蓄足够的能量迎难而上，以全新的姿态迎接和破解所面临的各种挑战。

三是未来的规划。在实践中，科学规划、有序推进是消除障碍、破解难题的有效途径。为此，在《教育部关于办好开放大学的意见》统领下，各地政府纷纷出台文件支持开放大学建设、加快开放大学发展，如《关于加快北京开放大学建设与发展的意见》《上海关于加快推进一流开放大学建设的意见》文件的发布。除了北京、上海两地，近年来，浙江、福建、山东、天津、辽宁、广西等省市也纷纷出台了加快建设地方开放大学的政策文件和发展规划。开放大学建设与发展规划的制定和出台，是对开放大学从理念到方案、从理论到实践的升华，使得建设定位更加清晰、发展蓝图更加精准。

二、新时代加快建设开放大学的核心要素

由于新时代开放大学肩负着服务全民终身学习、搭建终身教育“立交桥”、建设学习型社会等重大历史使命，加之当前我国经济社会飞速发展、人民对美好生活的需求更加多样，开放大学的建设和发展成为了一项系统复杂的社会性工程，所面临的挑战甚至超越了其他任何学校所面临的复杂性。影响和制约开放大学建设的因素众多，其核心要素归纳起来主要有如下几个方面。

一是国家的政策支持。开放大学是以服务于全民终身学习和学习型社会建设为宗旨的系统而复杂的社会化工程，没有国家强有力的政策支持和必要的人财物保障是难以顺利实现的。因此，党和国家应通过出台政策文件，甚至通过终身教育立法的形式，为开放大学“增权赋能”，使其能够整合利用社会优质教育资源、协同社会各方、提升自身内涵、统筹规划设计，在实现“人人、时时、处处”终身学习中成为主力军，发挥主体作用。

二是全社会的共同参与。开放大学所从事的是“教育社会化，社会教育化”的大教育，需要全社会的共同参与、合力推进。首先，开放大学本身就是

一种系统办学形式，其“省—市—县（区）—乡镇（街道）—村居”五级组织网络体系同时也是新时代终身教育体系的主体力量，充分发挥办学体系在资源共享、合理分工、上下联动、协调推进等方面的优势，将开放大学办成“没有围墙的大学”“家门口的大学”；其次，开放大学服务于学习型社会建设，而学习型社会建设需要教育、民政、科技、财政、人社、文化、体育、共青团等社会各界的合力推进，这就需要各级各类教育机构和社区共同参与，为全民终身学习提供物质保障和支持服务；再者，开放大学服务于全民终身学习，自然需要全体社会成员的共同关注、积极参与、成果共享。通过全社会的共同参与，实现教育理念、学习习惯、过程参与、评价反馈等多方面融入其中，为新时代开放大学内涵式发展建言献策、为全民终身学习贡献力量。

三是新型大学的创新发展。开放大学的定位是新时代的新型高等学校，自身更要实现创新发展。首先，要创新人才培养模式，搭建终身教育“立交桥”，为人人成长成才提供多样化的通道；其次，要创新实践，将现代信息技术与教育教学深度融合，通过“平台+资源”“线下实体教学+线上自主学习”，实现全民“随时随地”学习；再者，要创新优质教育资源的汇聚、整合、共建、共享的体制机制，理顺各方关系，为加快建设学习型社会形成长效机制。

三、新时代开放大学发展策略

通过上述分析，不难看出开放大学富有鲜明的时代特色，其社会服务职能最为直接、服务对象最为广泛、服务内容最为繁多、服务时空最为全面、服务形式最为多样。为此，新时代开放大学发展需要在政府、社会和学校多方的合力推进下，做好统筹规划和顶层设计、发挥自身优势突出办学特色，在服务全民终身学习、大力提高国民综合素质和加快学习型社会建设中充分发挥主力军作用，在实践中可采取的实现策略概括为以下几个方面的内容。

一是做好统筹规划。建设并办好开放大学，做好顶层设计和统筹规划至关重要。首先，国家从战略高度进行统筹规划、做好顶层设计，各区域充分结合自身经济社会发展实际，制定并出台地方开放大学的发展规划，其中包括长期目标和近期推进计划；其次，办好开放大学作为一项系统性的复杂工程不可能一蹴而就，更不可能一步到位，必须采取分步实施、有序推进的发展策略，尤其是针对上述关键因素，需要形成多方合力、重点突破；再者，随着经济社会的快速发展和人民对美好生活期待的不断提高，开放大学服务社会的需求也在动态变化，为此各核心要素需要不断优化，适时调整发展规划，以更好地服务于全民终身学习的多样化需求。

二是突出办学特色。新时代开放大学的发展必须充分发挥自身优势、突出办学特色，使其成为名副其实的新型高等学校。首先，开放大学是一所真正没有围墙的大学，能将办学网络延伸到社区，在学历教育方面实行“宽进严出、注册入学”，非学历教育方面着重于国民综合素质的提升，并在学历教育与非学历教育之间搭建终身学习“立交桥”，有效拓宽全民成长成才的通道；其次，开放大学更加强调服务，国家发展战略、经济社会发展、全民终身学习以及学习型社会建设；再者，开放大学更加注重教育公平、机会均等，坚持教育普惠、对象全纳、开放共享。

三是发挥主体作用。开放大学的功能实现和作用发挥并非靠单兵作战，而是要在社会各界合力推进的多方中发挥主力军作用，在服务全民学习中发挥主体作用，在终身教育体系中发挥引领作用，在学习型社会建设中发挥枢纽作用。为此，这就需要在政府的大力主导下，通过联盟或契约等多种形式，与各级各类教育机构、企业行业等社会各界进行联合，并以制度化的形式上升为健康可持续发展的长效机制。

第三节　新时代开放大学发展憧憬

中国特色社会主义进入新时代，开放大学作为新型高等学校，各级开放大学在建设和发展中必须实现系统化整体推进，继承并发扬广播电视大学的独特优势，使其发展成为具有开放性、创新性、社会性等重要特征的新型高等学校，在我国终身教育体系构建和学习型社会建设中发挥主力军作用，做好顶层设计和发展规划，努力绘制出新型一流开放大学的发展蓝图。

一、新时代开放大学的重要特征

开放大学建设与发展恰逢中国特色社会主义进入新时代，为新型学校的发展创造了前所未有的机遇，同时也提出了更大的挑战。为此，开放大学未来发展必须强化其作为新型高等学校的重要特征，不断提升内涵发展，才能够不负时代所赋予的新使命，在服务全民终身学习和建设学习型社会中交出一份满意答卷。概括起来，新时代开放大学具有如下几个重要特征。

一是开放性。面向社会、面向全体社会成员开放办学是开放大学最为首要的特征，这一特征表现在多个方面。首先，开放大学是系统办学，纵向需要构建“省—市—区县—街镇—村居”五级终身教育体系，横向需要与各级各类教育沟通衔接，搭建终身教育“立交桥”，为人人成才提供更多通道；其次，开放大学以提高全体国民的综合素质为宗旨，需要有效整合、最大化共享和充分利用一切可以利用的社会教育资源，并通过线上线下多种途径为“人人、时时、处处”终身学习提供全时空的支持服务；再者，开放大学意在彰显教育公平、兼顾所有人群的多样化终身学习需求，尤其在职后教育的化解“工学矛盾”上需要不断创新，为实现人人“随时随地”终身学习提供可能。

二是创新性。办学理念先进、体制机制和育人模式不断创新是作为新型大学的核心所在，首先开放大学以人类教育史上最为先进的终身教育理念为引领，服务于最为广泛的全民终身学习在教育理念上创新；其次开放大学实行“宽进严出、注册入学”，力推终身学习成果的认定、积累和转换，育人模式不断创新；再者开放大学坚持现代信息网络技术与教育教学的深度融合，在教学模式上不断进行创新。

三是社会性。开放大学比其他任何学校更加具有鲜明的社会属性，首先因致力于服务全民终身学习，所以要紧跟经济社会发展和人民对精神文化生活的动态需求，提供与时代发展相适应的教育服务；其次开放大学所服务的人群大多为“社会人”，相对于国民教育体系的服务人群，需要更加关注社会需求，重在培养技能型、应用型人才；再者开放大学需要融入社会，办没有围墙的、家门口的大学，与行业企业、各类教育机构密切合作、共育人才。

二、在学习型社会建设中发挥主体作用

显然，学习型社会建设是一个不断优化、动态发展的过程，需要经济社会为其提供物质基础、需要社会各界的共同参与、需要开放大学充分发挥主力军作用，为全民终身学习和国民综合素质的提高做出积极贡献。在学习型社会建设中，新时代开放大学至少要在如下几个方面发挥主体作用。

一是成果认证中心。终身学习成果认定是学习型社会建设的关键所在，这一工作需要在政府的主导下，通过政策扶持、标准制定和制度发布，国家赋予开放大学实施学分银行建设职能，搭建终身学习“立交桥”。开放大学发展成为学习成果认证中心，为全民终身学习提供学分认定、积累与转换服务。

二是平台资源中心。新时代学习型社会建设必然依赖于丰富的优质教育资源和开放、便捷的综合性学习服务平台，首先开放大学需要整合、汇聚各类社会优质教育资源，其中包括课程资源、师资队伍、教学场所等服务于全民终身学习所需的教育资源；其次开放大学通过“终身学习在线”“学分银行信息管理平台”等综合性服务平台，为全民提供在线学习服务和终身学习档案管理等；再者开放大学需要通过标准制定和出台方案，统一资源制作标准、形成平台和资源共建共享的长效机制。

三是支持服务中心。无论是开放大学的开放性、社会性，还是创新性都更加强调其支持服务职能，首先开放大学在整合社会教育资源、实现各类教育的纵向衔接、横向沟通过程中，需要为各类教育机构提供服务；其次开放大学需要服务于全民终身学习的多样化需求，为其提供全时空的支持服务；再者开

放大学需要服务于国家发展战略，适应经济社会发展需要，不断提升内涵，进而促进社会治理的良性发展。

三、新时代一流开放大学发展蓝图

党和国家对开放大学建设无论是办学理念、功能定位、育人模式，还是发展目标、支持服务等，都是高点定位，尤其是站在新时代的高度展望开放大学未来发展，前景令人鼓舞。新时代一流开放大学的建设和发展应重点做好以下几个方面的工作。

一是功能多元。新时代开放大学坚持学历继续教育与非学历继续教育并重，积极搭建终身教育“立交桥”，更好地服务于全民终身学习和学习型社会建设，由此足以看出新时代开放大学功能的多元化，未来发展需要实现资源整合、育人创新、社会服务，尤其是其功能的多元性还会随着经济社会的发展和全民终身学习需求的动态变化而更加丰富。

二是理念先进。以终身学习理念为引领，是新时代开放大学区别于其他学校的最为显著的特征；搭建终身学习“立交桥”以有效拓展人人成长成才的通道，是新时代开放大学先进育人理念的重要体现；服务全民终身学习是新时代开放大学坚持“以人民为中心”的服务理念的具体体现。

三是服务完善。为全民终身学习提供完善的支持服务是新时代开放大学的根本宗旨，首先开放大学要为所有人群提供全时空的终身学习服务，尤其是需要更加关注老年人群、弱势群体、农村边远地区，推崇终身教育的公益性、普惠性和全纳性；其次开放大学通过现代信息技术与教育教学的深度融合，采取线上线下同步、优势互补模式，为全民终身学习提供全时空的支持服务；再者开放大学所提供的服务是全方位的，不仅包括教育教学过程中的答疑解惑，而且还包括学习全程的“助学、导学、促学、督学”等支持服务，以及学习能力的培养、综合素质的提升，等等。

第四节　山东开放大学建设实践与探索

早在《山东省中长期教育改革和发展规划纲要（2011—2020年）》中就明确提出：办好开放大学。多年来，山东广播电视大学协同全省电大系统一直为建设山东开放大学积极实践与探索，尤其是教育部出台《关于办好开放大学的意见》后，对标思进、集思广益、调研论证、制定方案、加快推进。2018年，山东广播电视大学第三次党代会提出了“抢抓机遇，深化改革，转型跨越，砥砺前行，在我省构建终身教育体系和建设学习型社会中发挥骨干作用，为建成新时代一流开放大学而不懈奋斗！”的规划目标。

一、山东开放大学建设现状

多年来，建设山东开放大学成为了山东广播电视大学转型发展的奋斗目标，并为之不断加强内涵建设、全面提升办学能力、积极面向全省大力开展社区教育、为山东全民终身学习提供支持服务等，同时，山东开放大学建设也得到了省委省政府和省教育厅的大力支持。但是，受全国开放大学转型发展大环境的影响，再加上开放大学本身作为新型高等学校需要众多创新性，建设进程相对较慢。概括起来，山东开放大学建设现状主要包括以下几个方面的内容。

一是取得的成绩。在实践中，山东广播电视大学根据教育部《关于办好开放大学的意见》，成立了山东开放大学建设领导小组和工作机构，将开放大学建设的主要任务进行细化分解，从专业课程、师资队伍、办学系统、信息技术、学分银行、制度建设等各方面扎实推进。制定了山东开放大学章程、建设方案和论证报告，并通过省教育厅上报给省政府，提交到教育部进行申请备案。同时，省政府参事张德宽、齐秀生、亓同秋等三位同志到学校深入调研论证，共同向省教育厅提交的《关于加快推进山东开放大学建设的建议》认为：

目前充分发挥山东广播电视大学已有的办学系统优势、数字化学习资源优势和质量保证体系优势，整体创建山东开放大学的时机已经成熟，应加快推进山东广播电视大学转型升级为山东开放大学。

二是存在的不足。山东开放大学的建设任重而道远，虽然呼声愈来愈高、建设工作也在扎实推进，但是依然有诸多方面需要进一步提升。首先，全省电大系统尤其是市县层面缺乏独立办学权，在推进地方开放大学建设中积极性不高、动力不足；其次，当前整体发展水平与《关于办好开放大学的意见》的目标要求还存在着一定差距，有待全方位提高；再者，社会各界对开放大学建设的支持力度不够，全民终身学习氛围不浓。

三是制约因素。在实践中，开放大学建设受到诸多因素的影响和制约，首先，虽然教育部出台了《关于办好开放大学的意见》，但是国家对现有广播电视大学整体转型开放大学尚没有具体的实施细则和推进方案；其次，由于现有广播电视大学是基于系统办学，各地发展情况和建设基础差别较大，使得整体转型开放大学难度较大；再者，转型升级后的开放大学在功能定位、服务面向、管理体制等方面较之以前必然有质的提升，因此实现起来不可能一蹴而就。

二、山东开放大学建设的核心要素

建设山东开放大学是适应经济社会发展需要、顺应新时代发展潮流、迎合人民对美好精神文化生活期待的利好工程。经过全省电大系统四十多年的积累已具备创建基础，目前，在省政府的大力支持和省教育厅的关心指导下，山东开放大学的建设工作正在有序推进，在实践与探索中明确了重点任务、制定了实施方案，紧紧围绕所需的核心要素加快推进。

一是建设基础。一直以来，山东广播电视大学以“互联网+教育”模式全面推进教育信息化，强化支持服务功能，积极构建全省远程教育公共服务体系，建成了山东终身学习公共服务平台，实现了教学、管理、服务的一体化。2016年，山东广播电视大学获批成立山东省社区教育指导服务中心，面向全省开展社区教育、老年教育，服务全民终身学习。2019年，山东老年开放大学的挂牌成立将积极推动老年教育向着“更普惠、更便捷、更优质”的方向迈进。

二是工作进展。省政府参事提请了《关于加快推进山东开放大学建设的建议》，学校向省教育厅提交了《关于山东广播电视大学更名为山东开放大学的请示》，通过省教育厅向省政府提交了《山东开放大学建设方案》和《山东开放大学建设论证报告》。同时，山东广播电视大学“十三五”发展规划和第三次党代会均将建设山东开放大学作为首要任务加以推进，并将建设任务进行分解细化落实到各相关部门。

三是重点任务。新时代山东开放大学在功能定位、办学形式、管理体制等方面都需进行实践创新，并将其落实到各项重点建设任务上，主要包括了重塑办学体系、强化师资队伍建设、营造数字化学习环境、创新开放办学模式、推进学分银行建设以及完善质量保障制度等。

三、未来发展策略建议

在实践中，建成并办好新时代一流开放大学，关键是要解放思想，以开放的理念、一流的意识、实干的态度和创新的精神，精准定位、共建共享、改革创新从而实现开放发展。为此，需要科学规划、统筹设计、系统推进，积极争取政府支持，营造良好社会氛围，不断加强自身内涵建设，强力推进山东开放大学建设有序进行。

一是发展规划。《山东省中长期教育改革和发展规划纲要（2011—2020年）》明确提出“整合各类成人教育资源、加强广播电视大学开放教育，办好开放大学”，《山东省中长期教育改革和发展规划纲要（2011—2020年）》特别强调“整合各类成人教育资源，加强广播电视大学开放教育，办好开放大学”。而在《省教育厅等九部门转发教育部等九部门关于进一步推进社区教育发展的意见的通知》明确要求“依托山东广播电视大学，组建山东开放大学，开展学历教育和非学历教育。各市也要根据当地的实际需要，新建或者依托广播电视大学分校建设山东开放大学分校，各县（市、区）可以对现有的广播电视大学工作站与其他成人教育机构或社会资源进行重组，也可以依托职业教育学校（中心）建立县级社区教育学院，并在乡镇（街道）建立社区教育中心学校，在村（居）建社区学校，形成覆盖全省城乡的五级社区教育网络。要充分发挥其覆盖全省的教育网络优势，推进全省社区教育、老年教育，促进终身教育体系和学习型社会建设。”同时，山东省教育厅已将山东广播电视大学改建为山东开放大学列入了高校设置“十三五”规划。

二是发展策略。新时代山东开放大学建设必须紧跟全国开放大学发展步伐，服务国家发展战略和山东经济社会发展，首先政府的大力支持和教育主管部门的关心指导是加快山东开放大学建设的重要保障；其次社会各界的共同关注和多部门的合力推进是整合利用社会优质教育资源服务全民终身学习，有效实现山东开放大学的重要前提；再者山东广播电视大学为实现转型发展制定了建设新时代一流开放大学“一三六”战略①。

三是重点举措。山东开放大学建设正在按照教育部《关于办好开放大学的意见》所明确的“十二项主要任务”多措并举、有序推进。首先，办学定位坚持以终身教育理念为引领，以服务全民学习、终身学习、促进人的全面发展为宗旨，建设成为在山东省终身教育体系和学习型社会中发挥骨干作用的新型高等学校；其次，坚持“四个服务面向”②大力开展学历继续教育和非学历继续教育；再者，按照“统一规划、共享平台、资源整合、分工协作、各具特色”总原则，重塑办学体系，坚持准入退出、动态开放、优化运行、共建共赢的机制，不断增强办学体系的活力和凝聚力。

---

① 即实现一个目标：全面建成多元化、有特色、高水平的山东开放大学，为建成新时代一流开放大学奠定坚实的基础；推进三大建设：内涵建设、组织体系建设和实体建设；打赢六大攻坚战：信息化应用提升攻坚战、山东省终身教育学分银行建设攻坚战、社区教育拓展提升攻坚战、“素质提升工程”品牌塑造攻坚战、特色专业与优质课程资源建设攻坚战、人才强校攻坚战。

② 面向基层、面向行业和企业、面向农村和基层社区、面向全体社会成员。

第十一章 新时代老年教育发展策略

党和国家高度重视老龄工作，积极推动老年教育事业快速发展。2016年，国务院办公厅出台的《老年教育发展规划（2016—2020年）》特别强调“老年教育是我国教育事业和老龄事业的重要组成部分”。新时代老年教育有了更高需求，大力发展老年教育，是积极应对人口老龄化、实现教育现代化、建设学习型社会的重要举措，是满足老年人多样化学习需求、提升老年人生活品质、促进社会和谐的必然要求，是用好老年人这一宝贵财富，充分发挥老年人的智力优势、经验优势、技能优势，为其参与经济社会活动搭建平台的有效途径。在我国老年教育事业发展中，老年开放大学和社区老年教育已成为新时代破解老年教育需求矛盾的重要途径和创新实践，应重点扶持、加快发展、提升内涵，以更好地服务于老年人多样化的终身学习需求。

《国务院办公厅关于推进养老服务发展的意见》（国办发〔2019〕5号）明确提出“大力发展老年教育”：优先发展社区老年教育，建立健全“县（市、区）—乡镇（街道）—村（居委会）”三级社区老年教育办学网络，方便老年人就近学习。建立全国老年教育公共服务平台，鼓励各类教育机构通过多种形式举办或参与老年教育，推进老年教育资源、课程、师资共享，探索养教结合新模式，为社区、老年教育机构及养老服务机构等提供支持。积极探索部门、行业企业、高校等举办老年大学服务社会的途径和方法。

在实践中，新时代老年教育发展必须坚持“党委领导、政府主导、社会参与、全民行动”的老龄工作方针，以扩大老年教育供给为重点，以创新老年教育体制机制为关键，以提高老年人的生命和生活质量为目的，整合社会资源、激发社会活力，提升老年教育现代化水平，让老年人共享改革发展成果，进一步实现“老有所教、老有所学、老有所为、老有所获、老有所乐”，努力形成具有中国特色的老年教育发展新格局。

第一节　新时代老年教育发展概述

当前我国正加速步入老龄化社会，预计到2025年老年人口将达到3亿，未来20年我国人口老龄化形势将更加严峻，特别是老年人对美好精神文化生活的向往和终身学习需求增长加快，发展老年教育的形势和任务更加紧迫。老龄化社会程度的日益加剧，促使老年教育的供需矛盾更加突出，虽然我国老年教育事业取得了长足发展，但相对于老年人与日俱增的多样化学习需求，新时代老年教育事业任重而道远。近年来，党和国家高度重视老年教育，各级政府也纷纷出台文件大力支持老年教育事业发展，为新时代老年教育更快更好发展提供了前所未有的机遇，同时也赋予了老年教育更加艰巨的新使命。

一、老年教育发展现状

积极应对老龄化，教育是关键。文化养老、教育养老是新时代老年人所急需，也是“积极老龄化”之道。目前，各级政府对老年教育事业发展越来越重视，尤其是在国务院出台《老年教育发展规划（2016—2020年）》后，各地纷纷结合本省实际制定并出台了富有针对性和操作性的“加快发展老年教育的实施意见”，为本区域新时代老年教育健康发展指明了方向、明确了目标、提供了保障。当然，现阶段老年教育发展中依然存在着诸多问题，如老年教育的需求矛盾没有得到有效缓解、低水平发展没有得到有效提升、发展不平衡较为突出以及长效发展的体制机制没有真正形成等。为此，需要适应新时代老年人群对美好生活的期待，针对本地区老年教育发展新需求，做好发展规划和实施方案，全社会共同参与，为实现“老有所乐、老有所学、老有所获”的“幸福养老”做出积极贡献。概括起来，我国老年教育发展现状包括如下几个重要方面的内容。

一是取得的成绩。进入二十一世纪，在各级政府的大力倡导和全社会的共同努力下，我国老年教育事业发展取得了明显的成效，目前有近千万老年人在老年大学等机构学习，有数千万老年人通过社区教育、远程教育等各种形式参与终身学习，初步形成了多部门推动、多形式办学的老年教育发展格局。尤其是，在部分先进地区已率先开始积极探索“医、养、教”融合发展的新模式，将保健、养老与学习有机结合，推进医养教一体化发展，提供康复养老教育一体化服务，实现了新时代老年教育的创新发展。同时，老年开放大学和社区老年教育蓬勃发展、初具规模、成效显著，已发展成为扩大老年教育供给、拓展老年教育实施路径的有效手段和重要途径。多种老年教育措施并举，意在实现把老年教育办在老百姓“家门口”，让老年人体验到呆在家里和走出家门都可以参加学习的便利，推动新时代老年教育向着“更普惠、更便捷、更优质”的方向迈进。

二是存在的问题。当前我国老年教育与新时代老年人群对美好精神文化生活的向往和期待还存在着较大差距，在发展过程中面临着一系列问题，如老年教育资源供给不足、发展内涵有待提高，城乡、区域间发展极不均衡，老年教育组织网络体系和保障体制机制均不够健全，多部门之间的合作与分工亟待加强，参与学习的老年人群覆盖面需要进一步拓展，等等。为此，新时代老年教育发展需要科学规划、系统推进、全面提高，以更好地服务于老年人群多样化的终身学习需求。

三是发展的需求。新时代老年教育需求不仅更加多样化而且要求也越来越高，同时随着老龄化社会的加剧，老年教育的供需矛盾日益凸显。做好老龄事业、开展好老年教育工作已经上升为国家战略，关系到社会长治久安、家庭和谐美满、个人幸福养老。在实践中，老年人群作为社区教育服务的重点人群，有着特定的学习需求，应将老年教育纳入社区教育统一规划，实现资源共享、重点突破、协同发展。

二、新时代老年教育的责任担当

新时代老年教育发展，应以扩大老年教育供给为重点，以创新老年教育体制机制为关键，以提高老年人的生命和生活质量为目的，整合社会资源、激发社会活力、形成发展合力，不断提升老年教育现代化水平，让老年人共享改革发展成果，进一步实现“老有所教、老有所学、老有所为、老有所乐”，努力形成具有中国特色的老年教育发展新格局。概括起来，老年教育的责任担当至少做到如下几个方面。

一是服务于老龄化社会。老龄化已成为我国社会发展的现实问题，老龄工作的妥善安排在经济社会发展中愈发重要，大力发展老年教育已成为破解老龄工作难题、服务老龄化社会健康发展的重要途径。新时代老年教育在实施“老有所为行动计划”，积极开发老年人力资源，促进老年教育与相关产业联动，实现家庭幸福安康，助力社会和谐发展等方面将大有作为。

二是实现医养教一体化。在老年人对美好生活的诸多期待中，养生保健、幸福养老和素养提升将是最为强烈的需求，尤其是三者的统筹和兼顾已成为老龄工作的最高追求。为此，新时代老年教育需要整合利用保健院、社区老年人日间照料中心、老年养护院、社会福利院、老年教育机构等相关社会资源，积极推动老年教育融入养老服务体系，并提供休闲养生康复保健一体化服务，实现保健、养老、教育的融合式协调发展。

三是开发老年人力资源。随着人均寿命的延长和健康水平的不断提高，老年人群中的相当一部分人精力旺盛，并乐于为社会发挥余热，尤其热衷于参与公益事业。为此，在老年教育发展中，可以为老年人参与经济社会活动搭建平台、提供教育支持，充分发挥老年人的智力优势、经验优势、技能优势，大力开发和充分利用老年人这一宝贵的人力资源财富，为早日实现中华民族伟大复兴"中国梦"贡献新的力量。在实践中，应积极鼓励老年人利用所学所长积极服务社会、奉献社会，尤其是发挥其在传承中华优秀传统文化、引导全社会培育和践行社会主义核心价值观等方面的积极作用，彰显长者风范。

三、新时代老年教育发展的新机遇

新时代，党和国家将老年教育事业提升到前所未有的高度，老年人群对精神文化生活也提出了更高要求，老年教育供需矛盾更加突出；同时，进入老龄化社会，老年人群已成为全社会共同关怀的重要群体，理应在"医养教"等方面得到应有的服务，老龄工作急需与相关产业联动发展，这均为新时代老年教育发展提出了新需求、提供了新机遇，概括起来主要体现在如下几个方面。

一是党和国家高度重视。早在2010年《国家中长期教育改革和发展规划纲要（2010—2020年）》中就明确提出"重视老年教育"，到2016年国务院办公厅出台专项文件《老年教育发展规划（2016—2020年）》强调"发挥政府在制定规划、营造环境、加大投入等方面的作用，统筹协调各部门老年教育工作"，并提出从加强组织实施、推动法规制度建设、完善经费投入机制等方面为老年教育事业发展提供保障。通过上述文件的反复强调，足以看出党和国家对老年教育的高度重视。在此背景下，各省级政府结合当地经济社会发展实际和老年人群学习需求，纷纷出台了关于"加快发展老年教育的实施意见"，大力倡导老年教育发展，营造了良好的社会氛围。

二是学习需求日益强烈。新时代，老年人群在物质生活不断提高的基础上对精神文化生活提出了更高的要求，尤其是在"养、医、体、文"等一体化服务上提出更高的综合性诉求，参与终身学习的诉求更加强烈，对老年教育内容和形式有了更多的期待。他们希望能通过老年教育提高自我生活品质，发挥自身余热奉献社会，实现人生价值。

三是相关产业联动发展。老年教育的推进，带动了相关产业的联动发展，如养老服务、老年游学、隔代教育、医疗护理以及养生保健等。围绕老年教育的多产业融合式发展、一体化服务成为新时代老年教育的创新模式和最大亮点，为老年教育向纵深高质量发展提供了平台和途径，而且能够有效整合社会资源、形成合力促使新时代老年教育健康快速可持续发展。

第二节 新时代老年开放大学建设

现有的老年教育虽然有社会多方的积极参与，办学形式也丰富多样，但是多为传统的部门、行业企业、高校等面向体系内部举办的职工老年学校，重点服务于本单位、本系统的离退休职工，未能真正实现面向全社会老年人群。因此，当前的老年教育受众面较小，参与率和覆盖面较低，无法有效满足多数老年人的受教育诉求。尤其是随着老龄化社会的加剧，老年教育供需矛盾日益突出，传统老年大学依然“一座难求”，据统计90%以上的社会老年人仍未享受到应有的受教育权利。为此，需要借助于信息技术服务老年教育以及实施远程老年教育推进计划，以有效扩大老年教育资源供给。

在实践中，许多国家通过兴办第三年龄大学、推动社区老年人互助学习、倡导老年人利用网络自主学习等多种形式发展老年教育。我国《老年教育发展规划（2016—2020年）》明确提出：推动开放大学和广播电视大学举办“老年开放大学”或“网上老年大学”，并延伸至乡镇（街道）、城乡社区，建立老年学习网点。针对新时代老年开放大学建设，必须有明确的功能定位，集中优势资源落实建设重点，采取分步实施、有序推进的策略加快发展，尤其要将教育教学与现代信息技术深度融合，通过“线上多维平台+线下学习中心+个性化支持服务”一体化发展模式，把老年大学办到老年人的家门口。自2015年1月国家开放大学老年开放大学正式成立后，全国开放大学（广播电视大学）体系主动作为，截至目前相继成立的专门老年教育机构如下表。

开放大学（电大）体系设立老年教育机构一览表

序号	成立老年教育机构	依托单位名称	序号	成立老年教育机构	依托单位名称
1	国家开放大学老年开放大学	国家开放大学	9	福建老年开放大学	福建广播电视大学
2	北京开放大学老年大学	北京开放大学	10	河南老年开放大学	河南广播电视大学
3	内蒙古老年开放大学	内蒙古广播电视大学	11	湖南老年开放大学	湖南广播电视大学
4	大连老年开放大学	大连广播电视大学	12	广东老年开放大学	广东开放大学
5	吉林老年开放学院	吉林广播电视大学	13	广州老年开放大学	广州广播电视大学
6	黑龙江老年开放大学	黑龙江广播电视大学	14	青海老年开放大学	青海广播电视大学
7	浙江老年开放大学	浙江广播电视大学	15	江西老年开放教育学院	江西广播电视大学
8	南京老年开放大学	南京广播电视大学	16	国开（山东）老年开放大学	山东广播电视大学

一、新时代老年开放大学的功能定位

国务院出台的《老年教育发展规划（2016—2020年）》明确提出了五项重点推进计划，其中的“远程老年教育推进计划”具体要求为：探索以开放大学和广播电视大学为主体建设老年开放大学，开发整合远程老年教育多媒体课程资源。推动有条件的省（区、市）老年大学、开放大学和广播电视大学建设具有地方特色的示范性老年教育体验基地。在实践中，新时代老年教育依托于广播电视大学系统中的社区教育办学网络体系积极建立老年开放大学，同时通过老年学习网和适合老年人学习的移动APP，实现“线上线下”融合式发展，有效扩大老年教育资源的供给，积极引领社区教育的内涵式发展，更好地服务于我国老龄工作。新时代老年开放大学的核心功能定位概括为如下几个主要方面。

一是扩大老年教育资源供给。充分利用广播电视大学（开放大学）系统的办学网络体系和远程教育，将老年教育作为重点工程纳入到社区教育内涵式发展之中，构建完善的办学网络和支持服务体系，以不断，更好地服务广大老年人群，已成为当前有效扩大老年教育资源供给、提高老年教育的可及性、破解老年教育供需矛盾、促使新时代老年教育健康发展的有效途径和最佳选择。

二是实现线上线下融合发展。充分发挥“互联网+”教育优势实现信息技术与教育教学的深度融合，是老年开放大学的亮点和特色，也是新时代老年开放大学功能发挥的关键所在。同时，网络在线学习必须与实体办学体系的线下教学有机结合、相互融合、密切配合，以实现优势互补、同步推进、协调发展，为老年人参与终身学习提供多样化的选择。在实践中，尤其需要大力建设和推广富有特色的老年教育体验基地和示范项目，为老年人的“幸福养老”提供“医、养、学”一体化服务，积极引导老年人参与体验式学习，增强老年人学习过程的主动性和内动力，不断提高学习过程的获得感和幸福感。

三是引领社区教育内涵发展。老年人群作为社区教育的重点服务对象，因学习需求强烈、参与积极性高、人群愈加庞大等因素使得老年教育发展成为社区教育的重要领域。老年开放大学以发展好、实现好老年教育为己任，并通过体验基地、实验基地、示范基地的实践与探索，在资源整合、平台搭建、品牌培育、支持服务等方面大胆尝试、敢于创新、动态优化，为服务全民终身学习不断积累经验，进而引领社区教育的内涵式发展。

二、新时代老年开放大学建设重点

新时代老年开放大学的定位是新型老年大学，在现有各级各类开展老年教育的机构生态下，老年开放大学依托广播电视大学并充分发挥其系统优势，整合利用社会老年教育资源，运用信息技术服务老年教育，为老年人学习提供完善的支持服务。其重点建设的内容概括为如下几个方面。

一是整合利用老年教育资源。在现有广播电视大学搭建的社区教育组织网络体系基础上，通过联盟、协会、框架协议等多种形式与各类教育机构合作共建，促进社会老年教育资源面向全体老年人群开放共享，并积极探索和充分运用“互联网+”教育的有效模式开展老年教育，为全体老年人创造良好的学习条件、提供均等的学习机会、做好全程学习支持服务。创新实践将老年开放大学的办学体系延伸到边远农村和基层社区，畅通学习渠道，方便就近学习，办好家门口的老年教育。

二是运用信息技术发展老年教育。新时代老年开放大学需要创新教育载体、拓展学习通道、提高教育资源的可及性，大力开展现代远程老年教育。首先，搭建“学习网站、移动APP、微信公众号”三位一体的公共学习服务平台，实现多终端的学习同步和实时自适应，为老年人参与终身学习提供多样化的选择；其次，通过平台优化，不断汇聚、整合和充分利用优质数字化教育资源，并按照老年人的喜好进行合理分类展示，实现通识课程资源的推送和个性化课程资源的订阅，让数字化学习成为老年人的日常习惯；再者，为老年人开通学习空间，建立个人终身学习档案，记录学习成果，充分利用大数据、人工智能等现代信息技术手段为老年人提供“助学、导学、促学”服务，让老年人体验到数字化学习的便捷和快乐，激励老年人积极参与终身学习。

三是完善支持服务体系。新时代老年开放大学更加强调教育过程的支持服务，无论线下的实体办学还是网络在线学习，完善的支持服务体系是顺利开展老年教育的重要保障，在老年人学习过程中具有重要作用。尤其在推广应用数字化学习中，可通过建设数字化体验中心、实验示范老年教育基地等方式，大力开展体验式学习，并为学习全过程提供全时空的支持服务，有效引导老年人群“乐于、享于”数字化学习。

三、新时代老年开放大学发展策略

通过上述分析，根据老年开放大学的功能定位，梳理、明确其建设重点。在实践中，必须适应新时代经济社会发展要求，更好地满足老年人多样化的学习需求，新时代老年开放大学发展需要与社区教育同步推进、与开放大学协调推进，按照科学规划、重点突破、分步实施的原则，促使“社区教育、开放大学、老年开放大学”一体化、融合式发展。推进过程中可以采取如下几个方面的发展策略。

一是与社区教育同步推进。新时代老年开放大学是开展老年教育的新型学校，而老年教育是服务于老年人终身学习的教育形态，应将其纳入社区教育的范畴，一方面是因为老年人群是社区教育服务的重点人群，另一方面在我国大部分地区老年开放大学和社区教育的实施主体均为广播电视大学（开放大学）系统。所以，老年开放大学发展应与当地社区教育同步推进，以实现资源共享、平台共用、成本共担、体系共建。同时，在老年教育创新发展工作中，老年开放大学可以发挥引领示范作用，有效带动当地社区教育的内涵式发展。

二是与开放大学协调推进。老年开放大学是重点服务老年人群的办学形式，属于开放大学服务全民终身学习的重要内容，鉴于老年开放大学的重要性和特殊性这里将其独立为一种新型办学形式。为此，新时代老年开放大学发展必须纳入当地开放大学建设与发展框架之下，与开放大学协调推进，实现两者的相互促进、互为基础、相得益彰。

三是分步实施、有序推进。新时代老年开放大学同样是一项系统性的复杂社会工程，随着社会老龄化程度的不断加剧，老年教育供需矛盾的日益突出，建设并办好老年开放大学不可能一步到位，必须做好统筹规划和顶层设计，采取分步实施、有序推进的发展策略。尤其是要实现与社区教育、开放大学的同步发展、协调发展和一体化发展。

第三节 新时代社区老年教育

国务院办公厅印发的《老年教育发展规划（2016—2020年）》特别强调“优先发展城乡社区老年教育”，同时明确要求不断完善基层社区老年教育服务体系，方便老年人就近学习，整合利用社区教育资源，开展老年教育活动；发展农村社区老年教育，有效整合乡村教育文化资源，以村民喜爱的形式开展适应农村老年人需求的教育活动。积极推进城乡老年教育对口支援，鼓励发达地区以建立分校或办学点、选送教师、配送学习资源、提供人员培训等方式，为边远地区和农村社区老年教育提供支援。

新时代，大力发展社区老年教育，是提高老年教育资源的可及性、实现老年人学习机会均等、破解老年教育供需矛盾的有效途径和重要载体。在实践中需要充分结合我国社区教育发展现状，针对影响和制约新时代社区老年教育发展的关键因素，采取切实有效的发展策略，更好地服务于社区老年教育的健康发展。

一、社区老年教育发展现状

近年来，基层社区和农村的老年教育引起了社会各界的高度重视，得到了快速的发展，但是相对于中心城市的老年教育来说，还存在较大差距而且问题比较突出。为此，新时代老年教育应加大城乡统筹力度，可以通过城乡结“帮扶对子”的方式加大对社区老年教育的支持力度，以城带乡，实现城乡老年教育一体化协调发展。当前社区老年教育发展现状概括为如下几个主要方面的内容。

一是取得的成绩。我国社区老年教育在各级政府积极倡导和大力支持下，得到了较大发展。首先，在国家老龄工作的积极推动下，社区老年教育引起了各级政府的高度重视，并出台相关政策积极引导向社区增加老年教育资源供给；其次，在发展中涌现出一些先进典型，在社区老年教育发展中发挥了引领示范作用，很好地带动了区域社区老年教育的快速发展；再者，社区老年教育的发展大大丰富了老年人的精神文化生活，为社区和谐、家庭和睦、幸福养老做出了积极贡献，产生了良好的社会效益。

二是存在的问题。当前社区老年教育发展依然存在着诸多问题，严重影响和制约了其健康可持续发展。首先，终身学习理念的宣传不到位，还有相当部分的社区老年人参与学习的意识不强，学习需求未能得到有效引导，学习的积极性不高；其次，社区老年教育虽然在一些地区开展的红红火火，但是大部分地区仅是刚刚起步，没有形成长效发展机制，地区之间发展极不平衡；再者，教育资源严重缺乏是当前社区老年教育发展普遍存在的问题，致使老年人无法正常在居住区就近获得优质的教育资源，零星、离散、碎片式的老年教育资源无法满足新时代老年人的终身学习需求。

三是发展的需求。针对现实中存在的问题，新时代社区老年教育需要精准把握发展需求并做好发展规划和实施计划。首先，农村老年教育需要以养生保健、医疗护理、隔代教育等方面为重点增加教育资源供给；其次，基层社区老年教育需要以文化艺术、园艺花卉、家政游学、家庭理财等方面为重点增加教育资源供给；再者，针对特定老年人群如行动不便、高龄人群等，需要探索"医养教"相结合的教育新模式，以增加相关资源供给。

二、制约社区老年教育发展的关键因素

由于地处老年教育服务体系的末端，在当前老年教育资源供给本身不足的情况下，农村和基层社区的老年教育发展更是严重滞后，尤其是所需"人财物"的缺乏严重制约了其健康发展。同时，当前老年人群的文化程度普遍不高而且差别较大，使得其对精神文化生活的需求不高而且不明确，再加上基层政府对终身学习理念的宣传不到位，这些因素均不同程度地影响和制约着新时代社区老年教育的健康发展和内涵建设。概括起来，影响和制约新时代社区老年教育发展的关键因素主要有如下几个方面。

一是理念宣传。终身学习理念的大力宣传和全民学习氛围的营造，是促使社区老年教育快速发展的有利社会环境。目前农村和基层社区老年人的业余活动仍然更多的停留在聊天、打牌、打麻将，甚至足不出户地看电视，主动参与学习的意识淡薄、积极性不高。究其原因主要是基层政府针对老年人群参与学习的新理念宣传不够，"人人学习、终身学习"的社会氛围没有真正形成。

二是需求引导。随着物质生活水平的不断提高，基层社区包括农村的老年人群越来越多地对精神文化生活有了更高追求，但是参与终身学习的需求相

对分散、模糊、多变。为此，发展社区老年教育需要及时对老年人的学习需求进行引导和激发，并为其提供或链接到相应的老年教育资源，开展需求调研论证等，这些工作将为制定当地社区老年教育发展规划提供有力依据。

三是资源供给。在当前老年教育供需矛盾日趋加剧的现实情况下，社区老年教育资源更是严重缺乏，已成为影响和制约其健康发展的关键因素。为此，需要通过多途径、多方式增加老年教育资源供给。首先，充分挖掘、整合、利用当地老年教育资源，实现与本区域社区教育的资源充分共享；其次，融入老年开放大学体系，充分利用其平台和资源更好地服务于当地社区老年教育内涵式发展；再者，与中心城市或先进地区结成“帮扶对子”，通过“送教下乡”有效增加社区老年教育资源供给，实现共享优质教育资源。

三、新时代社区老年教育发展策略

新时代老年教育供给的增量重点应更多地放在基层和农村，形成以基层社区和农村老年人学习需求为导向的老年教育供给模式，不断优化城乡老年教育布局，实现一体化、融合式发展，促进老年教育与经济社会协调发展。为满足新时代老年人对美好精神文化生活的期待和向往，在实践中应重点开设养生保健、文化艺术、信息技术、家政服务、医疗护理、园艺花卉、传统工艺等专业特色的老年教育课程，为社区、老年教育机构及养老服务机构等积极提供支持服务，积极探索医养教结合新模式，实现“文化养老”。概括起来，新时代社区老年教育发展可以采取如下几个方面的策略。

一是办家门口的乐学之家。大力提高基层社区和农村老年人对教育资源的可及性应是新时代老年教育发展的当务之急，通过整合利用乡镇成人文化技术学校、社区文化活动中心、社区科普学校等社会教育资源，为开展丰富的老年教育活动创造有利条件。同时，将老年开放大学的办学点延伸到基层和农村社区，通过多种途径为老年人学习提供更多可供选择的机会，方便就近学习，并为老年人学习提供全程的支持服务，切实办好家门口的老年人“乐学之家”。

二是对口帮扶、送教下乡。基层老年教育资源毕竟有限，而且短期内很难一步到位，在实践中除了采取资源整合与共建共享之外，“对口帮扶、送教下乡”应该是最为行之有效的发展策略。“对口帮扶”即老年教育发展比较成熟的中心城市与基层社区和农村结成帮扶对子，“送教下乡”则指直接送教到基层，实现一对一的帮扶与支持。这种方法不仅将成熟的教育项目、优质的学习资源和完善的支持服务等配送到社区，同时选送优秀教师还为基层提供人员培训等支持，为实现新时代老年教育的城乡一体化发展做出重要贡献。

三是示范引领、有效激励。近年来我国的社区老年教育发展中涌现了一批先进典型，在资源整合、活动开展、师资队伍、支持服务、品牌培育等方面进行了创新发展。可以通过大力宣传和推广这些典型地区或单位的先进做法和成熟模式，充分发挥其示范引领作用，以更好地带动其他地区社区老年教育的快速发展。同时，在社区老年教育发展中还可以通过学习过程积分、学习成果展示、学习先进评选等方式，有效激励老年人参与学习的积极性和内动力，以身边人的典型学习故事带动更多地老年人积极参与终身学习，让学习成为老年人的一种生活方式。

第四节　山东老年教育实践与探索

山东老年教育起步较早，1983年9月17日山东省建立全国第一所老年大学“山东省红十字会老年大学”。经过30多年的发展，山东老年大学现有10个校区、2万多名学员，成为引导、服务老年人学习新知识新技能的新型养老场所。同时，山东广播电视大学协同全省电大系统在建设山东开放大学、服务全民终身学习过程中，将老年人作为重点服务人群积极推进山东老年开放大学建设。为共同推进山东老年教育快速健康发展，山东广播电视大学和山东老年大学签订了战略合作框架协议，以形成发展合力，实现强强联合。

一、山东老年教育发展现状

经过数十年的经验积累和实践探索，山东老年教育在山东老年大学和山东电大系统的引领下，为满足山东老年人精神文化生活需求、促进“和谐山东”建设做出了积极贡献，产生了良好的社会成效。但是，由于山东老年人数量位居全国前列，而且社会老龄化不断加速，致使老年教育供需矛盾依然严峻，在老年教育内涵式发展中同样受到诸多因素的影响和制约。概括起来，山东老年教育发展现状归纳为如下几个方面的内容。

一是取得的成绩。山东省政府高度重视老年教育发展，2018年山东省人民政府办公厅印发的《关于加快发展老年教育的实施意见》(鲁政办发〔2018〕7号)将老年教育提高到前所未有的高度。山东老年大学的课程设置实现了现代知识与传统文化有机融合，共设有70多个专业、700多个教学班。2016年，山东省教育厅批复山东广播电视大学为全省首批老年教育试点高校，并面向全省电大系统遴选了31所学校作为老年教育试点单位。试点单位经过三年多的实践探索，积累了一定的经验、取得了一定的成绩，为下一步深入开展老年教育奠定了良好基础。

二是存在的不足。当前山东老年教育发展与新时代老年人对美好精神文化生活的期待还存在着较大差距。首先，由于老年人的基数较大、增长较快，而现有老年教育资源有限，致使目前老年教育的供需矛盾依然十分突出，甚至出现“一座难求”的现象；其次，老年教育发展极不平衡，区域之间、城乡之间均存在着不平衡性；再者，用于老年教育的专项经费、人员场地、平台资源等各项保障还不到位。

三是制约因素。在实践中，诸多因素影响和制约了山东老年教育的内涵式发展。首先，老年教育资源供给不足，针对社会老年教育资源整合、利用的体制机制没有形成；其次，老年人参与学习的途径、方式比较单一，可选择性不强；再者，远程老年教育和社区老年教育没有得到足够重视，与老年人多样化的学习需求不相适应。

二、老年教育发展亮点纷呈

近年来，山东老年教育取得了长足发展，从各级政府的高度重视，到各级教育机构的合力推进，再到老年人参与学习的人数，老年教育的关注度与发展程度都得到了空前的提高。政府的一系列行动为实现山东老年人教育养老、文化养老、医学养有机融合的新时代“幸福养老”做出了积极贡献，老年教育亮点和特色主要有如下几个方面。

一是山东老年大学。山东老年大学正在从“办得最早”迈向“办得最好”，在实践中坚持“引进来、走出去”的发展战略，广泛开展国内国际交流与合作。作为全国第一所老年大学，山东老年大学示范和带动了老年大学在中国的发展，被评为“全国示范老年大学”，积极推进优秀文化传承、促进和谐山东发展。

二是山东老年开放大学。2019年5月9日，国家开放大学（山东）老年开放大学举行了揭牌仪式，同时开通了“山东老年学习在线”（lnjy.sdlll.net），开启了山东老年教育发展的新篇章。近年来，山东省社区教育指导服务中心投入50余万元建成了老年教育体验中心，开设了摄影、声乐、书法、绘画、电脑应用、智能手机等老年教育实体班。同时，山东省社区教育指导服务中心制定了《山东省老年教育资源共建共享联盟章程》和《山东开放大学三年发展规划》。在实践中，山东老年开放大学将不断优化网络学习平台，大力推动实体办学，积极探索线上线下互动互补的老年教育新模式，努力建成特色鲜明的老年教育事业共同体。

三是市县老年教育。济南市人民政府办公厅印发了《关于加快发展老年教育的实施意见》(济政办字〔2018〕92号)，明确要求：坚持“党委领导、政府主导、社会参与、全民行动”工作方针，以扩大老年教育供给为重点，以创新老年教育体制机制为关键，以提高老年人生活品质为目的，整合社会资源、激发社会活力，提升老年教育现代化水平，努力形成老年教育发展新格局。除济南市外，青岛市、潍坊市和淄博市也发布了《关于加快发展老年教育的实施意见》，为各市的老年教育工作做了引领示范。在区县老年教育发展中，潍坊诸城市作为一个典型，构建了“四四三六”服务体系，不断推动老年教育健康发展。

2017年，青岛市教育局同意以青岛广播电视大学为依托成立青岛老年开放大学。青岛老年开放大学以“增长知识，丰富生活，陶冶情操，促进健康，服务社会”为办学宗旨，制定了“学、乐、为”相结合的教学原则，采用现代信息技术手段与传统面授相结合的教学方式，面向青岛市老年人开展学习和培训活动。青岛老年开放大学除在“青岛全民学习网”上建设了丰富的线上教学资源，供老年人自学外，还拥有600多平方米的教学场所，开展线下培训活动。自成立以来，开设了声乐、书法、摄影、推拿、电脑、国画、朗读、智能手机、英语口语等课程，已为数千名老年学员提供了线下培训。青岛老年开放大学的建立及成功运作，为山东各级办学单位，特别是电大系统开展的老年教育，在创新办学体制机制、扩大教育供给、提升老年教育现代化水平等方面做出了有益尝试。

与此同时，青岛老年开放大学与青岛报业传媒集团建立战略合作关系，共同推进老年教育发展。目前，青岛老年开放大学设有书画系、舞蹈系、人文系、声乐系、器乐系、戏曲曲艺系、综合应用系七大院系，开设了茶艺、篆书、彩铅画、山水画、吕剧、电子琴、太极拳、模特、瑜伽、民族舞等丰富多彩的课程。同时，研发了“老年教育在线平台”积极打造“老有所学、老有所乐、老有所为”的线上学习空间，形成了线上线下实体空间与虚拟空间相结合的老年教育模式。而青岛报业传媒集团充分发挥主流媒体平台和专业的优势，同时借助青岛老年开放大学的师资队伍、课程资源、学习平台等优势，共同打造老年教育名校，推动老年教育蓬勃发展。这些举措将进一步拓宽了老年教育的服务范围，为更好地满足青岛市老年人的多元需求、促进青岛市终身教育发展、为推动青岛市学习型城市建设做出更大贡献。

三、未来发展策略建议

山东省各级政府对老年教育事业发展高度重视，纷纷出台加快老年教育发展的实施意见，因地制宜、多措并举、合力推进，促使新时代山东老年教育内涵更加丰富，形式更加灵活，老年人参与学习的覆盖面和满意度大幅提高，将山东老龄化过程中的“人力负担”转变为宝贵人力资源，服务经济社会快速发展。并结合当地实际，各级政府还制定实施方案，采取有效措施，大力推进老年教育事业快速发展，为实现“老有所学、老有所教、老有所乐、老有所获”的“幸福养老”作出积极贡献。

一是发展规划。《山东省人民政府关于印发“十三五”山东省老龄事业发展和养老体系建设规划的通知》(鲁政发〔2017〕21号)明确要求：将老年教育纳入终身教育体系，落实老年教育发展规划，逐步建立覆盖广泛、规范有序的城乡老年教育网络体系。印发的《山东省人民政府办公厅关于加快发展老年教育的实施意见》(鲁政办发〔2018〕7号)提出要以优化现代老年教育体系结构、提升老年教育服务能力、凝聚全社会老年教育合力、加强老年教育理论研究与工作创新为主要任务，以老年教育机构基础能力建设工程、老年教育工作队伍建设工程、老年教育学习资源建设工程、老年教育志愿者培育工程、院校举办老年教育试点工程为重点工程，并从组织领导、资金投入和督促落实三个主要方面明确了保障措施。

二是策略建议。新时代老年教育作为积极应对人口老龄化、实现教育现代化、加快建设学习型社会的重要载体和有效途径，必须大力推进，有效其促进内涵式发展。首先，各级政府应充分结合本地实际制定关于加快发展老年教育的实施意见和推进策略，通过得力的保障措施，促进老年教育均衡健康发展；其次整合利用社会教育资源，实现社区、农村、远程老年教育以及家庭电视老年大学教育等多途径多形式的老年教育协调融合式发展，为老年人参与学习提供更多选择；再者，按照试点推进、合作共建、聚焦服务原则，积极打造“平台+资源+服务”一体化发展的山东老年教育组织网络体系，加强老年教育实验示范基地建设与应用，探索“学养结合、医养结合、游养结合”的新时代老年教育新模式。

三是重要举措。在实践中，只有措施得当才能有效促进新时代老年教育的内涵式发展。首先，创新实践大力推进医养教融合式发展，不断优化山东老年教育布局，整合利用现有养老资源，在社区日间照料中心、城市社会福利院、农村敬老院等养老服务机构设立学习场所，配齐教学设施设备，实现老年教育融入养老服务体系；其次，根据区域发展实际因地制宜为老年人提供教育服务，以学习者喜闻乐见的形式开展适应老年人需求的教育活动，实践中创新老年教育形式，增强老年人学习的自主性和选择性，大力开展读书、讲座、参观、展演、游学、志愿服务等多种形式的老年教育活动，引导老年人积极参与网上学习、移动学习、团队学习、体验学习等多种学习形式，不断提高学习的有效性和针对性；再者，新时代老年开放大学应致力于建设新型老年大学，坚持办学宗旨与理念社会化、办学体制与机制多元化、教学设计与内容按需化、教学方法与手段先进化等原则，以创新模式服务于全体社会老年人群，尤其要充分发挥山东省社区教育联盟的体系优势、信息技术优势，积极探索基于实体办学体系和网络学习平台，线上线下相结合的新型老年教育模式，为突破老年大学“一座难求”的瓶颈做出积极贡献。

第十二章 新时代农村社区教育发展策略

新时代，农村成为了我国社区教育发展的重点领域之一，农村社区教育作为我国终身教育的重要组成部分，其发展程度直接关系到我国社区教育的覆盖面和满意度，是能否实现大力提高国民素质、成为人力资源强国的关键所在，直接影响着加快建设学习型社会的目标实现。为此，必须引起全社会的高度重视，加快推进新时代农村社区教育发展。

为实现新时代农村社区教育内涵式发展，最为首要的任务是对当前我国农村社区教育发展现状做全面掌握，尤其是发展中所存在的问题和农村居民对社区教育发展的新需求，以明确新时代农村社区教育的功能定位。因农村社区教育所要开展的内容非常广泛，而当前可以利用的教育资源又十分有限，所以必须聚焦新时代农村社区教育发展的重点领域，针对影响和制约其发展的关键因素，采取切实有效的发展策略，大力发展新时代农村社区教育，更好地服务于国家乡村振兴战略和新农村建设。

第一节　农村社区教育发展概述

“三农”问题历来是我国社区教育所关注的重要问题之一。早在1992年，国务院便作出了农科教相结合的重要指示，促使全国各地职成教一体化、农科教相结合的农村成人教育大发展。2012年，为了适应农村经济社会变迁的新形势，国家启动了新型职业农民培育工程。2017年，国务院出台了相关政策文件，致力于推进农业现代化建设和推进新农村建设，对新型职业农民的教育培训、管理、扶持等方面作了全面部署。目前，经过试点示范和实践探索，我国已经初步形成了以各类公益性涉农培训机构为主体、多种资源和市场主体共同参与的“一主多元”新型职业农民教育培训体系。

近年来，我国农村社区教育有了较大发展，部分地区先试先行、勇于创新，探索出了富有地域特色的经验模式，取得了明显的社会成效。但是，与日益增长的新时代农村居民对精神文化生活和科技致富的需求来讲，农村社区教育的供给仍然严重不足，农村社区教育工作流于形式而缺乏内涵，尤其是地区之间发展极不平衡，在实践中存在着诸多问题。为此，需要针对新时代农村社区教育发展的新需求，深入调研、充分论证、科学规划，以精准确定适应新时代的农村社区教育功能定位，着力提升发展内涵，更好地服务于国家“三农”战略和新农村建设，为培养造就一支懂农业、爱农村、爱农民的新时代“三农”工作队伍做出应有贡献。

一、农村社区教育发展现状

进入二十一世纪以来，随着农村经济社会的快速发展，农村居民的物质生活条件得到了极大改善，对更高层次的精神文化生活充满了向往和期待，对参与终身学习以提升自我综合素质、更好地适应新时代的需求更加迫切。同时，随着中国特色社会主义进入新时代，党和国家高度重视新农村建设，为农村社区教育发展提供了广阔的舞台。概括起来，农村社区教育发展现状主要包括如下几个方面的内容。

一是取得的成绩。历年来，“三农”问题一直作为国家一号文件的首要内容备受社会各界高度关注，教育精准扶贫已上升为国家战略，尤其强调扶贫与扶智并重，这均为农村社区教育发展营造了良好的社会氛围。农村社区教育通过科技培训与推广、新型职业农民培训等措施在取得了一定经济效益的同时，还实现了为农村居民举办丰富多彩的文化娱乐活动，为乡村文明建设做出了积极贡献。尤其是，有些地区将社区教育与新农村建设充分结合起来，在乡镇社区化建设中通过大力开展社区教育有效提升了新市民的综合素质，在促进社会和谐、实现社区治理中发挥了重要作用。如山东诸城市积极推进社区教育的城乡一体化发展，打造了农村社区教育“诸城模式”，赢得了经济效益与社会效益的双丰收。“互联网+农村社区教育”作为一种新兴模式，在实现优质教育资源进社区、促进农村社区教育均衡发展、提供及时便捷的学习支持服务、线上线下教育活动联动等方面具有无可比拟的优势，已成为将有限教育资源发挥最大功效的最佳途径。

二是存在的问题。由于我国农村社区教育发展起步较晚，再加上可用教育资源匮乏、各项保障措施严重缺失，在发展中也遇到了诸多问题。首先，地方政府对农村社区教育发展重视不够，终身学习的理念宣传不到位，没有真正认识到发展社区教育的必要性和重要性，致使部分地区至今仍没有真正开展社区教育工作；其次，农村社区教育的发展地区之间极不平衡，小部分开展较早的地区取得一些成效，大部分地区还处于起步阶段，甚至有的地区农村社区教育工作仍然是空白；再者，农村社区教育工作缺乏针对性和实效性，部分地区社区教育工作仅仅是在跟风，流于形式，没有让农村居民感觉到真正的“实惠”，现有所开展的社区教育项目内容针对性不强，缺乏吸引力，致使农村居民无法真正融入其中。

三是发展的规划。近年来，党和国家高度重视农村社区教育发展，《国务院办公厅关于印发老年教育发展规划（2016—2020年）的通知》《教育部等九部门关于进一步推进社区教育发展的意见》等文件均明确提出加快发展农村社区教育、实现城乡社区教育一体化发展。与此同时，各级政府和教育主管部门也纷纷出台实施意见，将新时代农村社区教育发展纳入经济社会发展统一规划，并为之制定了具体实施方案和推进措施等。

二、新时代农村社区教育的新需求

中国特色社会主义进入新时代，我国农村经济社会发展驶入快车道，农村居民在追求物质富裕的同时对精神文化生活也提出了更高的要求。在当前党和国家大力倡导建设新农村、实现乡村振兴，打赢脱贫攻坚战、实现教育精准脱贫，建设美丽乡村、培育新型职业农民的新时代背景下，农村社区教育将大有作为。新时代农村社区教育内涵式发展创造了前所未有的机遇，同时也提出了更高的新需求。具体概括为如下几个重要方面。

一是技术农业发展的需要。当前农村社区教育首要的任务还是要为农村居民带来经济实惠，实现增产增收，为让新时代农村居民更加富裕起来提供智力支持。为此，科技推广与培训应成为新时代农村社区教育的核心内容，通过农科教融合发展服务科技农业，加快农业科技成果转化，着力提升农村居民从事现代农业所需的素质和技能，实现技术农业发展，已成为新时代农村社区教育最为强烈的需求。

二是精神文化生活的需要。精神文明建设已成为新时代农村发展的重要内容，也是美丽乡村建设的应有之义，对农村社区教育发展提出了新需求。在实践中，农村社区教育应着力于挖掘与传承非物质文化，以居民喜闻乐见的形式开展丰富多彩的文体娱乐活动，尤其是以社会主义核心价值观为主要内容的社会新风尚培育，助力乡村文明建设，形成科学文明、积极向上的新时代农村社区文明。

三是新农村建设的需要。新农村建设本身是一项复杂的系统性工程，需要实现农村全方位的发展，尤其是在实现新型职业农民的快速成长、为回乡创业青年提供教育培训服务、培养造就一支新时代“三农”工作队伍等领域，新时代农村社区教育大有可为，也是其优势所在。同时，需要将新农村社区建设与社区教育、社区治理、社区文化有机结合起来，实现一体化、融合式发展，为加快新农村建设营造良好氛围、提供智力支持和人才支撑。

三、新时代农村社区教育发展功能定位

由于我国农村地广人多，对社区教育的需求包罗万象，而在当前我国社区教育整体发展还不够充分的现实情况下，尤其对于刚刚起步的农村社区教育来说，必须集中有限的教育资源向农村居民需求最为强烈的项目或内容发力。为此，结合上述新时代农村社区教育的现实需求，新时代农村社区教育发展的功能定位概括为如下几个主要方面的内容。

一是服务科技农业。现代农业发展的重要特征为发展方式由传统的粗放型转向科技的集约型，经营方式由分散的个体经营转向集中联产，销售方式由早期的自产自销转向现代的电商营销。其中，实现农业科学发展，促使现代农业、新型职业农民发生由内到外基因式升级换代的只有“科技兴农”，这正是农村社区教育的优势所在和重点服务领域。在实践中可以采用送教下乡、进村办班、开放教学、田间课堂等模式，有针对性地开展现代农业科技推广与培训项目；同时，大力发展科技养殖和经济作物种植，实行全产业链、一体化培育，以及时有效解决产前、产中、产后存在的技术问题，并全程为其提供外部资源链接和一条龙支持服务，全面提升农民科技应用的综合水平，切实提高农民的经济收入。

二是服务新型农民。服务于新型职业农民是新时代农村社区教育实现培育“人”的任务的重要体现，正如习近平总书记在参加2017年“两会”四川代表团审议时所指出的“就地培养更多爱农业、懂技术、善经营的新型职业农民”，从而为新时代乡村振兴、新农村建设提供智力支持和人才支撑。为此，新时代农村社区教育要通过培训提高、吸引发展、培育储备等多种方式促使更多的新生代农民将从事农业作为固定乃至终身职业，成为真正的农业继承人，新时代农村社区教育还应不断提升新型职业农民发展农业产业化和实现农村工

业化的技能，培养他们开展合作组织与实现特色农业的能力，以更好地服务于现代农业发展。

三是服务城乡一体。城乡一体化发展是实现中国现代化和中华民族伟大复兴中国梦的重要举措，其中包含了让农村居民享受到与城镇居民同样的文明和实惠，使得整个城乡经济社会全面、协调、可持续发展，这也是中国特色社会主义新时代的必然要求。为此，新时代农村社区教育应聚焦于城乡一体化发展理念与政策的宣传、生态文明与精神文明建设、搭建城乡融合发展的桥梁，以大力提升农村居民科学文化素质和整体素养，有效促进美丽乡村建设。

第二节 新时代农村社区教育发展探索

实现新时代农村社区教育的内涵式发展应在充分结合上述现实需求和功能定位的基础上，进一步明确未来发展的重点领域。深入分析、精准定位，紧紧围绕影响和制约新时代农村社区教育健康可持续发展的关键因素，采取更加富有针对性和可操作性的发展策略，新时代农村社区教育为更好地服务于农村居民对美好精神文化生活的向往和期待，有效促进新时代农村经济社会的健康发展不断探索。

一、新时代农村社区教育发展的重点领域

前已述及，新时代农村社区教育需要兼顾人民的物质和精神文化生活需求，在为农村居民带来经济实惠的同时更好地满足其对精神文化生活的需求。为此，在实践中应充分发挥社区教育在政策宣传、教育培训、技能提升、文化惠民、综合服务等方面的功能优势，结合新农村经济社会发展实际和新生代农民多样化发展需求，集中优质教育资源着力在如下几个方面的重点领域取得经济效益与社会效益的双丰收。

一是技术推广与技能培训。技术教育与技能培训是提高新时代农民致富本领的重要途径和有效措施，因此，在实践中积极响应国家号召，大力开展新型职业农民培训、发展现代科技农业，重点应放在技术培训与推广应用上。实现农科教融合式发展，其关键在于如下几个方面：首先，要贴近实际，为加快新时代农村农业农民发展，积极开展各项技术培训与指导服务，做好各项经营管理工作；其次，要宣传典型，发挥好科技致富先进典型的引领示范作用；再者，要因地制宜，在农业技术推广与技能培训中以需求为导向，注重特色发展。同时新时代农村社区教育还应着力开展对农民进行科普教育，对回乡创业青年进行职业技能培训，对农村科技带头户进行实用技术培训，以及通过技术培训以促进更多农业转移人口落户城镇。

二是提升农村综合服务。新时代农村社区教育发展应充分发挥社区教育资源整合优势，为新农村的经济社会发展提供综合性一体化支持服务。首先，培育科学文明、积极向上、和谐友善的新农村社会风尚，以培育和践行社会主义核心价值观为根本，发展各具特色的农村社区文化，积极组织开展居民喜闻乐见的文体娱乐活动，进一步丰富农村居民精神文化生活，陶冶居民情操，增强农村居民的归属感和认同感；其次，促使农业转移人口市民化，加大对农村“三留守”[①]人员的生产扶助、生活照料、情感慰藉、心理疏导、资源链接、能力提升、关系调适、社会融入等支持服务，并大力培育服务性、公益性、互助性农村社区社会组织；再者，成立涉及林果、蔬菜、花卉、农副产品加工、农业技术服务业等多个行业的专业合作社，实现资金、技术、人才、土地等资源融合发力，为现代农业发展提供统购统销、种植结构调整、信息平台搭建、农产品渠道开发，农业资源整合、农业科普知识培训等便民利民服务，创设“建一社、兴一业、活一片、富一方”的新型农村发展良好局面。

三是农村电子商务培训。新时代农村电子商务是一项综合性的新兴商业

---

① “三留守”指的是留守儿童、留守妇女、留守老人。

活动，包含了网上农贸市场、数字农家乐、特色旅游、特色经济和招商引资等系列内容，具有较强的辐射作用。在实践中，农村社区教育可以通过开展针对农村淘宝合伙人、淘帮手等农村电商服务体系参与人员的培训活动，大力培养农村电商人才，不断提高新型职业农民综合素质，强化新生代农民的信息意识，培养高素质的新型农民，更好地服务于“三农”发展，进而推动农业升级、农村发展、农民增收。与此同时要做好政策宣传与引导等工作，通过发展农村电商积极吸纳更多外出务工人员返乡创业就业，更好地服务于新农村建设。

二、制约农村社区教育发展的关键因素

我国农村地域分散，人口数量多、结构复杂，同时部分地区经济基础薄弱，人们对教育扶贫、科技致富、终身学习的认识不够充分，因此农村社区教育的发展难度相对于中心城市更大。影响和制约新时代农村社区教育健康可持续发展的因素众多，其中关键的因素归纳起来主要包括如下几个方面。

一是理念认识不够。发展农村社区教育应以理念宣传为先导，不断提高社会各界的认识、关注和参与。首先，基层地方政府和教育主管部门对发展社区教育的重视程度不够、缺乏教育发展的全局意识，未能做到将教育放在优先发展位置的同时将社区教育纳入当地教育发展规划，更别说制定切实可行的实施方案和工作计划；其次，社会各界共同参与、合力推进的局面没有真正形成，社区教育发展较好的农村社区大多只是教育相关部门一家在单打独斗，力量单薄，难以实现健康可持续发展；再者，农村居民参与终身学习的意识不强，在社区教育发展中多是旁观者，没有积极参与其中，未能发挥应有的主体作用。

二是功能定位不准。虽然社区教育可以融入新时代农村发展的各个领域，但是在当前可用教育资源有限、社区教育发展不够充分的现实情况下，一味地追求大和全，反而使得核心功能定位不准，最为强烈的需求得不到满足。首先，社区教育本身是具有较强地域性的，但是部分农村的社区教育

流于形式，只是跟风式地开展一些教育活动，未能真正做到因地制宜、特色发展，致使居民参与积极性不高、成效不明显；其次，所开展的社区教育内容和项目未能与国家发展战略有机结合起来，与新农村建设的发展主流相脱节，缺乏时代性和创新性；再者，当前农村社区教育未能将农村居民的物质需要与精神需求有机结合起来，而是更多地停留在文化活动的组织上，忽略了新型职业农民对科学技术与从业技能的渴求。

三是教育资源匮乏。社区教育在促进农村发展和满足农村居民需求上能够做的有很多，可谓需求强烈、发展空间巨大，但是当前可用于农村社区教育的教育资源非常匮乏。原因有很多。首先，农村社区教育的办学体系不健全，大部分地区社区教育没有明确的专门机构，而是作为居委会、社区中心或成教中心的附带业务；其次，真正用于农村社区教育的人财物极其有限，甚至出现无专职人员、无固定经费、无活动场地的“三无”现象；再者，农村社区教育尤其缺乏优质教育资源，致使现有社区教育活动或项目缺乏吸引力，居民参与的积极性和主动性不高，更难以实现新时代农村社区教育的内涵式发展。

三、新时代农村社区教育发展策略

新时代农村社区教育发展必须仅仅围绕国家“三农”发展战略，有效结合区域经济社会发展实际，坚持以需求为导向，汇聚优质教育资源、聚焦重点服务领域、注重内涵发展，形成多部门共同推进的发展合力。还应充分调动农村居民的参与积极性和主动性，有效发挥其在社区教育活动中的主体作用。概括起来新时代农村社区教育发展可以采取如下若干发展策略。

一是品牌项目化发展。新时代农村社区教育发展，应有效整合、最大化共享和充分利用社会教育资源集中发力实现项目化运作、品牌化发展。首先，要充分结合当地经济社会发展实际，深入农村居民终身学习的现实需求，遵循因地制宜、特色发展的原则，制定长期发展规划和年度工作计划，有序推进当地社区教育健康发展；其次，社区教育活动的开展和教学的实施应以项目化形式运作，按照分阶段分步骤有序推进，针对不同人群的多样化学习需求提供分类分层教育服务，活动应成系列、教学应成体系、服务应及时有效；再者，在实现项目运作和特色发展的基础上，需要不断加强内涵建设，进一步将所开展的社区教育提炼、升华为品牌项目，以增加其影响力、吸引力。

二是城乡一体化发展。城乡一体化发展是新时代社区教育内涵式发展的必然选择和内在要求，也是实现农村社区教育快速发展的重要策略和有效举措，更是促进新时代社区教育均衡发展的最佳途径和不二选择。首先，各级政府需要统筹规划城乡社区教育发展，做好顶层设计，不断建立健全城乡社区教育体系，为实现区域资源平台共建共享提供政策支持和保障措施；其次，通过联盟、协会或协议等多种形式，将发展社区教育的先进中心城市与边远农村“结对子”进行对口帮扶，通过送教下乡、师资培训、经验交流、共享资源、支持服务等多途径实现社区教育内涵式发展的“传、帮、带”；再者，加快农村社区教育发展对于缩小城乡社区教育发展差距、改善发展不平衡的现状具有重要意义，为此，新时代农村社区教育发展需要政府在“人财物”上给予政策扶持，为加快实现社区教育城乡一体化发展奠定物质基础。

三是物质精神双促进。按照上述对新时代农村社区教育的功能定位，在实践中必须将为农村居民带来物质实惠和精神满足视为同等重要，“两手都要抓、两手都要硬”，实现双促进。首先，在规划和开展农村社区教育时应充分结合当地的经济社会发展实际和时代发展需求，以科教宣传与推广、技能培训与提升、文化传承与发扬为切入点，按需开展具有地域特色的文化娱乐活动，实现促进农村经济发展和提高居民文化修养有序推进、同步提高；其次，要充分发挥社区教育在技术推广与技能培训上的优势，着力提高新型职业农民的综合素质，有效促进农业发展现代化，不断提高农村居民的物质生活水平，实现科技惠农；再者，社区教育在助力农业现代化的同时，可以通过开展丰富多彩的文化娱乐活动，举办道德大讲堂、弘扬优秀传统文化等形式，不断提升居民的思想道德修养，以更好地满足其对精神文化生活的需要，形成睦邻友好、和谐相处的社会治理环境。

第三节　社区教育服务新时代农村发展

新时代农村社区教育一定要扎根于农村、服务于农村发展，尤其是要紧跟时代发展步伐、服务于国家发展战略，充分发挥社区教育在文化传承、资源链接、科技推广、技能培训、平台搭建、综合服务等方面的优势，以农村居民需求最为强烈的项目为切入点，促进新时代农村物质文明和精神文明建设快速发展。

一、服务国家“三农”发展战略

一直以来，党和国家高度重视“三农”问题，解决好“三农”问题已成为全党工作的重中之重。而解决“三农”问题的核心在于实现农民增收、农业发展、农村稳定，其关键在于“人”的问题。新时代农村社区教育可通过大力开展新型职业农民培训、为回乡创业青年提供技能培训、举办居民喜闻乐见的文化活动，不断提高新时代农村居民的综合素质，为新时代农村的健康可持续发展提供人才保障和智力支撑。新时代农村社区教育服务国家“三农”发展战略的具体措施概括为如下几个主要方面。

一是服务于农村稳定。社区教育是一项重要的民生工程，在推进农村社区化建设的同时，应将社区教育纳入城乡一体化发展规划，以更好地服务于新农村建设和农村社区文化发展。在实践中，农村社区教育可以通过专题讲座、报告会、研讨会等多种形式，服务于新农村的党建工作，引导农村居民积极践行社会主义核心价值观，重点加强宣传教育，做好农村居民的思想工作，积极宣传党的路线方针和强农惠农富农政策，引导农民听党话、感党恩、跟党走，巩固好党在农村的思想阵地，实现新时代农村稳定可持续发展。

二是服务于农业发展。新时代农村社区教育可以通过搭建平台、送教下乡、技术推广、资源链接等途径，为智慧农业、培育农业科技创新型企业提供技术支持和人才服务，引导农业科学化发展、集约化发展、产业化发展，服务于农业供给侧结构性改革，重点打造农业特色产业。同时，大力挖掘农村能工巧匠，培育一批富有地域特色具有示范带动作用的家庭工场、手工作坊、乡村车间，服务于现代农业健康发展。还可以积极打造农村电子商务综合服务平台，实现产供销一体化发展。

三是服务于农民增收。通过大力发展社区教育不断加强农村居民就业服务和职业技能培训，促进农村劳动力多渠道转移就业和增收。不断提高农村居民综合素质，促使农业转移人口市民化，增强村民自我管理、自我教育、自我服务的能力，尤其重点培养懂农业、爱农村、爱农民的“三农”工作队伍。通过宣传政策、营造氛围、优化环境、技术服务，吸引外出农民工、高校毕业生、退伍军人、城市各类人才返乡下乡创新创业。同时，通过宣传创业增收的先进典型，发挥其引领示范作用，进而弘扬“大众创业、万众创新”的时代精神，激发和调动农村居民创业增收的积极性和主动性。

二、服务乡村振兴战略

党的十九大明确提出：实施乡村振兴战略，是全面建设社会主义现代化国家的重大历史任务，也是新时代做好“三农”工作的重要抓手。实现乡村振兴，生活富裕是根本，科技兴农是途径，生态宜居是关键。新时代农村社区教育应积极服务于国家乡村振兴战略，让农业成为有奔头的产业，让农民成为有吸引力的职业，让农村成为安居乐业的美丽家园。具体可以从以下几个主要方面实施：

一是实施教育精准扶贫工程。实现乡村振兴的关键在于“人”，人才的缺乏已成为影响和制约乡村发展的关键因素。在实践中，教育培训是培养人才和提升技能的最佳选择和有效途径，新时代农村社区教育应针对本地区经济社会发展对人才的需要，在大力培育新型职业农民、加强农村专业人才队伍建设和发挥科技人才支撑作用等方面大有作为，为实现“大众创业、万众创新”提供优质教育服务，在促进农民持续增收的同时，不断增强农民的获得感、幸福感、归属感。

二是提升农业科技创新水平。科学技术就是第一生产力，新时代农村社区教育应紧紧围绕现代农业发展，用先进发展理念和科学技术武装每一位村民的头脑，坚持以科技创新引领和支撑乡村振兴，以人才汇聚推动和保障乡村振兴，通过技术教育、技能培训、成果转化等途径，实现农科教融合发展、一体化发展，不断提升农业科技创新水平和应用能力，进而有效增强农业农村农民自我发展的内动力。

三是建设生态宜居美丽乡村。新时代社区教育可以通过政策宣传、专家讲座、矛盾调解、跟踪服务等多种方式，引导农村居民积极发展绿色农业、保护生态环境，共建美好家园，共享文明生活。首先，将乡村生态优势转化为生态经济优势，积极构建乡村绿色生态环保旅游，增加农业生态产品和服务供给，为建设生态宜居美丽乡村提供持久动力；其次，积极引导全体居民主动参与农村社会治理，发挥群众在治理中的主体作用，注重“德治、法治、自治”有机结合，形成“共建、共治、共享”的良好局面；再者，不断增加公共服务供给，积极发动志愿者和社会组织为农村留守儿童和妇女、老年人提供关爱服务，确保广大农村居民安居乐业、共享国家发展成果。

三、服务乡村文化建设

新时代，人民对美好生活的期待和向往不仅仅是在物质生活上，同时对精神文化生活也提出了更高的要求，农村社区教育应充分发挥“教化”功能，通过不断提高农村居民的综合素质，积极培育文明乡风，建设文明乡村。在实践中，坚持以社会主义核心价值观为引领，以传承发扬中华优秀传统文化为核心，以群众喜闻乐见的文化娱乐活动为载体，不断加强农村思想道德建设，积极培育良好家风、淳朴民风，推动乡村文化振兴，建设邻里守望、诚信重礼、勤俭节约的新时代文明乡村。在服务乡村文化生活上，新时代农村社区教育重点应做好以下几个方面的工作。

一是加强农村思想道德建设。思想道德建设是实现农村精神文明的基础工程，应作为新时代农村社区教育的重要内容。首先，积极开展社会公德、职业道德、家庭美德、个人品德教育，大力弘扬中华传统美德，弘扬时代新风，弘扬中华孝道，强化孝敬父母、尊敬长辈的良好社会风尚；其次，大力发展乡贤文化，形成健康向上、开放包容、创新进取的社会新风尚，不断提升农村居民的精神风貌，倡导科学文明的新生活，做好家庭教育，传承良好家风家训；再者，不断完善文化科技卫生“三下乡”长效机制，把中国梦的宣传教育融入未成年人思想道德建设，深入宣传道德模范、身边好人的典型事迹。

二是弘扬中华优秀传统文化。乡村是中华文明的基本载体，社区教育在服务乡村文化建设中，应不断赋予时代内涵、丰富文化内容、创新实践形式，为增强文化自信和民族自豪感做出积极贡献。首先，挖掘乡村特色文化，传承优秀乡村文化，留住乡愁记忆，为满足农村居民对美好生活的向往和期待而努力；其次，大力推进移风易俗，培育文明乡风，传承勤劳节俭的中华美德，弘扬文明健康的时代新风，遏制婚丧喜庆大操大办、铺张浪费、盲目攀比等不良风气，倡导喜事新办、厚养薄葬、勤俭节约、文明理事的社会新风尚；再者，广泛开展评选“文明家庭”“最美家庭”“身边好人”“好婆婆好媳妇”等群众性精神文明创建活动，积极培养传承“好家风好家训好家规”。

三是广泛开展群众文化活动。群众喜闻乐见的文化娱乐活动是开展农村社区教育的重要载体和有效途径，广泛开展具有浓郁乡土气息的农村社区文化体育活动，积极引导农村居民参加“儒学讲堂”“新农村新生活”等教育培训和各类文明实践活动，不但可以传承发展优秀社区文化、丰富群众精神文化生活、提高居民文化素养和文明素质、形成健康向上的社会风尚，而且还可以激发有利于新农村建设的内在动力和创新活力，实现凝民心、聚民力、促发展的目标。

第四节　山东农村社区教育实践与探索

近年来，山东农村社区教育在各级党委政府的统筹领导和教育主管部门的大力支持下取得了长足发展，以农村社区教育“诸城模式”为典型，实施乡村技能培训计划，通过田间课堂、网络教室等方式，对农村劳动力进行普遍培训，实现了经济效益和社会效益的双丰收。全省半数以上的区县已经设立了社区教育机构，街镇整合成人文化学校等资源成立了社区教育中心学校，并深入村居设立了教学点。《山东省乡镇社区教育中心设置与评估标准》科学制订了社区教育评价标准，不断加大评估力度，有效促进了农村社区教育的健康发展。

一、山东农村社区教育发展现状

山东农村社区教育发展正在由点及面有序推进，尤其随着经济社会的快速发展，社区教育发展的基础条件得到了较大改善，参与终身学习的氛围日益浓厚。但是，由于经济基础和学习理念的不同，全省农村社区教育发展极不平衡，在实践中受到多种因素的影响和制约。

一是取得的成绩。截止到2019年，山东省已有潍坊市诸城市、潍坊市寿光市、泰安市岱岳区、临沂市莒南县、东营市垦利县、泰安市宁阳县、菏泽市鄄城县、济南市历城区、潍坊市青州市九区县获得国家级农村职业教育与成人教育示范县称号。同时，还有一大批区县在农村社区教育工作中获得了国家和省级学习型城市、街道（乡镇）、社区（村居）等荣誉。

二是存在的不足。山东农村社区教育发展现状与实现“教育强省”、坚定“走在前列”、打造乡村振兴“齐鲁样板”的目标定位不相适应，与全体农村居民对美好精神文化生活的期待不相适应，原因如下。首先，政府对发展农村社区教育的重要性认识不到位、资源整合利用不够、保障措施不得力；其次，地区之间发展不均衡，部分地区的社区教育甚至还没有真正启动；再者，社区教育发展更多的仍为低层次低水平，山东特色、地域优势没有得到体现和发挥，所取得的经济效益和社会效益不明显。

三是制约因素。与全国其他地区的农村社区教育相似，在实践中，山东农村社区教育同样受到诸多因素的影响和制约。首先，社区教育发展所需的人财物等有限，难以维持工作的正常开展；其次，组织网络体系不健全，尤其是乡镇和村居作为农村社区教育的主阵地仍没有设立专门的社区教育机构；再者，所开展的社区教育活动项目吸引力不强，居民参与度不高，成效不明显。

二、农村社区教育发展亮点纷呈

经过多年的实践与探索，山东农村社区教育发展取得了长足发展，面向全省农村和城市社区开展的“基层干部素质提升工程”、农村社区教育“诸城模式”，以及其他市县的农村社区教育都取得了良好的社会成效，形成了可借鉴推广的品牌项目，在山东农村社区教育内涵式发展中发挥着引领示范作用。同时全省各地已经建成社区书屋和农家书屋7万余所，在推动“全民阅读”“书香齐鲁”的终身学习氛围中发挥了积极作用。

一是基层干部素质提升工程。开展农村和城市社区基层干部专科学历教育，是山东省着力提升党在农村和城市社区的执政能力、建设高素质基层干部队伍实施的创新举措，是服务打造乡村振兴齐鲁样板、培养高素质基层干部队伍的现实举措。自2015年启动以来，“素质提升工程”每年面向全省招生培养5000人，有效落实了山东社区教育发展中的“两个着力点”：一是从农村和城市社区这一社会发展的基层抓起；二是从基层干部的素质提升这一工程抓起。在实践中，依托山东广播电视大学坚持把专科学历教育纳入全省基层党建工作统筹推进，在全省各市遴选高等院校、党校、职业教育院校等设立教学点，广泛选聘社会优质师资，采取“能力+学历”与“理论+实践”模式，强化学员能力培训，着力为全省农村和城市社区培养适应新时代要求的高素质基层干部，为打造乡村振兴齐鲁样板提供人才支撑和组织保证。

二是农村社区教育"诸城模式"。自2007年以来，山东潍坊诸城市率先创新开展面向农村居民的农村社区教育，以推广使用技术、加快农业科技成果转化为突破口，开出一份份"培训菜单"，主要有种植、养殖、蔬菜、瓜果、食用菌、黄烟、服装等多门类示范项目；同时，各农村社区立足自身实际，本着"发挥资源优势、壮大特色产业，提升农民技能，提高生产效益"的原则，点出骨干"菜单"形成各个社区教学站的年度培训计划。在实践中，各乡镇农村社区教育分院通过聘请专家集中授课，有序地在各社区开展多种形式的各类实用技能培训，取得了良好的经济社会效益，得到了社会各界的好评，受到了各级政府的表彰和肯定，创新了"学院出菜单、居民开订单、政府来买单"的"三单联动"培训模式。近年来，根据党和国家关于大力培养青年农民的部署，充分结合诸城市农业产业化发展和农民市民化教育实际，为进一步推进农业现代化和城镇化建设步伐，大力培养家庭农场主、青年农民和新市民，诸城市教育局、市委农工办联合，实施了诸城市"百名家庭农场主、千名青年农民和万名新市民"的"百千万教育培养工程"，已成为推进新时代农村社区教育内涵式发展的重要抓手。

三是市县农村社区教育。其他农村社区教育发展比较有代表性市县的还有青岛市、东营市垦利区、临沂市莒南县等。按照青岛市教育局等八部门联合制定的《青岛市区（市）社区教育学院建设标准（试行）》《青岛市镇（街）社区教育中心学校建设标准（试行）》《青岛市居（村）社区教育学校建设标准（试行）》，青岛各区、市根据地区行政级别，分别设立社区大学、社区教育学院、社区教育中心学校及社区居民学校，建立起四级办学网络；同时标准的制定为青岛市农村社区教育规范化和标准化发展提供了依据，有效促进了内涵建设。东营市垦利区把社区教育与黄河口新型农民学校有机结合，成立了校务委员会，由区委书记任社区教育学院院长、各镇（街道）党委书记任分校校长。据统计，该区已设立培训基地12处，社区教学点23处，镇（街道）分校7处，村夜校333处。同时还将新建成的20余处校外教育基地，以及博物馆、文化馆、乡村学校、少年宫、社区图书馆等公共设施，对青少年学生免费开放，用于开展实践教育活动。临沂市莒南县按照“党政统筹领导、教育部门主管、莒南学院牵头”的原则，先行先试、积极探索，搭建了县、乡、村三级社区教育网络，基本实现了社区教育全覆盖，全县设立社区教育学院1处，镇街社区教育中心12处，社区学校242处。

三、未来发展策略建议

新时代山东农村社区教育发展将不断加强内涵建设，适应新农村经济社会发展新形势，紧紧围绕物质文明与精神文明建设，为实现物质富裕、精神富有、和谐美丽相统一的新时代乡村全面振兴提供智力支撑和人才支持，使全体农村居民享有更多的获得感、幸福感、安全感。

一是发展规划。2009年，山东省政府印发的《中共山东省委山东省人民政府关于推进农村社区建设的意见》（鲁政发〔2009〕24号）提出“加强农村社区教育建设”，具体建议包括完善三级培训网络，开展各类教育培训活动等，以提高农民的科学文化素质及就业技能，使其更好地适应现代农业发展和城乡一体化发展的需要。2012年，山东省教育厅发布的《关于推进城乡社区教育发展的意见》（鲁教职字〔2012〕30号）明确要求：乡镇（街道）可依托成人教育中心（文化大院），整合教育培训资源，组建乡镇社区教育中心，实现由成人教育学校向社区教育中心的转型；统筹城乡规划，在改建或新建小区时要将社区教育中心（居民学校）同步规划，统筹各方面的资源，完善社区教育管理及服务体系。2017年《山东省教育厅等九部门转发〈教育部等九部门关于进一步推进社区教育发展的意见〉的通知》（鲁教民发〔2017〕1号）具体要求：乡镇（街道）建立社区教育中心学校，其中东部地区达到80%，中西部地区达到50%以上。《山东省人民政府关于贯彻国发〔2014〕19号文件进一步完善现代职业教育政策体系的意见》（鲁政发〔2015〕17号）提出“认定100所省级规范化社区教育学院、30所省级示范性社区教育学院、300个示范性乡镇（街道）社区教育中心学校，支持创建20个国家级农村职业教育与成人教育示范县”。

二是策略建议。新时代山东农村社区教育将以服务乡村振兴，建设幸福、和谐、美丽、文明新农村为宗旨，通过大力开展新型职业农民培训实现精准扶贫扶智，为满足人民对美好生活的向往做出积极贡献。首先，各级政府应对发展农村社区教育的必要性和重要性提高认识，在社区教育网络建设、人员配备、场地设施、活动开展、专项经费等方面给予政策支持，形成农村社区教育健康可持续发展的长效机制；其次，科学制订《山东省县级社区教育学院、乡镇社区教育中心学校设置标准》《山东省示范性县级社区教育学院、乡镇社区教育中心学校评估标准》《山东省省级规范化社区教育学院评估标准》等评价标准，以加大评估力度，促进新时代农村社区教育内涵式发展；再者，各地应充分结合本区域经济社会发展实际，制定社区教育发展规划和工作计划，深挖本地特色资源，创新实践、培育品牌，不断加快内涵式发展。

三是重点举措。以需求为导向，精准定位、措施得当、推进有力是加快发展新时代山东农村社区教育的有效途径。首先，有效整合、最大化共享和充分利用现有的一切社会教育资源，尤其是将乡镇成人文化学校打造为党委领导、政府统筹下的农村社区教育主阵地，使其发挥最大化功效；其次，加快推广农村社区教育的典型案例和成功做法，充分发挥其引领示范作用，形成“传、帮、带”良性互动模式；再者，紧紧围绕新时代国家乡村振兴战略，充分发挥社区教育优势，深入乡村“摸实情、出实招、办实事”，以实现物质文明和精神文明双丰收为宗旨，积极开展全面提升农民文明素养、倡导树立乡村文明新风、广泛开展文明创建活动等乡村文明行动，同时大力实施以“项目示范带动”模式开展电商培训，通过现代新型技术开展新型种养业培训等创业致富培训项目。

第十三章 新时代家庭教育发展策略

家庭是孩子的第一个课堂，父母是孩子的第一任老师。家庭教育工作开展得如何，关系到孩子的终身发展，关系到千家万户的切身利益，关系到国家和民族的未来。《教育部关于加强家庭教育工作的指导意见》明确指出：将街道、社区（村）家庭教育指导服务纳入社区教育体系，为每一个孩子打造适合健康成长和全面发展的家庭环境，构建学校教育、家庭教育和社会教育有机融合的现代教育体系。而且，家庭教育已成为终身教育体系的重要组成部分，建设学习型家庭是加快建设学习社会的重要载体和有效途径，必须从治国理政的高度充分认识家庭教育的重要性，把“家庭梦”融入“中国梦”。

一直以来，党和国家高度重视家庭教育，社会各界积极推进家庭教育健康发展，营造了良好的“社会、学校、家庭”三位一体的育人环境，为每一个孩子的健康快乐地成长成才不断探索。但是由于家庭教育理念宣传不到位、缺乏科学的家庭教育方法、家校沟通不畅、共育体制机制不健全等因素，家庭教育发展依然滞后，在一定程度上影响了孩子的健康成长，甚至带来了家校不必要的“摩擦”。为此，针对家庭教育发展中存在的突出问题和家庭、学校、社会等多方对提升家庭教育内涵发展的强烈需求，新时代家庭教育应做好核心功能的精准定位，集中优质教育资源实现关键领域重点突破，采取有效的发展策略让亿万孩子同在蓝天下共享优质教育、快乐成长人人成才、通过知识改变命运。

第一节　家庭教育发展概论

中国特色社会主义进入新时代，“终身教育、泛在学习”已成时代主流，教育不再限于学校，家庭也成为开展教育的重要场所。家庭教育是学校教育与社会教育的基础，事关每一个人的终身发展，它以潜移默化的形式对人一生的成长影响深远，尤其是对于孩子的启蒙教育显得更加重要。习近平总书记叮嘱“家庭是社会的细胞，是人生的第一所学校。不论时代发生多大变化，不论生活格局发生多大变化，我们都要重视家庭建设，注重家庭、注重家教、注重家风。”由此足以看出，注重家庭建设、做好家庭教育对于每一个孩子的成长，乃至国家建设均有着至关重要的意义。

新时代家庭教育是终身教育体系的重要组成部分，更是终身教育的关键所在。家庭是践行终身教育理念和打造学习共同体的最小组织单元，同时，建设学习型家庭也是建设学习型社会的基础和前提。在实践中，社区家庭教育实现了社区教育与家庭教育的融合发展，为家庭教育的健康发展汇聚资源、搭建平台、提供服务。大力发展家庭教育，实现家庭教育、学校教育与社会教育的有机衔接和协调发展是新时代社区教育内涵式发展的应有之义。

一、家庭教育发展现状

近年来，我国家庭教育得到了党和国家的高度重视，各级政府的大力支持、社会各界的积极参与、每个家庭的主动作为，从而取得了长足发展。教育部2015年专门印发了《教育部关于加强家庭教育工作的指导意见》(教基一〔2015〕10号），并于2016年确立了10个不同层级的全国家庭教育实验区，取得了显著的社会成效。但是随着新时代家庭教育的深入推进，在实践中也遇到了诸多问题，需要进一步加强统筹规划，破除发展中的障碍。概括起来，当前家庭教育发展现状可归纳为如下几个主要方面的内容。

一是取得的成绩。家庭教育在国家的大力倡导下得到了社会各界的共同关注，所取得成绩有目共睹。首先，“政府统筹、部门协作、学校主导”的家庭教育协调推进机制不断健全，如成立家庭教育工作领导小组和中小学家长委员会联合会、制定家庭教育工作发展规划、设立家庭教育服务指导中心和家庭教育总协调员等；其次，家庭教育工作队伍不断壮大，如成立省级家庭教育专业委员会、建立家长教育志愿者服务团队和家庭教育专业研究团队、组建专兼职相结合的家庭教育骨干队伍等；再者，家庭教育支持保障体系日益完善，如部分地区将家庭教育工作经费列入财政预算、多渠道筹措经费，将家庭教育纳入教育综合督导评估、列入年度考核，甚至有的地区实现了责任到校、到人等。

二是存在的问题。当前家庭教育发展中存在着诸多问题，影响和制约了家庭教育的健康发展。首先，各地政府对其重视程度依然不够，地域之间发展不平衡，专业家庭教育指导教师严重不足，实现健康可持续发展的体制机制不健全，等等；其次，家长教育水平有待加强，很多家长的家庭教育理念严重滞后，对孩子的成长规律把握不准确，家庭教育知识不全面、方法不科学，甚至一些家庭出现了重智轻德、重知轻能，尤其是父亲教育责任缺位比较严重；再者，学校在家庭教育中的主导作用发挥不够，家庭教育指导服务教师配备不够，在“家·校·社”合作共育中的主体作用有待加强，家校关系不够和谐，甚至个别地区出现了不必要的摩擦，等等。

三是发展的规划。近年来，从国家到地方出台发布了一系列政策文件，对家庭教育未来发展做了科学规划，意在实现多方协同合作，共同营造良好的家庭教育环境。首先，由全国妇联联合教育部、中央文明办、民政部、卫生部、国家人口计生委、中国关工委等七部门共同发布的《全国家庭教育指导大纲》

对于规范家庭教育指导内容和要求，提高家庭教育的科学性、针对性和实效性具有重要意义，同时教育部还印发了《关于加强家庭教育工作的指导意见》，并开展了全国家庭教育实验区的实践与探索工作；其次，由全国妇联联合教育部、中央文明办、民政部、文化部、国家卫生和计划生育委员会、国家新闻出版广电总局、中国科协、中国关心下一代工作委员会共同印发的《关于指导推进家庭教育的五年规划（2016—2020年）》明确提出了到2020年基本建成适应城乡发展、满足家长和儿童需求的家庭教育指导服务体系；再者，各省市结合区域发展实际和教育需求，制定发布了更加具有针对性与富有地方特色的“家庭教育五年规划”“家庭教育指导服务教师发展计划”“家长学校课程标准”等规划，为新时代家庭教育发展指明了方向、明确了目标、确定了策略。

二、新时代家庭教育的现实需求

我们国家历来高度重视家庭教育，习近平总书记针对“家庭建设”的重要论述“注重家庭、注重家教、注重家风”三注重更是将家庭教育的重要性提到了前所未有的高度。由于社会环境的变迁、家庭结构的变化、观念理念的更替，使得人们在家庭教育上出现了偏差、甚至是迷茫。为此，新时代家庭教育的现实需求愈加强烈，概括起来主要包括如下几个重要方面的内容。

一是理念宣传和政策保障。新时代教育教育的健康可持续发展需要政府的大力倡导、积极宣传、有效推动，家庭教育以家庭建设为前提，而家庭建设在社会建设和国家建设中发挥着基础性的重要作用。为此，各级政府和教育主管部门尤其应在教育理念、政策制定、保障措施等方面加大对家庭教育的统筹协调力度，为新时代家庭教育的内涵式发展提供制度保障，并将其纳入到相关职能部门的工作职责之中，营造良好的家庭教育发展环境和浓厚的社会氛围。同时，需要加快家庭教育立法，以有效解决家庭教育发展中存在的突出问题，为培养能够担当民族复兴大任的时代新人提供法治保障和政策依据。

二是家长综合素养提升。家庭教育首先是家长的教育，因为只有改变好家长，他们才能教育好自己的孩子。教育孩子先教育家长、教育家长先转变教育观念，当前家长最缺乏的是教育方法和技巧，最需要提高和更新的是教育观念。在实践中，家长综合素养的提升，需要有家庭教育指导服务中心或站点为其搭建平台、需要家长学校为其提供课程服务，需要专业的家庭教育指导教师为其提供支持服务。另外还可以建设基于互联网的普惠性家长在线课堂，以实现家长“随时随地”自我提升。

三是多方共育平台搭建。当前，家庭教育已不再是单个家庭的事，而是一项社会性的系统工程。为此，需要搭建社会各界多方共育的公共服务平台，逐步构建起政府大力主导、教育主管部门牵头指导、学校组织实施、社区积极参与、各方共同支持的新时代家庭教育工作新格局。同时，进一步扩大宣传，实现家校社有效沟通，及时总结推广家庭教育工作的好做法、好经验和优秀案例，为新时代家庭教育工作营造良好的社会环境和舆论氛围。

三、新时代家庭教育的功能定位

新时代家庭教育应按照《关于指导推进家庭教育的五年规划（2016—2020年）》的总体设计，针对上述家庭教育发展的现实需求，明确功能定位，助力家长全面学习家庭教育知识和技能，系统掌握家庭教育科学理念和方法。在实践中，充分发挥家长的主体作用，将工作重点放在对子女的人格教育上，尤其应注重良好德行、习惯、责任感等基本社会素养的培养，使其做好一个社会人的同时实现快乐成长与全面成才，而不能“功利性”地停留在复制和强化学校教育的内容上。归纳起来新时代家庭教育功能定位应聚焦在如下几个重要方面。

一是坚持立德树人全程全方位育人。众所周知，教育的宗旨和归宿是实现人的自由全面发展，而“立德树人”作为教育的根本任务，理应成为新时代家庭教育的重要责任，更是其目的所在。在实践中，新时代家庭教育应坚持以人为本、德育为先，将社会主义核心价值观和中华民族优秀传统家庭美德融入家庭教育的全过程，通过言传身教和正面教育来引导人、感化人、激励人、培育人，进而实现塑造人、改变人和发展人的教化功能。同时，家庭作为实施终身教育的最小组织单元，是培育每个人成长成才的重要场所。父母的言传身教、一言一行、饮食起居、待人接物都在潜移默化地影响、传承和培育子女的为人处世之道，实现着全程全方位育人功能。

二是注重家庭家训家风建设。家庭、家教、家风建设是提升家庭教育的重要途径和有效载体。首先，家庭建设是家庭教育中最为综合性的和基础性的工程，属于“物质家庭教育”，为实现良好家庭教育提供物质保障，重点应关注和解决的是“衣、食、住、行”问题，以及起居生活习惯的养成；其次，家训家规是家庭对子孙立身处世、持家治业的教诲，推崇忠孝节义、教导礼仪廉耻，属于“精神家庭教育”，对个人的教养、家庭的和谐乃至整个社会的稳定都发挥着至关重要的作用；再者，家风是一个家族代代相传沿袭下来的体现家族成员精神风貌、道德品质、审美格调和整体气质的家族文化风格，属于“生态家庭教育”。良好的家风倡导“尊老爱幼、男女平等、夫妻和睦、勤俭持家、邻里团结”等家庭美德，形成有利于儿童成长的家庭环境，是创建文明家庭、实现家庭和谐的关键所在。

三是实现“家·校·社”合作共育。新时代，良好的家庭教育不再是关起门来在家里开展封闭式的管教，而是需要社区搭建平台、学校协同沟通、社会营造氛围、政府大力倡导，以实现“家·校·社”合作共育。首先，需要建立起“学校、家庭、社区”相互衔接、有效沟通、合力推进的家庭教育指导服务网络，可以依托社区设立家庭教育指导服务站点或家长学校，为有效提升家长综合素养搭建平台；其次，加强中小学家长委员会建设，积极推进社区家长委员会建设，保障家长对学校教育的知情权、参与权、监督权，从而构建和谐健康的家校关系，以实现家校合作育人，缓解家长群体“过度焦虑”，补齐育人“短板”等功效；再者，重点关注特殊人群，给予困境儿童更多关爱和帮扶，尤其是流动儿童、留守儿童、残疾儿童和贫困儿童等群体，更加需要全社会的共同关注、关心和关爱，进而为所有孩子健康快乐地成长成才共筑美好家园。

第二节 新时代家庭教育的重点领域

当前，家庭教育赢得了全社会的共同关注，得到了各级政府和教育主管部门的大力支持，受到了家庭和学校的合力推进，引起了每一位家长的高度重视。新时代家庭教育需要针对现实需求和突出问题，结合当代家庭结构和孩子成长环境的新变化，从家庭幸福、社会和谐、国家强盛的动态发展视角，紧紧围绕家庭教育发展中的主要矛盾和矛盾的主要方面，以重点领域的核心工程为突破口，有效推动家庭教育的内涵式发展，为培养社会主义建设者和接班人做出积极贡献。

在实践中，应积极倡导、大力宣传先进的家庭教育理念，倡导全社会、引导所有家庭、促使每一位家长更加重视家庭教育，共同帮助孩子扣好人生第一粒扣子。同时通过多种途径和多样方式全面提高家庭教育水平，深入推进家长学校、家长课程建设，积极吸纳家长成为学校教育最可靠的同盟军，敞开学校的大门，让家长走进学校，共同关心、支持、配合学校教育，以更好地实现“家·校·社”合作共育的育人环境。

一、更新家庭教育观念

联合国教科文组织提出21世纪青少年应该具备“四个学会”：学会学习，学会生存，学会发展，学会与人相处。2008年，我国学者赵雨林针对家庭教育内涵提出的“三道教育”即为生之道，为人之道，为学之道，在我国比较流行，得到了社会各界的一致认同和推广。当前，我国有些家庭的教育观念出现了偏差，教育理念有待进一步提高，如过去以道德为核心的价值观遭到破坏，重智轻德成为家庭教育的一种常见现象，所引起的一系列社会问题必须引起足够重视。家庭教育能否取得预期成效，家长的教育观念正确与否至关重要。为此，新时代家庭教育最为首要的更新理念，树立正确的家庭教育观，重点可以从如下几个主要方面做起。

一是纠正“家庭教育无用论”。中国古训“养不教，父之过”，意在告诫家长如果仅仅是供养儿女吃穿，而不好好进行成长成才教育，便是父母的过错。在现实中，有部分家长缺乏家庭教育意识，认为教育孩子是学校的事，把教育子女的责任完全推到学校身上，而自己缺乏对子女应有的教育和关怀，对孩子“放任自由”抑或是娇生惯养。其实，家庭教育具有不可替代的作用，尤其在孩子健康人格的培养，良好生活习惯的养成，待人接物文明礼仪的提升等方面，家长应该尽到应有的责任，引起足够的重视，充分发挥好家庭在“教子做人”上的育人功能。

二是纠正“家庭教育万能论”。家庭教育万能论过度看重家庭教育，甚至于家庭教育“越界”。由于部分家长“望子成龙、望女成凤”心切，于是在家里办起了“学校教育”，家庭教育过度“学科化、功利化”，一味地强调子女的学业和成绩，在完成学校正常课业的情况下家长为子女增加大量的附加学业。这种超前学习，甚至超负荷学习以及排得满满的“辅导班”，致使孩子没有了自己可以支配的时间，失去了应有的“童心、童趣”，违背了正常的教育规律和孩子的成长规律，结果“事倍功半”，不但家长身心疲惫，孩子也抱怨连天。其实，家长们的心情可以理解，但做法确实不可取。所以，在实践中家庭教育需要有针对性地对家长进行合理引导，通过开展家长课堂，把科学育儿的教育理念深入千家万户，进而影响和转变家长的教育观念。

三是倡导合理化家庭教育。“教育孩子是家长的天职”，先进的教育理念、科学的教育方法与良好的教育意识应该成为新时代每一位家长的自觉追求。因家庭教育本身具有终身性、连续性、感染性，为此，营造一个良好的家庭氛围非常重要，对孩子的成长成才起到潜移默化的作用。新时代所追求的合理化家庭教育必须明确教育的重点是以品德教育为主，是以培养孩子良好的道德品质和养成良好行为习惯为主，尤其要注重孩子生活习惯、劳动习惯、学习习惯等行为习惯的培养，家长通过“言传身教”教孩子如何学会“做人”。同时合理化家庭教育还体现在为孩子成长的每一个阶段开展适宜的教育：在孩子进入社会接受集体教育之前要保证孩子身心健康地发展，为接受幼儿园和学校教育打下良好的基础；在孩子入园、入校后，应积极配合幼儿园、学校使孩子在德、智、体、美、劳等各方面得到全面发展；在子女长大进入社会后，传授如何诚信做事、诚实做人、忠心为国等处世为人之道。

二、办好“家长学校”

一般来讲，家长学校是指以婴幼儿、中小学生家长为主要对象，以传授家庭教育所应具备的先进理念、科学知识和方法技巧为主要内容的一种业余教育形式，其主要任务是促进家庭教育观念的更新，帮助家长掌握家庭教育的现代科学知识和方法，配合学校教育的实施，为子女的成长成才营造一个适宜的家庭教育环境。由上述家庭教育的功能定位不难得出，在实践中办好“家长学校”服务于新时代家庭教育内涵式发展，重点可以从如下几个主要方面入手。

一是多途径合力协同推进。鉴于家长学校的教育对象是成人，其层次不同、需求多样，同时还存在着突出的工学矛盾，为此，需要多途径合力办好“家长学校”。首先，利用学校资源办好家长学校，开设家庭教育课程，积极开展家庭教育培训，通过举办专家报告会、经验交流会、专题讲座等形式引导家长积极参与家庭教育，提高家长科学育儿水平，同时发挥家长委员会、家长会等作用，加强家庭与学校的有效沟通，密切家校合作；其次，利用社区资源办好家长学校，通过家庭教育指导服务站为开展家长学校搭建平台，制定发放家庭教育指导手册，为家庭教育提供科学的指导，开展家庭教育主题宣传活动，不断提升家长教育子女的综合素养；再者，利用“互联网+”办好远程家长学校，汇聚优质课程资源，通过“专题学习网站、移动学习APP和微信公众号”三位一体的网络家长学校，实现家长按需选择课程、“随时随地”自主自助学习，并为其提供个性化支持服务，有效提升家长教育的可及性、针对性和有效性。

二是整合利用优质教育资源。办好家长学校同样需要必要的办学经费、师资队伍、教学场地、教材课程、支持服务等教育资源。首先，中小学、幼儿园、社区应积极培育并配备优秀家庭教育指导教师，建立由知名专家、专兼职教师和志愿者组成的家庭教育师资库，实施“家校社共育种子教师培育”工程，为办好家长学校和服务新时代家庭教育提供人才支撑；其次，根据《全国家庭教育指导大纲》，结合当地家长学习需求和家庭教育发展实际，制定《家庭教育指导课程》，编写实用性强、便于操作的校本教材和指导手册，设计开发家庭教育数字化课程资源，为办好家长学校和服务新时代家庭教育提供多样化的教学资源；再者，开展丰富多彩的教学活动和亲子项目，如举办经验交流会，通过优秀家长现身说法、案例教学，发挥优秀家庭教育典型的示范带动作用，同时以重大纪念日、民族传统节日为契机，通过丰富多彩、生动活泼的文艺、体育等活动，增进亲子沟通和家校交流。

三是大力开展“隔代教育”。当前许多父母因为忙事业而无暇顾及子女教育，对家庭教育实在是心有余而力不足，便把教育子女的事情让位于爷爷奶奶等“隔代人”，然而长辈们那“特别的爱”使得孩子普遍缺乏生活经验、自我服务能力差、缺乏责任感，从而孩子许多不良行为和习惯就在长辈无微不至的“关爱”中滋生。为此，隔代教育问题也亟需通过家长学校来解决。首先，需要通过家长学校更新“隔代人”的教育理念，使其教育孩子不能仅凭“老经验、旧办法”，只是停留在“养”而忽视“教”；其次，需要通过家长学校统一几代人在教育孩子上的意见，用科学育儿知识和经验做法引导大家共同树立正确的家庭教育观，实现家长们的有效沟通，避免对子女的“娇生惯养”，同时通过深入分析“隔代教育”的利弊，实现扬长避短，尤其对于留守儿童应给予更多的关怀和帮助；再者，通过家长学校让父母和长辈们形成家庭教育“合力”，共同为孩子身心健康地成长营造一个愉悦的家庭人文环境，让孩子生活在和谐、文明、健康、宽松的家庭氛围中，积极培养孩子活泼、开朗、勇敢、进取的人格，培育孩子良好的公民意识和社会责任感，让孩子懂得“要成才先成人”的道理。

三、实现“家·校·社”合作共育

新时代家庭教育要实现“家·校·社”合作共育，必须充分发挥学校教育的龙头作用、家庭教育的基础作用、社区教育的平台作用，找准三者之间的“结合点”，形成三方共育的发展合力，有效推动学校、家庭、社会“三结合”，实现新时代家庭教育融合式健康发展。在合作共育中应密切配合、合理分工、通力合作，其中学校重在“如何做”，家庭重在“怎么做”，社区重在“体验做”，在实践中具体可以采取如下若干策略。

一是明确职责合力推进。在开展“家·校·社”合作共育中，首要任务应该是明确三者各自的职责任务、发挥各自优势、形成发展合力。首先，家庭作为子女成长的主阵地，应该注重家教、家风、家训建设，家长应在家庭教育中承担主体责任，不断更新教育理念、学习育儿知识、运用科学教育方法，尤其在“言传身教”上实现“言传”与“身教”的内在统一；其次，学校应在家庭教育中发挥主导作用，重点在于通过专业的家庭教育指导教师为家长提供实践指导，提高家庭教育水平，同时需要健全家校社合作机制，积极进行家校社共育共治机制的实践与探索；再者，社区在新时代家庭教育中应积极搭建平台，依托家庭教育指导服务站为家长开展子女教育提供支持服务，大力开展社区家庭教育，利用社区服务中心、文化广场等场所举办家庭教育专题讲座、开展亲子活动，为儿童健康成长营造良好的社区氛围。

二是相互衔接有效沟通。实现“家·校·社”良好的合作共育，三者之间的有效沟通显得尤其重要，在实践中应通过家长会、业主委员会、各类亲子活动，以及微信群、QQ群等各种途径和方式，有效拓展家园、家校、家社合作共育的沟通渠道和交流方式。尤其是，社区和学校要充分发挥自身优势，为新时代家庭教育健康发展提供常态化、专业化、多样化的业务指导和支持服务。

三是共同组织开展活动。在实践中，家庭和社区、家庭和学校，甚至家庭、社区、学校三者应积极围绕家庭教育通过共同组织一系列寓教于乐、喜闻乐见的活动项目，实施“家·校·社”合作共育。如组织开展以“书香家庭”“经典诵读”“亲近书本，传递书香”“相伴共读，书香润德亲子”等不同主题的图书阅读会；开展“五好家庭”“文明家庭”“和谐家庭”“廉洁家庭”“绿色家庭”“学习家庭”等各具特色的文明家庭创建活动；以及开展各类亲子互动游戏、亲子运动会、户外郊游等集体活动，都可以有效帮助孩子们增强心理健康意识，优化个性心理品质，增强心理调适能力，有利于孩子们健康快乐幸福地成长。

第三节　新时代家庭教育发展策略

习近平总书记在2015年春节团拜会上的讲话中有关家庭的论述，阐明了家庭建设、家庭教育在国家发展、民族进步、社会和谐中的重要作用。前已述及，家庭教育本身是一项由家庭、学校、社会等多元主体共同参与、合力推进的终身教育工程，从长远、全局、系统的视角，需要实现家庭教育与社区教育的融合式一体化发展，尤其要凸显家庭教育的持续性、综合性和终身性；同时应站在新的历史起点上，以培养新时代合格建设者和接班人为出发点，坚持立德树人，实现全方位培育时代新人，让素质教育引领新时代家庭教育的健康可持续发展。

一、新时代家庭教育发展原则

时代在发展，教育在进步，新时代家庭教育应主动适应国家经济社会发展需要，遵循现代教育规律，立足子女成长发展实际，注重家庭建设，以培育和践行社会主义核心价值观为引领，积极传承优良家风、家教、家训，传递正能量。在实践中，新时代家庭教育应遵循以下若干发展原则。

一是坚持立德树人。新时代家庭教育首先要坚持立德树人、以文化人，德育为先、以人为本，注重家庭文化建设和子女人格培养，大力弘扬优秀传统文化，积极开展爱国主义教育，教会子女“先学会做人，再学会做事”的为人处世之道。在立德树人原则下，新时代家庭教育应从小事做起、从身边的事做起，深入践行“勤俭乃持家之道、孝道乃固家之基、和睦乃兴家之本”的中华优秀家庭教育理念，使得“简朴勤勉的精神”成为一个家庭的重要品格、“孝敬父母尊长”成为一个家庭最大的规矩、“家和万事兴”成为每一个幸福家庭共同的追求。

二是坚持以身作则。新时代家庭教育家长要以身作则、言传身教，做好孩子的榜样和表率。“家庭关系好，孩子错不了”，这是很多老百姓对于家庭教育最为朴素的认知。家庭教育不仅仅是简单意义上的“教”和“育”，在生活中父母的一言一行都会对孩子产生潜移默化的影响，良好的家庭教育应该是言传身教的有机结合与内在统一。

三是坚持教育引导。教育引导是家庭教育的关键，新时代家庭教育要善于发现和积极培养孩子的健康情趣，增强孩子的学习热情和生活积极性；而不能一味地训斥和粗暴地惩罚，刻板地照着“别人家的孩子”来教育自己的子女。要善于和孩子沟通交流，将陪伴孩子成长和教育引导有机结合起来，做好孩子的启蒙教师和“人生导师”。

二、实现家庭教育与社区教育融合发展

新时代家庭教育以家庭为主阵地，而家庭是处在社区的现实环境中的，社区教育的初衷是提高居民综合素质从而促进社区可持续发展，这与家庭教育有着一致的目标。而且，从某种意义上讲，家庭是实施终身教育、开展社区教育的最小组织单元，大力发展家庭教育是实现新时代社区教育内涵式发展的重要载体和有效途径。为此，实现家庭教育与社区教育融合发展是时代发展的必然选择，在实践中具体可以从以下几个重要方面开展工作。

一是以终身教育理念为引领。新时代家庭教育并非仅仅限于婴幼儿和中小学阶段的子女教育，而应该是贯穿人一生的教化过程，具有鲜明的连续性和

终身性，理应以终身教育理念为引领。首先，家长应树立终身学习理念，注重家庭建设，不断学习家庭教育的科学知识和先进的育儿经验，以实现“家长好好学习，孩子天天向上”；其次，在教育子女时需要注意阶梯性，实现不同阶段教育之间的连续性，对子女成长成才的全过程适时进行教育引导、答疑解惑，做好子女的“人生导师”；再者，积极创建学习型家庭，并融入学习型社区、学习型城市、学习型社会建设的一体化发展，共同营造浓厚的终身学习氛围和积极上进的温馨家庭育人环境。

二是实现资源共享协同发展。新时代家庭教育需要充分利用社会优质教育资源，以社区为平台、以社区教育为载体，以实现家庭教育与社区教育的资源共享、协同发展、合作共育。首先，社区教育可以将家庭教育作为重点服务内容，为其提供优秀指导教师、优质课程资源、专家专题教育讲座，以及社会相关资源链接等；其次，家庭教育作为社区教育实践的重要载体和服务对象，为社区教育走进社区、深入家庭、服务人人找到了突破口和切入点，为创建学习型社会、学习型家庭搭建了舞台；再者，社区教育与家庭教育的融合发展正好切合了其提高居民综合素质从而促进社区可持续发展的初衷，必将有效促进两者的协同发展。

三是大力发展社区家庭教育。大力发展社区家庭教育是实现社区教育与家庭教育融合式发展的有效途径和最佳选择。首先，社区家庭教育充分依托社区为家庭教育的健康发展提供指导服务，并通过举办社区范围内的邻里节、亲子活动、传统节日庆典等活动，为孩子健康成长营造良好的社区育人环境；其次，积极链接外部资源设立家庭教育指导服务站点，通过社区家长学校为家长提供专业化的家庭教育服务和指导；再者，积极搭建平台，通过四点半课堂、寒暑假素质拓展等，为子女成长成才提供教育服务和社会实践锻炼。

三、素质教育引领新时代家庭教育

一般来讲，素质教育是指一种以提高受教育者诸方面综合素质为目标的教育模式，尤其重视人的道德修养、能力提升、人格培养、身心健康和素质拓展等全方位的教育，可见只有通过实施素质教育，才能让青少年成为身心健康的人、人格健全的人、学有所长的人。因此，应该以素质教育引领新时代家庭教育，在实践中具体可以从如下几个重要方面开展。

一是营造良好的成长成才环境。在生活中，和睦的家庭、融洽的关系、和谐的氛围，将为孩子的健康成长、快速成才营造良好的家庭环境，对孩子身心健康至关重要。尤其是，家庭中丰富的情感是学校教育所不能及的，家庭教育已成为学校教育和社会教育的基础，对孩子的健康成长发挥着举足轻重的作用。在实践中，应注重优秀家庭文化的传承，倡导亲子阅读、成长陪伴，着力培养孩子良好的思想品德和行为习惯，使其形成健康人格。

二是注重全方位培养时代新人。素质教育更加注重全方位培养能够担当民族复兴大任的新时代社会主义建设者和接班人，促使其德智体美劳全面发展，对此新时代家庭教育责无旁贷、大有可为。首先，要将全方位培育时代新人贯穿家庭教育始终，抓好启蒙教育，将孩子培养成为有境界的时代新人，做到有志气，立大志、有正气，明大德；其次，履行好家庭的教育引导职责，培养孩子成为有本领的时代新人，实现有才气做大事、有静气成大才，做到不驰于空想、不骛于虚声，一步一个脚印，踏踏实实干好每一件事；再者，发挥家庭教育的职业生涯规划教育功能，培养孩子成为有担当的时代新人，使其树立一种担当意识、拥有一种深厚的民族情怀、发扬一种实干精神，以实现有勇气担大任、有朝气创大业。

三是弥补学校应试教育的不足。现行的学校应试教育不可避免地把应试升学作为主要的教育目标，对青少年成长成才难免会有一定的消极因素，而新时代家庭教育在某种程度上可以弥补其不足。首先，家庭教育要注重世界观、人生观、价值观的引导和培养，使子女拥有一个健全的人格；其次，家庭教育要在潜移默化中注重培养孩子的选择能力和决策能力，增强其责任感和担当意识；再者，家庭教育还要通过言传身教注重培养子女为人处世的能力、遇到挫折自我减压能力以及拥有积极的人生态度。

第四节 山东家庭教育实践与探索

2009年11月，山东省第十一届人民代表大会常务委员会第十四次会议通过的《山东省义务教育条例》明确要求：将学校教育与家庭教育、社会教育相结合，进行爱国主义、社会公德、传统美德、心理健康和法制教育，培养学生良好的思想品德和行为习惯，形成健康人格。同时，为给广大家长提供家庭教育指导服务，山东启动了《山东省家长学校课程标准》的研制，设计开发具有普及性、富有山东特色的家长课程体系，各地也相继开发了具有地方特色的家庭教育课程。

近年来，山东家庭教育在各级政府大力支持、多部门协同联合、家庭学校社区联动、全社会共同关注下，从政策规划标准制定到实践工作的实质性推进，均取得了前所未有的成绩，在新时代家庭教育发展难得机遇和重大挑战下，将不断总结经验、整合资源、搭建平台、因势利导、精准施策，加快推动山东家庭教育内涵式发展。

一、家庭教育发展现状

山东家庭教育经过多年的实践与探索取得了长足发展，政府高度重视、相关部门合力推进、家校社合作共育，全社会多渠道、多途径、多形式积极开展家庭教育，初步形成了政府谋发展、社区搭平台、家庭唱主角、学校密配合的良性发展态势。当然，随着山东家庭教育不断向纵深推进，在发展中也遇到了诸多问题、存在着很多不足，需要在未来发展中取长补短，不断加强内涵建设。

一是取得的成绩。近年来，山东家庭教育发展取得了令人瞩目的成绩。首先，家庭教育的先进理念深入人心，得到了社会、学校、家庭等社会各界的共同关注；其次，在政府的倡导下妇联、教育主管部门、文明办等多部门主动联合出击，家校社合作共育的渠道不断畅通、机制更加完善；再者，社区家庭教育作为山东家庭教育的新秀，为其健康发展注入了新的活力，在整合社会教育资源、实现家校社合作共育、拓展家庭教育途径和渠道等方面做出了积极贡献。

二是存在的不足。当前山东家庭教育发展仍与教育强省的总要求不相适应，尤其与社会、学校、家庭对家庭教育的新期待不相适应具体原因如下。首先，促使家庭教育健康可持续发展的体制机制尚未真正形成，政府（社会）、学校、家庭在家庭教育中的作用发挥定位不明，家庭教育立法滞后；其次，家庭教育内涵不足，部分地区仍停留在“一事一时”片段式教育，政府推进力度不够、学校有心无力、家庭无从下手，家校社合作共育的联动效应不明显；再者，在实践中所开展的家庭教育活动针对性、适用性不强，特别是对于一些问题家庭没有做到对症下药，因地制宜。

三是制约因素。众所周知，家庭教育是一项复杂的系统性育人工程，需要社会、学校、家庭多方合作共育，需要政府积极倡导、全社会共同关注、社区搭建平台等形成发展合力，自然在实践中受到了诸多因素的影响和制约。首先，先进理念的引领、对家庭教育的科学认识和足够重视，直接影响和制约着家庭教育的健康发展；其次，多方推动的合力没有形成，家校社沟通交流渠道不畅、家庭教育活动载体有限以及内容单一，也制约了家庭教育的内涵发展；再者，家庭、家长在家庭教育中主体作用的发挥不够，甚至有些不良的家庭因素对家庭教育的健康发展带来了消极的影响。

二、家庭教育发展亮点纷呈

近年来，山东家庭教育在全社会的共同努力下取得了可喜的成绩，涌现出了大量先进典型。2018年山东省妇联启动了家庭教育立法调研，同时山东省妇联、山东省精神文明办、山东省教育厅共同主办的“山东省网上家长学校”（www.sdops.cn）利用专家在线、父母学堂、亲子实践、家教指导等特色栏目和活动，为全省广大家长提供专业、权威、系统的家庭教育服务，为满足不同家庭个性化的教育需求做出积极贡献。济南市教育局、财政局联合发布的

《济南市中小学(幼儿园)家庭教育指导纲要(试行)》在全省具有引领示范作用，使得全市家庭教育的统筹指导工作有法可依，学校调适家校关系有章可循，教师密切家校沟通有据可查，家长科学育儿有规可遵。

一是政府积极倡导。2012年，山东省家庭教育指导中心正式成立，积极倡导科学的家庭教育理念，大力推广成功的家庭教育经验，重在提高家长的教育素质和家庭教育水平，有效促进了未成年人的健康成长。2016年12月20日，山东省妇联与省教育厅在济南共同召开全省家庭教育工作会议，同时印发了《山东省关于指导推进家庭教育的五年规划(2016—2020年)》及省妇联等9部门《关于成立山东省家庭教育工作联席会议制度的通知》。2017年5月6日至7日，山东省家庭教育专家指导委员会成立大会在枣庄举行，山东省教育厅巡视员张志勇在讲话中指出，家庭教育是终身教育体系的重要组成部分，必须从治国理政的高度充分认识家庭教育，把家庭梦融入民族梦；无论时代如何变化，家庭教育都无法被替代；家长是学校教育最可靠的同盟军，要把学校的大门打开，让家长走进学校，关心、支持、有组织地协同学校教育。山东省家庭教育专家指导委员会的成立，有效推动了全省家庭教育工作的开展，积极促进全社会家庭教育思想的转变。

二是举办专题讲座。在各级政府的积极倡导和大力支持下，全省各地充分结合区域发展实际和内涵式发展需要，纷纷通过家庭教育大讲堂举办了富有特色的家庭教育专题讲座，如济南阳光100中学举办了以“做智慧父母，点亮心灯，助力成才”为主题的专题讲座、无棣县举办了“好品格、好成绩、好人生”家庭教育专题讲座、枣庄市举办了母亲素质提升工程暨“聚焦家庭教育、做明智父母”专题讲座。当前因孩子成了家庭的中心，有些家庭两代人甚至三代人某种程度上过度地保护了孩子，隔代抚养已成为家庭教育中共同关注的问题。为了提高爷爷奶奶、外公外婆科学育孙水平，结合当前学校家庭教育需求，更好地发挥祖辈隔代教育优势，青岛市市南社区教育办公室联合辖区社区教育基地、街道社区教育学校、局属相关学校幼儿园，围绕隔代教育开办了市南社区教育“银龄学堂”。学堂以一月一主题的方式，分别在青岛书城和各街道社区教育学校举行讲座，着力从科学育孙知识普及、亲子共读、习惯养成、情绪心理疏导等方面进行家庭教育专题指导。另外，淄博市临淄区社区教育学院每个月开展一次家庭教育公益大讲堂活动，累计已培训家长近二十万人次，同时还编写了《智慧父母》《牵手两代——亲子课程》等家庭教育系列读物；德州市德城区社区学院开设了网上家长学校，为数十家幼儿园、小学等教育机构举办家庭教育公益讲座，开展了家长大讲堂等系列活动；山东各大妇幼保健机构通过开设孕妇学校，举办主题讲座，为准妈妈提供孕前、孕中等产前教育和育儿经验传授。

三是市县经验做法。青岛通过开设“家长大课堂”积极开展“家长面对面”活动；淄博市力推“互联网+家校共育”新机制，有效提升了学校家庭教育的指导水平，积极助推形成家校共育新生态。淄博市临淄区社区教育学院以推动家庭教育工作为切入点，深入挖掘社区教育的丰富资源，实现了社区教育、家庭教育、学校教育联手共建、紧密结合、齐抓共管、融合发展。部分典型的先进市县在实践中将社区教育和家庭教育有机结合、一体化发展，不断加强对家长在子女教育上知识与方法的指导，通过社区教育的大发展带动家庭教育的联动发展，形成了良性互动的发展格局。济南市为响应《教育部关于加强家庭教育工作的指导意见》提出了“加快形成家庭教育社会支持网络”“将街道、社区（村）家庭教育指导服务纳入社区教育体系”的号召，主张培养和造就一支骨干社区家庭教育志愿者队伍，以全面提升济南市家庭教育工作者的综合素质和专业水准。2018年5月，济南市在全民学习服务中心举办了济南市园社协同——家庭教育指导种子教师培养计划培训班，所有参训学员均为济南市家庭教育指导的种子教师。这些种子选手进入工作后，实践中在各自的工作岗位上积极指导服务社区家庭教育工作，有效带动更多的专业老师为青少年儿童提供更好的家庭教育指导服务，充分发挥出种子教师的示范引领作用，为全面提升济南市社区家庭教育工作的综合水平做出了积极的贡献。

三、家庭教育未来发展策略建议

针对上述当前存在的不足，结合发展中制约的关键因素，新时代山东家庭教育应咬定发展规划所拟定的各项目标，采取适合山东发展实际的策略举措，从理念宣传、队伍建设、保障措施、项目实施、活动开展等多方面多渠道不断加快山东家庭教育内涵式发展，以形成多方合力推进、密切配合、共育未来的家庭教育发展新格局。

一是发展规划。《山东省关于指导推进家庭教育的五年规划（2016—2020年）》明确提出：巩固发展学校、家庭、社区相衔接的指导服务网络，到2020年，城市社区建立家庭教育指导服务站点或家长学校的比率达到90%，农村社区（村）建立家庭教育指导服务站点或家长学校的比率达到80%，在中小学、幼儿园和中等职业学校普遍建立家长学校，建校率达到99%以上。同时，为提高乡村学校家庭教育工作水平，缩小城乡家校共育差距，2018年6月山东省教育厅印发了《山东省教育厅关于实施“乡村学校家校共育种子教师万人培育计划”的通知》（鲁教基字〔2018〕13号），提出大力开展乡村学校家庭教育种子教师培育工作，从全省乡村中小学校、教学点、幼儿园遴选1万名教师，作为家校共育种子教师进行培育。

二是策略建议。新时代山东家庭教育应紧跟时代发展步伐、紧贴时代发展需求，更加注重内涵发展。首先，大力开展家庭教育专业指导和宣传推广实践活动，正确引导新时代家庭教育舆论导向，充分发挥广播、电视、平面媒体、网络平台等新闻媒体优势，多渠道、多形式广泛宣传普及家庭教育科学理念和经验技巧，宣传放大优秀家庭教育案例的引领示范作用，弘扬和传承“好家风、好家训、好家规”，引导全社会高度重视和共同支持家庭教育；其次，不断强化社区家庭教育的服务功能，依托城乡社区公共服务设施、城乡社区教育机构、青少年宫、儿童活动中心、妇女儿童家园、妇女之家等，共建共享家长学校或家庭教育的指导服务站点，为新时代家庭教育健康发展搭建平台、链接资源、提供服务；再者，促使家庭教育社会化发展，倡导践行“人人关注、人人参与、人人受益”发展理念，使得每个人既是自己家庭教育的主导者，同时又是他人家庭教育的参与者和推动者。

三是重要举措。家庭教育的有力推进和内涵式发展必须采取符合区域发展实际和行之有效的得力措施。首先，通过多种媒介积极建立家庭、学校和社区之间正式或非正式的沟通渠道，以实现及时有效交流和经验分享，使得家庭和学校真正融入社区，并充分利用社区的各种教育资源和平台不断提升家庭教育发展内涵；其次，通过发展社区家庭教育、远程家庭教育、学校家长课堂等途径，开设利用好“家长学校”聚焦家长教育，借助家庭教育专题讲座、经验交流与分享会、家庭教育读书会等形式更好地帮助家长全面学习家庭教育知识，系统掌握家庭教育科学理念和方法，不断提高家长自身素质，实现时时处处用正确行动、正确思想、正确方法教育引导子女；再者，切实加强乡村学校家庭教育，努力推进实施“乡村学校家校共育万名种子教师培育工程”，按照山东省教育厅的规划利用2年的时间为每一所乡村学校（幼儿园）培育1名家校共育骨干教师，大力提升乡村学校家校共育的整体水平。

第十四章
科学研究引领社区教育发展

新时代社区教育的实践探索与创新发展如何更好地开展、更快地推进、更省地落实，很大程度上依赖于社区教育相关理论的引领与指导。尤其是，当前随着社区教育不断向纵深发展，更加需要社区教育科学研究为其实践提供内涵式发展的依据与方向、提供可借鉴的经验与模式、提供评判的标准与规则。理论研究与实践探索是新时代社区教育内涵式发展的灵魂所在，在发展中两者相辅相成、互为基础、相互促进，应该实现有机融合、协调发展。科学的理论研究引领社区教育的实践与探索，实践探索又进一步丰富着理论研究的内容，并对理论研究成果进行实践检验。可见，社区教育实践活动和创新探索对理论依据的迫切需求与依赖已成为新时代社区教育科学研究不断提升的动力源泉。

在实践中，社区教育科学研究引领作用的有效发挥，需要立足我国社区教育发展实际和人民对美好精神文化生活期待的现实需求，因地制宜、精准把握、科学定位，既要注重理论研究又要重视实证研究，实现理论创新与实践探索之间协同、一体化发展，采取有效策略破除影响和制约新时代社区教育内涵式发展的关键因素，并为其健康可持续发展提供智力支持和理论依据。

第一节　社区教育科学研究概论

新时代社区教育作为一项富有开拓性的工作，需要先试先行、不断创新、敢于探索，在实践中尤其需要科学理论的引领与指导。社区教育科学研究的过程是对实践工作的不断总结、提炼、升华的过程，以实现理论研究引领实践探索，实践探索进一步又丰富理论研究内容，达到两者相辅相成、相互促进、协同发展。新时代社区教育科学研究同样需要立足实际，以社区教育理论研究和社区教育实践创新两个方面的现实为出发点，围绕社区教育内涵式发展所需的各功能要素，深入调研、集中发力、重点突破，为政府制定规划政策和各级社区教育机构开展工作提供智力支撑。

一、社区教育科学研究现状

党和国家对社区教育的愈加重视，尤其是相关系列政策文件的出台和实施，引起了社会各界的共同关注和积极参与，为社区教育科学研究注入了新的活力。社区教育科学研究在研究载体、研究内容、研究方法等众多方面均有较大突破，取得了可喜的研究成果。但是，因为针对社区教育的专门研究起步较晚，现实中依然存在着诸多问题，如研究还没有自成体系、研究深度和广度还有待提升以及研究成果未能得到及时转化等。为此，站在新时代发展的高度，各级政府和教育主管部门应为提升社区教育内涵式发展，积极引导，做好长期发展规划，积极推进社区教育科学研究不断向纵深发展。归纳起来，社区教育研究现状可以概括为如下几个主要方面的内容。

一是取得的成绩。近年来，我国社区教育研究取得了可喜的成绩，研究成果数量大幅增加，尤其是社区教育科学研究与国家发展战略、地方发展实际和未来发展需求能够充分结合起来，更加聚焦于策略性研究和操作层面上的路径选择、模式探索、品牌培育、体系完善、队伍建设、资源整合、支持服务等。其中，开放大学（广播电视大学）体系已经成为社区教育研究的主体力量，这与其在实践中逐渐成为各地区终身教育体系构建和学习型社会建设的主力军是分不开的。

二是存在的问题。当前，社区教育科学研究综合能力仍然不足有待提高，其理论构建显得碎片化、经验性总结的色彩较浓，作为学科建设的社区教育理论架构之路依旧漫长，原因有如下几点。首先，研究的系统性、理论性不足，没有真正把社区教育实践中探索出的比较有特色的新经验、新方法、新模式，升华为新理论、新观点，同时研究的方法单一、内容重复、载体有限；其次，研究人员的梯队不够优化、衔接不够，团队建设与核心竞争力有待进一步加强与提升，同时在研究过程中各自为战的碎片化、零散化的问题相对严重；再者，基础理论研究的高度和深度不够、政策性研究的针对性和前瞻性不强、实证研究的操作性和实用性不高，三者之间的有机衔接和协同发展更是不够。

三是发展的规划。科学研究要引领新时代社区教育未来发展、提升社区教育发展内涵、促使区域之间均衡发展，应进一步从整体性、系统化的时代站位和全局发展的角度不断深化。新时代社区教育科学研究要紧紧围绕国家经济社会发展需要，立足于区域社区教育发展现状，更加聚焦于宏观政策与社区教育发展规律研究、聚焦于社区教育的供给侧改革研究、聚焦于全民终身学习多样化需求研究、聚焦于社会与政府共同关心的问题。实践中，研究工作应将理论研究与实践探索深度融合、一体化发展，重点关注社区教育的法制化、规范化和标准化研究。尤其是通过大力开展终身教育大数据研究为政府、行业机构提供服务，为社区教育机构、科研院所提供支撑，为个人学习者提供职业规划与支持服务，等等。

二、社区教育科学研究的重要意义

早在二十世纪八十年代，美国以杜威为代表的教育家就提出了“教育即社会，教育即生活”的观点，强调教育必须回归生活、回归社区、回归社会，这对当时社区教育的研究和开展具有至关重要的指导意义。我国社区教育经历了粗放式发展，当前正处在集约式、精细化提升的关键时期，科学研究在促进新时代社区教育内涵建设、实现社区教育健康可持续发展中，发挥着越来越重要的作用，主要体现在如下几个方面。

一是科学研究引领良性发展。通过对影响和制约社区教育内涵式发展的关键要素进行系统化研究、充分论证、提出合理化建议和策略，可以有效促进社区教育快速健康可持续发展，少走弯路，避免不必要的资源浪费，从而将有限的“人、财、物”充分应用到社区教育发展所急需的人群和项目上，为社区教育良性发展保驾护航，更好地引领社区教育走“好、快、省”发展之路。

二是理论研究引领创新发展。由于社区教育本身是一项涉及到众多领域的极具复杂性的社会化系统工程，在研究中需要注重社区教育在地域差异性、对象全员性、需求多样性、条件多变性、发展持续性、内容广泛性等方面的规律性，为国家社区教育政策制定和各区域社区教育活动开展提供理论依据和智力支持，尤其是在创新性、特色化、品牌化发展等方面发挥引领作用。

三是实证研究引领特色发展。通过深入研究总结提炼出一套适合本地区经济社会发展实际和更好地满足居民个性化终身学习需求的经验模式、发展策略、实施方案，挖掘并发扬社区教育先进经验和典型做法，提炼出各地独具特色的社区教育发展模式和运行机制。为此，在研究中以实证方式为主，综合运用个案分析、归纳演绎、问卷调查以及访谈、综述等方式方法，在直观的实践经验层面上，寻求出社区教育发展的内在规律，积极探索社区教育的实践路径和发展规律，进而为引领新时代社区教育内涵式发展提供可靠的实现依据和可借鉴的经验做法。

三、影响社区教育科学研究的关键因素

新时代社区教育科学研究涉及到多个学科、社会的多个领域和与之相关的诸多部门，需要实现交叉融合、统筹设计、合力推进，因而在实践中受到众

多因素的影响和制约，如国家社区教育发展政策法规、平台搭建和政府引导、社会各界的共同关注和积极参与、学科体系建设、研究团队建设、经济社会发展实际以及全民多样化的终身学习需求等。归纳起来，影响和制约新时代社区教育科学研究内涵式发展的关键因素主要有如下几个方面。

一是政策体制有待健全。国家针对社区教育的有关政策，尤其是在科学研究中对社区教育加以引导甚至通过健全体制机制予以政策倾斜，都将直接影响和制约社区教育科学研究的健康发展。首先，虽然党和国家出台发布了一系列有关老年教育、社区教育的重要政策文件，但是在执行落地、监督评价和社会成效等方面依然有很大的上升空间，究其原因是有些地方政府对其重视仍然不够；其次，在国家和各地区科研课题指南中未将社区教育研究列入其中，或者仅将社区教育归类到成人教育大类，使得有意参与课题研究的人员无从下手；再者，现有科研体制更多地向知名科研院所的重大项目倾斜，因社区教育研究涉及多学科需要交叉融合而成为边缘选题，难以获得各级科研项目立项和重点资助，致使社区教育研究很难向纵深推进。

二是学科建设有待加强。任何科学研究的健康发展必然以完善的学科体系为支撑，我国社区教育学科建设起步较晚，而且发展缓慢，难以适应新时代社区教育内涵式发展的需要原因有如下几点。首先，在人才培养体系中，目前招收终身（社区）教育博士的高校仅有区区几所，甚至连设置本专科终身（社区）教育的高校也没有几所，这都直接影响到社区教育专业人才的培养和社区教育科学研究的专业化发展；其次，目前已有的院校其在学科划分上也不甚合理，大部分学校将其归之于教育学的成人教育之下，成为三级学科，这同样也不利于社区教育的科学研究；再者，现有终身（社区）教育专业在专业计划和课程设置上也不是很规范，既缺乏系统的理论支撑又缺少针对性的实践训练。

三是参与主体有待多元。在科学研究中，人才是关键，是其核心竞争力，社区教育科学研究尤其需要多元主体的积极参与，但是当前我国终身（社区）教育科研人员来源相对单一。首先，参与社区教育科学研究的人员分布相对集中，大多是数量有限的师范院校、科研院所，以及全国广播电视大学（开放大学）系统，这极不利于社区教育科学研究的深入开展和推广应用；其次，现有社区教育科研人员的梯队不甚合理、老中青的年龄结构失衡，同时研究人员的职称、学历、成果等也参差不齐，同样不同程度地影响和制约了新时代社区教育科研研究引领作用的有效发挥；再者，现有的开展社区教育科研工作的人员与实际从事社区教育实践工作的人员不相吻合，尤其是师范院校和科研院所的社区教育科研人员平时接触实际社区教育工作较少，不利于理论研究与实践工作相统一，有的甚至出现了脱节，难以实现成果转化，更无从谈起引领社区教育内涵式发展。

第二节　新时代社区教育研究的重要领域

新时代社区教育科学研究应高度重视社区教育顶层设计和保障制度的研究与探索，主要包括了社区教育发展法律法规、体制机制、规章制度等保障制度，这将为我国社区教育内涵式发展奠定坚实基础、提供不竭动力、保障各方权利，也是促使新时代社区教育长足发展的首要问题和核心所在。

在实践中，应针对科学研究引领社区教育健康发展的现实需求，集中优势人力物力财力，结合社区教育科学研究向纵深发展过程中的热点和难点，聚焦问题、切中要害、攻关克难，通过大力开展社区教育基础理论研究、政策研究和应用研究，努力探讨和解决社区教育发展中的重大理论和实践问题。同时积极搭建优秀成果转化和应用推广平台，鼓励更多社会组织开展社区教育优秀研究成果交流活动，以实现更好地示范引领社区教育内涵式发展。

一、新时代社区教育科学研究的现实需求

由于社区教育本身是一项极其复杂的系统性社会工程，尤其需要深入性地调研、完整性地分析、系统性地研究、不断地探索。新时代社区教育所需要的科学研究，不仅仅是对实践的经验总结与提炼，更需要发展成为实践的理论

先导和科学依据，使得其能够真正在实践中发挥引领作用。为此，针对社区教育各相关功能要素进行全方位的研究，对我国新时代社区教育内涵式发展显得至关重要、十分必要、急切需要，甚至已成为促使社区教育健康可持续发展所必须要开展的一项重要工作。概括起来，大力开展新时代社区教育科学研究的现实需求主要包括如下几个方面的内容。

一是社区教育内涵式发展的需要。“加快建设学习型社会，大力提高国民素质”的时代要求，促使社区教育必须加强内涵建设，实现健康可持续发展。但是，由于缺乏专业化、系统性、全方位的理论研究，致使社区教育工作者对社区教育的内涵外延、目标任务、功能定位、成效意义等各核心要素认识不清、把握不准，从而严重影响和制约了社区教育向纵深发展。为此，需要加强针对社区教育的基础理论研究和应用性实证研究，不断完善学科体系建设、探索创新发展路径，助力新时代社区教育内涵式发展。

二是社区教育可持续发展的需要。社区教育要实现“社会教育化，教育社会化”的大教育，必须立足于经济社会发展需要，服务于全民终身学习的多样化需求，促使社区教育健康可持续发展。但是，由于当前针对国情民意的政策研究缺失，致使政府、教育主管部门和社区教育机构在发展社区教育的过程中，目标不明、思路不清、措施不力、评价不实、后劲不足，从而严重影响和制约着社区教育的健康发展。为此，需要大力开展针对政府加快推进社区教育发展的策略研究和全民终身学习需求的调查研究，为制定社区教育发展策略、建立健全各项保障措施提供智力支持，以更好地实现新时代社区教育的可持续发展。

三是社区教育品牌化发展的需要。社区教育具有鲜明的地域性，更加需要实现特色化、品牌化发展。但是，由于目前仍缺乏一定规模和卓有成效的实证研究，致使社区教育发展仍存在无章可循、无所适从、摸石过河、多处碰壁，使得有限的教育资源用到了重复建设上，导致花了大力气却做了无用功。为此，需要针对数十年来的社区教育实践与探索进行总结、提炼、升华，以形成可供借鉴复制的经验模式，不断增强品牌意识，充分发挥品牌效应，有效促使新时代社区教育品牌化发展。

二、新时代社区教育科学研究的热点和难点

新时代社区教育科学研究，应立足于我国经济社会发展的基本国情，服务于各地区广大居民对终身学习的多样化需求，充分结合当前社区教育发展实际，使得社区教育研究更加具有针对性、实效性、前瞻性，在新时代社区教育内涵式发展中充分发挥引领作用。尤其是要善于聚焦热点、抓住重点、破解难点，真正做到“知行合一”，使得研究热点不断细化分化、研究重点向纵深发展，并形成各方合力、集多家所长、突破重点难点，在交叉融合领域取得新进展、新突破、新成就。概括起来，新时代社区教育科学研究的热点重点难点应在如下几个方面的内容上进行聚焦。

一是聚焦热点。新时代社区教育科学研究应将热点聚焦于政策研究、策略制定、发展规划等顶层设计，需要更加关注党和国家相关法律、政策的最新进展和目标定位等内容。首先，聚焦于国内外终身教育立法、实施和成效等内容，进而为我国终身教育立法提供理论依据和经验借鉴；其次，聚焦于国内外有关社区教育的政策文件进行纵横比较研究，为国家多部门联合发布政策文件、合力推进社区教育内涵式发展提供现实参考；再者，聚焦于全民终身学习的舆情分析研究，并通过大数据分析和挖掘，为新时代加快学习型社会建设的策略制定提供量化依据。

二是抓住重点。新时代社区教育科学研究的重点应在于狠抓实证研究，在实践探索中不断总结、勤于提炼、强于应用、善于推广。首先，以社区教育发展所应遵循的规范性和标准化为重点，开展制度制定、规划设计、实施规范、评价标准等实证研究，有效促使社区教育内涵式发展；其次，以社区教育项目品牌化发展路径探索为重点，开展区域社区教育发展的经验模式、运行机制、保障体制等实证研究，以实现社区教育的特色化发展；再者，以汇聚全民终身学习的多样化需求为重点，开展终身学习需求的调查、问卷、访谈等实证研究，促使社区教育活动开展更加丰富、更加多样、更加具有针对性，以更好地迎合人民对美好精神文化生活的向往和期待。

三是突破难点。新时代社区教育科学研究的难点是如何在基础理论研究上有更大突破，如何实现加快研究成果转化和推广应用。首先，围绕国家终身教育立法的依据、定位，以及与现有教育法律的内在关系进行深入研究，为国家尽早实现终身教育立法提供智力支持；其次，围绕如何在当前多部门联合推进社区教育过程中形成合力、注入活力、产生持久力进行研究，以助推新时代社区教育健康发展；再者，围绕如何推行“学习强国”，以实现由人口大国到人力资源强国的转变进行策略研究，从而为落实“加快建设学习型社会，大力提高国民素质”国家发展战略积极建言献策。

三、新时代社区教育科学研究引领作用的发挥

新时代社区教育研究引领作用的有效发挥，必须在上述聚焦热点、突破难点、狠抓重点的同时，努力搭建合理的研究队伍、拓宽研究载体、更新研究方法，进而加快研究成果转化与应用推广。在此过程中，应充分发挥科学研究对实践探索的智力支持作用，以实现专家引领、团队支持、协同研究，以项目出科研、以研究带项目，促使理论研究与实践应用的融合式、一体化发展。归纳起来，新时代科学研究引领社区教育内涵式发展的功能发挥重点可以从如下几个方面开展工作。

一是充分发挥科学研究在社区教育理念宣传、学科建设、人才培养等方面的引领作用。通过大力开展社区教育基础理论研究，更加明晰其内涵外延、目标定位、作用意义，大力宣传倡导终身学习理念；研究成果同时为终身（社区）教育学科建设提供理论依据，更好地服务于社区教育专业人才的培养，进而促使新时代社区教育内涵式发展。

二是充分发挥科学研究在社区教育法律政策、标准规范、规章制度等方面的引领作用。通过大力开展社区教育有关政策研究，为国家终身教育立法、政策文件制定、发展规划出台，以及区域规章制度发布、标准规范制定、推进措施执行等提供智力支持，以实现新时代社区教育多领域的融合发展和多部门的合力推进。

三是充分发挥科学研究在社区教育经验模式、体制机制、区域特色等方面的引领作用。通过大力开展社区教育实证研究，不断总结、提炼全国各地社区教育发展中可借鉴的先进经验模式，以促使形成良性发展的体制机制，更好地培育富有地域特色的社区教育品牌项目，进而实现社区教育实践探索与理论研究的内在统一。

第三节 新时代社区教育科学研究策略

新时代社区教育要取得长足发展、内涵式发展、均衡发展，将现理论工作者与实践工作者紧密结合“知行合一”是行之有效的途径。在实践中，应按照“边开展、边总结研究，边出成果、边应用于实践”的总体思路，通过大力开展社区教育科学研究积极为各级政府和教育主管部门的决策提供理论依据和智力支持，尤其以应用性研究促进社区教育实践工作更好地开展。同时，还需要广泛开展跨地域、跨学科的协同研究，进而实现纵横贯通、理实一体、融合发展，努力创造既有宏观调控策略又有中、微观实践举措的良性发展的新时代社区教育科学研究格局。

一、实现多元主体共同参与

当前，社区教育科学研究因起步较晚、未引起相关部门的足够重视、进展比较慢，相对于其他学科来说显得还十分薄弱，甚至不成体系，因而在实践中难以起到应有的引领作用。为此，实现多元主体的共同参与、形成合力，协同推进新时代社区教育科学研究不断向纵深发展，才能够在社区教育内涵式发展中发挥真正的引领作用。概括起来，具体可以从如下几个方面开展工作。

一是政府教育部门搭台。在实践中，各级政府和教育主管部门应将终身（社区）教育纳入各级规划课题或重点课题进行立项，并给予积极的政策倾斜，以保障社区教育科学研究的顺利开展。同时，要不断建立健全科研成果转化与应用推广的体制机制，加强终身（社区）教育学科建设，积极培养社区教育专业人才，为新时代社区教育科学研究和实践工作提供智力支持。

二是各类研究人员"唱戏"。新时代社区教育科学研究要实现快速发展，仅靠现有的部分师范院校、科研院所和广播电视大学（开放大学）的相关研究人员唱独角戏、单打独斗是远远不够的，而是需要社会各界的科研人员共同参与其中，在政府搭建的大舞台上发挥各自专长实现新时代的大合唱，并针对社区教育所涉及的多个领域开展更高层次的理论研究和实证研究，不断丰富、完善社区教育理论体系和经验模式。

三是多部门共同助阵。科学研究若要实现引领好新时代社区教育内涵式发展这一复杂的社会性工程，必然需要全社会多部门共同参与、协同推进。多部门的协作助力社区教育科学研究全面深入开展，为新时代社区教育科学研究营造浓厚的氛围、提供全方位的支持、形成健康可持续发展的合力，协同配合好社区教育科学研究的健康可持续发展。

二、实现理论与实践融合式发展

在实践中，应紧紧围绕新时代社区教育内涵式发展中的理论和实践问题，确定好关键领域的重点项目，不断提高社区教育科研工作的针对性、创新性和时代性。积极开展科研成果宣传推广与学术交流，尤其是要及时将科研成果转化应用到实际工作之中，真正做到"从实践中来，再到实践中去"，以增强科研成果的实效性，把科研成果转换为现实生产力，实现理论研究与实践探索的融合式发展，归纳起来具体可以从如下几个重要方面入手。

一是打造精品科研项目。瞄准理论前沿，紧盯新时代加快建设学习型社会的战略要求，坚持基础研究与应用研究并重，实现"理论研究、政策研究、实证研究"三位一体、协同发展。在实践中，立足政府顶层设计和政策制定需求、经济社会发展实际和全民终身学习需要，积极开展横向课题研究；立足社会服务，重点开展社区教育、老年教育、家庭教育等领域的横向课题研究；立足教育扶贫项目，大力开展乡村振兴、新农村建设、教育精准扶贫扶智扶志等方面的应用性课题研究。逐步形成以精品科研项目带动一般科研项目，一般科研项目孵化精品科研成果的良好循环机制，努力打造新时代社区教育科学研究的知名品牌。

二是注重科研成果转化。积极围绕终身教育体系构建和学习型社会建设开展创新性理论研究与应用性实证研究，为政府制定社区教育政策法规与顶层设计、发展规划提供咨询服务和智力支持。大力开展各类社区教育科研成果宣传活动，将富有创造性的应用型科研成果宣传出去、推介给决策部门，以发挥出应有的社会成效。同时，注重学术交流，加强多领域、多学科之间的交流与合作，不断拓展合作渠道、深化合作项目；引导鼓励科研人员加入各种学术组织、学术团体，积极参加各类高层次学术会议和学术论坛，不断开阔视野，拓展思路，以有效提高科研能力和水平。

三是提高服务社会能力。新时代社区教育科学研究应高度重视优秀科研成果的转化和应用，及时将具有前瞻性、策略性的成果推介给有关政府部门，为领导决策提供参考依据，积极助力学习型社会建设，更好地服务于全民终身学习。同时，积极鼓励科研人员承担各级政府委托的有关社区教育应用研究项目，主动参与新时代社区教育内涵式发展中重大问题的论证等。

三、实现科学研究内涵式发展

新时代社区教育科学研究同样需要实现内涵式发展，以更好地在实践中有效发挥引领作用。通过不断拓展研究载体、创新研究方法、加强团队建设、加大经费投入，尤其更加注重社区教育研究的时代性、延续性、融合性和联动性，集中优势力量攻关克难、破解发展中遇到的各种疑难问题，形成社区教育科研创新发展的合力，突破社区教育理论研究和应用实践中的瓶颈，以创新研究引领社区教育内涵式发展。概括起来，具体可以从如下几个重要方面开展工作。

一是创新研究载体方法。为提升社区教育科学研究的发展，需要在研究载体上不断拓展，实现科研项目、学术论文和著作、调查报告等多种形式融合发展；同时在研究方法上不断创新，实现文献、调查、访谈、统计、分析等多种方法的综合应用，有效改变现有实践层面上以简单经验总结做研究的现状，将实践探索中的新经验、新方法、新模式、新机制升华为新理论、新观点，以实现理论研究的系统性和完整性。

二是加强科研团队建设。在实践中，充分依托各级社区教育科研机构，不断优化研究队伍结构，注重社区教育创新科研团队建设，积极培养科研领军人物，形成科研人才和科研辅助人才衔接有序、梯次配备合理的队伍结构，重在打造高素质、高水平的科研攻关团队。还可以通过传帮带、压担子等方式，引导青年人积极开展社区教育科研工作，加大青年科研骨干的培养力度。同时采取多种形式和途径，为社区教育科研人员提供深造学习的平台和机会，不断提升其理论水平和科研素养，以有效拓展研究视野，提高研究能力。

三是加大科研经费投入。专项经费的投入是保障社区教育科学研究顺利进行、实现内涵式发展的必要条件，各级政府应出台相关政策以建立健全多元化的社区教育科研经费投入机制，有条件的地区应设立社区教育科研专项经费，不断改善科研工作条件，大力提高科研人员待遇和工作积极性。

第四节　山东社区教育科学研究实践与探索

近年来，山东社区教育取得了长足发展，科学研究在宣传终身教育理念、营造终身学习氛围、理顺体制机制、丰富内涵外延、解读政策文件等诸多内涵建设要素中发挥了引领作用。尤其是当前山东良好的政策环境为社区教育科学研究快速发展提供了平台和机遇。山东省人文社会科学课题、山东省教育科学规划课题以及山东省社区教育指导服务中心面向全省设立的“社区教育专项课题”“老年教育专项课题”等社区教育重大课题的设立和社会各界的积极参与为科学研究注入了活力。

但是，相对于其他学科领域，山东社区教育的科学研究依然比较薄弱，理论研究的高度有待进一步提升，实证研究的针对性有待进一步加强。为此，新时代山东社区教育科学研究应更加注重内涵式发展所需的政策、策略、制度、体制、机制、实践、实效、应用、推广等一系列核心功能元素的综合研究和系统分析。同时，需要对国内外优秀研究成果和先进经验模式有选择地引进、消化和应用，不仅要吸取国外的精华更要着力于本土化，从山东经济社会发展实际和社区教育发展需求出发，因地制宜、创新实践，以形成具有/富有山东特色的社区教育发展模式和实践路径。

一、山东社区教育科学研究现状

山东社区教育科学研究无论是参与的主体、立项的课题，还是取得的研究成果都取得了前所未有的成绩。山东省社区教育指导服务中心充分发挥“开展全省城乡社区教育理论研究、标准制定、政策咨询”等职能，在实践中按照“一手抓研究，一手抓实践”的工作方针，积极推进山东社区教育科学研究和成果转化与应用推广，取得了明显的社会成效。概括起来，其发展现状包括如下几个方面的内容。

一是取得的成绩。多年来，山东省各地充分结合区域发展实际，积极参加不同的课题研究，并将研究成果及时应用于所从事的社区教育实践工作。通过对国家社科基金课题、全国教育科学规划课题、山东人文社科课题、山东省教育科学研究课题进行抽样分析，64项社区教育研究课题分别由13个单位的51位课题负责人承担。其中，国家级课题2项即鲁东大学尹海立承担的国家社科基金委课题“武术社团参与社区健康促进的行动机制研究”、山东省教育科学研究院孙培东承担的全国教育科学规划领导小组办公室课题“社区学习共同体的理论建构与培育策略”；省级课题3项即山东广播电视大学谢明浩主持的省教育科学“十二五”规划2015年度重点资助课题“山东省社区教育资源共享机制研究（ZZ15010）”、山东广播电视大学李向荣承担的山东省社科联课题“山东省社区老年教育发展模式创新研究”、山东广播电视大学王文琳承担的山东省社科联课题“终身教育环境下社区家庭教育指导服务体系研究”。同时出版学术专著5部，如下表所示。

2008—2019年社区教育研究专著成果

序号	著作名称	作者	所在单位
1	提升农民素质的新机制——山东诸城推进社区教育发展的探索与实践	吴洪杰、郑兆学、周洪升	诸城市教育局
2	终身教育理念下学习型社会建设——山东社区教育数字化探索	范华、谢明浩	山东广播电视大学
3	当代社区教育管理新视野	魏晨明	潍坊学院
4	山东省社区教育蓝皮书——2016	山东省教育科学研究院	山东省教育科学研究院
5	山东社区教育实践与探索	刘兆东等	山东广播电视大学

其中，2016年山东广播电视大学范华、谢明浩出版的《终身教育理念下学习型社会建设——山东社区教育数字化探索》认为：一直以来，党和国家高度重视社区教育，发展社区教育充分体现了“三个代表”重要思想、发展社区教育践行了“科学发展观”、发展社区教育着力构建着“和谐社会”、发展社区教育编织着伟大的“中国梦”、发展社区教育培育践行了“社会主义核心价值观”、发展社区教育实践着“全面建成小康社会”重大战略决策；同时发展社区教育也是构建终身教育体系和建设学习型社会的重要载体与有效途径。该著作以“数字化学习环境、数字化学习资源、数字化学习平台”为三大内容，以“协调、绿色、开放、共享”为发展理念，将理论研究与实践探索相结合，以高起点、高标准、跨越式为基准，打造“开放式、智能化、超便利”的社区教育学习超市“山东终身学习在线”，为社区居民提供“一站式”综合性学习、管理与支持服务。著作从全省视野，探索出社区教育发展的“一条龙”的综合性社区教育架构。其中包括策略制定与服务指导、资源建设与共享、高用户体验的自主式数字化学习平台、线上线下有机结合的混合学习模式、五四式实体社区教育组织网络体系、项目示范与应用推广、学习管理支持服务等。而

且，借助移动学习客户端APP可以让居民真正做到“随时随地”地学习，实现更加适合社区居民学习时间“碎片化”的“微学习”，并通过“学分银行”的“零存整取”做到个人学习的终身化，更好地迎合、满足广大移动用户的动态学习需求。

二是存在的不足。山东社区教育科学研究的引领作用仍未得到有效发挥，研究成果所应具有的前瞻性、针对性和实效性等优势依然不足，原因有如下几点。首先，学科建设有待加强，专业人才相对缺乏，政策支持和制度保障不够；其次，尚未形成系统的理论体系，研究视野相对狭窄、研究方法单一、现有研究的内容多有重复；再者在各类重大或专项课题立项中，社区教育相关课题立项比例偏低。

三是制约因素。因社区教育科学研究横跨多领域、多学科、多部门，相对于其他学科具有更大的复杂性，在实践中受到更多因素的影响和制约。首先，各级政府和科研管理机构的重视程度、宣传广度、扶持力度，均直接影响到社区教育科学研究的健康发展；其次，社区教育学科建设、专业人才培养、科研团队培育，均直接制约着科学研究的可持续内涵式发展；再者，理论研究与实践探索的统一性、融合性、相关性，均会影响和制约社区教育科学研究的内涵式发展。

二、社区教育科学研究亮点纷呈

经过多年的发展和积累，山东社区教育科学研究由点及面，取得不斐的成果。通过中国知网以“社区教育”为题名进行高级检索，得到2008—2018年山东省内发表的社区教育论文共计847篇，总引用数为2968次，总下载数达117971次。尤其是近年来，山东全省电大系统不仅在大力发展山东社区教育的实践中发挥了主力军作用，而且在山东社区教育的理论研究与实证研究中也成为了主力和先锋。

一是论文成果。硕士论文研究成果中具代表性的有：山东大学池海的“济南市全民学习公共服务平台研究”和边婧的“社会主义和谐社会背景下的威海市社区教育探究”以及山东师范大学魏颖的“学习型社会背景下现代远程开放教育研究——以山东广播电视大学为个案”和智萌的“济南市学习型城市构建研究”以及曲阜师范大学王忠华的“济南市历下区社区教育的现状及发展对策研究”等，均从不同视角对山东省域社区教育发展过程中的相关问题进行了深入研究，得到了不同领域的研究成果和经验结论，有效促进了当地社区教育事业的良性发展。在学术论文成果中，山东广播电视大学范华发表了《开放式智能化超便利社区教育学习超市的构建探究》《社区教育平台运营策略研究》《基于“互联网+”社区教育发展策略研究》系列论文，分别论述了社区教育数字化学习平台的搭建策略、运营策略和应用推广策略等内容。同时，山东省社区教育指导服务中心于2016年、2018年面向全省开展了两届山东省社区教育优秀论文评选活动，共收到了近200篇社区教育相关论文。

二是课题研究。在社区教育课题研究中，仅潍坊诸城市就涌现出了一大批科研成果，潍坊市教育科学“十一五”规划重点课题“推进农村社区教育，构建终身教育体系”被潍坊市政府评为教学成果一等奖；“以成人教育为载体推进农村社区教育的实证研究”“社区教育与农村经济发展关系的实证研究”“建立健全乡镇社区教育管理体制与运行机制的实践研究”等课题均纳入山东省“十一五”规划课题立项研究；“县域农村社区学院引领社区教育发展的实证研究”“社区教育城乡一体化发展现状的调查研究”“社区全民阅读、终身学习的实践研究”“农村社区教育资源的开发研究——以诸城市社区教育为例”等课题均纳入山东省“十二五”规划课题立项研究。另外，山东广播电视大学申报获批山东省教育科学规划课题、山东省社科联课题、山东省文化厅课题等数十项；同时，自2014年开始，山东省社区教育指导服务中心还面向全省电大系统每年设立“社区教育”“老年教育”专项课题，累计立项已达100余个。

三是创新团队。为实现社区教育科学研究的健康可持续发展，山东广播电视大学高度重视科研创新团队建设。2015年启动了社区教育科研创新团队工程，为期三年，团队建设由学校提供专项经费进行资助，并进行年度考核。

该工程着重培育社区教育研究创新能力，尤其注重科研创新团队建设，以形成社区教育科研创新合力，实现社区教育科学研究的延续性和联动性，集中优势力量攻关克难，突破社区教育理论研究和应用实践中的瓶颈，以创新研究引领社区教育内涵式发展。在实践中，以“山东省社区教育发展战略研究”为主题开展研究，意在系统、完整、深入地对社区教育相关理论与山东省城乡社区教育的实践探索进行全方位的研究分析和经验总结，形成山东全省加快社区教育发展、推广与应用的指导范本，从而为山东省政府和教育厅等上级主管部门提供发展社区教育的智力支持和政策制定的基础研究、为山东省城乡社区教育实践应用经验在全国进行推广展示提供有力支持、为山东省各地区有序开展社区教育提供可操作的行动指南等。

三、未来发展策略建议

科学研究在新时代山东社区教育内涵式发展中引领作用的有效发挥，必须充分借鉴国内外先进经验和优秀成果，并结合山东发展实际和需求，做好顶层设计和发展规划，针对发展不足和制约因素，按照科研“引领、服务”实践的基本策略，采取切实可行的措施加快推进山东社区教育科学研究健康快速发展。

一是发展规划。《山东省人民政府办公厅关于加快发展老年教育的实施意见》(鲁政办发〔2018〕7号)提出要“加强老年教育理论研究与工作创新”，具体要求有创新老年教育理论和政策研究途径，为老年教育长远健康发展提供政策依据和科学指导；加强老年教育的现状调查和应用研究，推动老年教育标准化、规范化发展等。《山东省教育厅等九部门转发〈教育部等九部门关于进一步推进社区教育发展的意见〉的通知》(鲁教民发〔2017〕1号)在“建立健全社区教育工作队伍”中明确指出：社区教育队伍包括专兼职教师队伍、管理队伍、科研队伍以及志愿者队伍。山东省社区教育指导服务中心将“开展全省城乡社区教育理论研究”列入工作重点，积极开展标准制定、政策咨询等服务，为加快山东社区教育内涵式发展提供智力支持。

二是策略建议。若要实现科学研究在新时代社区教育内涵式发展的引领作用，必须站位要高、定位要准、方位要明。首先，各级政府和科研管理机构要将社区教育科学研究纳入各类科研规划，积极引导、大力支持，营造浓厚的社区教育科研氛围；其次，依托山东省社区教育指导服务中心成立“山东省终身教育研究院”专门研究管理机构，面向全省开展社区教育科学研究的管理与服务；再者，将社区教育科学研究与国家发展战略、山东发展规划充分结合起来，实现理论研究与实证研究、实践工作的协同发展、同步推进、内在统一。

三是重要举措。在实践中，科学研究应加强社区教育与社区发展、社区服务、社区治理等关系的研究，注重对社区居民终身学习需求的研究，强化社区教育本土化研究。首先，要适应经济社会发展和全民终身学习需求，紧紧围绕新时代社区教育内涵式发展的核心要素，积极开展跨领域、多学科、贴民生的高层次研究；其次，社区教育理论研究应更加注重国家政策，并结合山东实际为山东社区教育政策制定和顶层设计提供理论依据；再者，社区教育实证研究要与山东社区教育实践工作充分结合起来，重点做好典型做法、经验模式、标准规范的提炼、推广与应用。

第十五章 新时代社区教育助力和谐社会建设

二十一世纪伊始，中共十六大报告第一次将“社会更加和谐”作为国家发展的重要目标正式提出。中共十六届四中全会则从全面建设小康社会、开创中国特色社会主义事业新局面的全局出发，进一步提出“构建社会主义和谐社会”的战略任务，并将其作为加强党的执政能力建设的重要内容。传承和弘扬中国自古所崇尚的“和为贵、和为美”的和谐社会理想，建设全体人民“和睦相处、和谐共治”的和谐社会，这正是社会主义精神文明建设所追求的目标所在。“和谐社会”尤其注重精神文明建设，将构建高尚的思想道德体系、弘扬传承中华优秀传统文化和大力开展先进文化建设作为工作重点。

中国特色社会主义进入新时代，构建终身教育体系、建设学习型社会、发展社区教育已发展成为促进教育公平，推动人的全面发展，实现国家政治民主、精神文明、社会和谐的重要载体和有效途径。在实践中大力发展社区教育，可以充分挖掘社区居民的自身潜能，全面提高其知识能力、道德情操、文化修养等综合素质，进而推动人的全面发展，有效提升全体居民的精神境界。新时代社区教育着力培养居民追求民主、崇尚文明、诚信友善等创建和谐社会所需的综合素质，最终实现人与人、人与社会、经济与社会、自然与社会之间达到“和谐共处、和谐发展、和谐共赢”的美好愿景。由此可见，在和谐社会建设这一伟大工程之中，新时代社区教育大有可为。

新时代社区教育具有其他任何教育形式所难以比拟的优越性：社会公益性、教育普惠性、主体整合性、人群广泛性、参与主动性、资源共享性、手段先进性、内容适宜性、形式多样性、过程持续性以及效果有效性等。同时，社区教育又是一项向传统社会意识、传统教育观念、传统生存方式进行全面挑战的艰巨而复杂的社会性工程，还是一项关系我国社会主义现代化建设、关系中华民族全面复兴、关系全面建成小康社会的基础性工作，其任务繁重而前途光明，可谓“功在当代，利在千秋”。

第一节　新时代社区教育融入社区工作

1995年在泰国召开的国际社区教育协会“第七届国际社区教育大会”，在总结现代社会社区发展与社区教育经验的基础上，通过并发布了《社区教育宣言》。该宣言着重强调了四大观点：一是没有社区的建设，就没有社会的持续发展；二是一个强大的社区是医治各种社会疾病的基础；三是良好的社区教育能够加强社区建设；四是通过社区教育才能使社会持续健康发展。因为社区精神、社区教育、社区管理是一个良好的、强有力的社区内部的三种强大力量，其中社区教育又是促使社区发展和社区管理的关键因素。由此可见，社区教育对社区发展进而对社会可持续发展的关键性促进作用，得到了当代国际社会的一致认同与高度重视。

随着中国社会的转型发展，传统的“单位制”体制逐步解体，原属单位的社会职能不断被剥离，社区已经逐步成为新时代社会控制、社会管理、社会治理的重要载体和主阵地。在此过程中，各级政府应将社区教育作为街道管理创新、乡镇服务型政府建设和城乡社区建设的重要内容，统一纳入城乡社区服务体系建设规划。通过积极推进城乡社区教育，有效聚合社区区域的发展合力，充分发挥社区发展对区域经济社会建设的促进功能，并实现对社区居民的引导、教化，甚至矫正等教育功能，以进一步增强社区居民的责任感、归属感、幸福感和自豪感。

一、新时代社区工作的重要使命

我国学者徐永祥将社区工作界定为：旨在确定社区的问题与需求，发掘社区资源，动员和组织社区居民实现自助、互助和社区自治，有效化解社区矛盾和社区冲突，积极预防和解决社区问题，从而促进社区服务质量、福利水平的提高和整个社会的进步[①]。从社区工作与社区教育正相关性的视角，以及两者可以实现融合发展、协同推进的共振下，新时代社区工作应肩负起如下若干重要使命。

一是公共服务功能。社区公共服务主要指的是社区为解决发展中所遇到的各类问题，满足居民生活需求而提供的公共的、大众性的、综合性的便民利民服务。其初衷在于为居民提供就地、直接、及时的帮助，实现就地解决社区问题，进而为创建和谐社区、全面建成小康社会奠定物质基础和营造积极向上的社区环境。最终目的在于调解人际关系，缓和社区矛盾，创造一个和谐、温馨的社区大家庭。

二是社区文化功能。该功能主要表现为基层社区应积极发展教育事业，组织开展文化娱乐和休闲体育活动，组织开展群众性精神文明创建活动，等等。在实践中，通过开展社区互助、邻里互助、楼院互助、军民共建、资源共享等互利互惠活动，增强居民爱祖国、爱人民、爱社区的思想感情，形成诚信友善的良好社会风气。尤其是要在基层社区内大力倡导团结互助的时代精神，不断增强“社区是我家，建设靠大家”的自觉性，培养和增进人与人之间的亲情、友情、乡情，提升居民对所在社区的认同感和归属感，有效改善人际关系，净化社会风气，为促进社会主义精神文明建设发挥积极作用。

---

① 徐永祥主编：《社区工作》，高等教育出版社2004年版，第20页。

三是助人自助功能。助人自助可以提升一个人的综合素质。新时代社区工作针对基层社区和农村地区可以通过开展送教下乡，实现扶贫扶智扶志的有机统一、融合发展，帮助社区居民获得持久的生存能力、不断提升生活质量。同时，还可以积极培育社区居民的参与意识，逐步形成社区建设“人人参与、共建共享”的社区发展良好格局。

二、社区教育在社区工作中的功能定位

新时代社区教育已发展成为实现中华民族伟大复兴“中国梦”、构建和谐社会、全面建成小康社会的重要载体和有效途径。为此，在社区工作实践中，应将社区教育的发展置于构建和谐社会的视野之下，秉承新的教育理念和发展理念将社区教育纳入社区工作整体发展规划之中，旨在大力提高全体居民综合素质、改善社区生活、促进社区可持续发展、有效助力社区治理、积极辅助社区矫正，以实现社区在整个国家和社会发展中的基础细胞功能。概括起来，新时代社区教育在社区工作中的功能定位主要包括如下几个方面的内容。

一是大力提高国民素质。众所周知，社区教育的初衷是提高居民综合素质，使其更好地适应职业、学会生存、提升自我，从而有效促进社区可持续发展。我国著名学者卢谋华教授认为：“社区工作是组织与教育的行动过程。在这一过程中，社区工作者协助居民组织起来，参与推动。经由研究社区共同需要、协调社区各界力量、动员社区内外资源、采取自助行动计划等步骤，以达成解决社区共同问题、发展社区合作精神、提高居民生活素质与促进国家整体建设的目标。”[①]可见，社区工作与社区教育有着共同的初衷和一致的目标，均为提高全体居民综合素质进而有效促进社区的可持续发展。尤其是，随着经济社会的快速发展，新时代社区教育已发展成为社区服务所提供的重要内容、同时也是实现社区治理的有效途径，在社区工作中意在更好地满足居民物质生活需要的同时更多地关注居民精神文化生活的需要，为社区发展提供了强有力

---

① 周廷军、范华主编：《社区工作》，山东人民出版社2018年版，第114页。

的人才保障和智力支持。

二是有效促进社区文明。在实践中，大力发展社区教育不仅可以迎合和满足人民对美好精神文化生活期待，还可以有效促进社区文明建设。首先，发展社区教育既注重物质文明提高，又强调精神文明提高，尤其更加侧重于居民精神文化层面的提升，从而有效推进社会整体建设中各功能元素之间的和谐相融；其次，发展社区教育也是实现城乡一体化发展、消除城乡二元结构的有效途径，已成为推动经济发展和社会进步的积极因素；再者，社区教育是一种沟通中央和地方、政府和人民之间关系的一种新的教育管理模式，将社区教育有效融入社区工作有助于基层政权的巩固和社区问题的解决，促进经济社会健康可持续发展，实现社区治理、促进社会稳定，在创建“和谐社会”中具有不可替代的重要作用。新时代社区教育通过对广大社会成员综合素质的提高，使得居民充分认识、并自觉践行社会文明，一言一行均从自我做起，争做文明市民，创建文明城市，从而促进社会和谐发展。

三是着力提升生活质量。社区教育是终身教育体系的重要组成部分，是政府向社区居民宣传党的路线方针政策的重要渠道，是社区建设和社区服务的重要内容，是经济社会发展到一定程度人民群众对教育提出的新要求，是社区居民学习科学技术知识、弘扬传统文化的重要场所，是崇尚科学、反对邪教的重要阵地，是广大群众相互交流的重要平台。可见，新时代社区教育已成为居民了解国家政策、享有社区服务、提升自我素质的教育服务综合体。在实践中通过大力发展社区教育，实现全面提高社区居民科学文化、思想道德和综合素质，以有效提升全体居民物质生活和精神生活的质量，为建设“和谐社会”做出积极贡献。

三、社区教育助力社区工作的实现策略

在实践中，社区教育通过提高居民综合素质从而促进社区可持续发展，遵循的是“由人及物”原则；社区工作通过社区建设、社区服务实现社区发展，以提升居民的认同感、归属感、幸福感和自豪感，进而达到社区治理，坚持的是“由物及人”的思想，两者均以“助人自助”为目标，可谓异曲同

工。尤其是，“以人为本”的社区教育理念顺应了当前社会更加多元化和民主化的发展趋势，更加注重社区居民综合素质的提高和全局意识的培养，更加强调居民社区活动的参与度，更加追求社区居民个体的全面发展与社区可持续发展的内在统一。

一是实现融合式发展。在实践中，应将社区工作与社区教育紧密结合在一起，实现物质文明建设与精神文明建设协同推进、融合式发展，而且寓精神文明建设于物质文明建设之中，真正践行寓教育于发展的新时代社区教育先进理念，不断增强社区凝聚力和社区成员对社区的归属感和认同感，有效促进社区和谐、健康、可持续发展。

二是多措并举搭平台。新时代社区教育应多措并举助力社区工作健康发展，尤其要充分发挥在搭建政府和居民沟通的桥梁、凝心聚力提升居民参与社区治理的积极性和主动性等方面的功能作用。在实践中，可以通过开展各类终身学习活动大力提升社区居民文明素质，通过组织多种形式的文化、体育、亲子等社区公益活动不断增强社区居民对社区的认同感，通过多种形式的参政议政实现居民参与意识和自治意识的提高，等等，积极搭建平台、链接社会资源、提供社区服务、助力社区工作健康发展。

三是积极服务促治理。新时代社区教育应积极主动扎根于社区、立足于社区、服务于社区，为更好地为满足每一位社区居民对美好精神文化生活的需要做出积极贡献，这正是新时代社区教育发展的宗旨和核心。在实践中，社区教育作为推动社区治理的有效途径和重要载体，应将其上升为社区工作的重要内容和得力抓手，主动融入社区治理，多途径多形式将社区教育工作有效“介入社区治理，服务社区发展”。

第二节　新时代社区教育助力社区治理

第七届国际社区教育大会宣言明确指出：“良好的社区教育能够加强社区

建设，通过社区教育，才能使社会持续发展。”[①]新时代社区教育发展要“将当下社区教育和社区治理需求，及时有效地转化为自身内部各种核心因素变化，才能实现社区教育功能的新拓展”。同时，《教育部等九部门关于进一步推进社区教育发展的意见》（教职成〔2016〕4号）提出：推动社区教育融入社区治理，不断丰富社区建设的内容。通过社区学习与交流活动，增强社区归属感和认同感，加快融入社区生活的进程。

一、新时代社区治理的重要使命

通俗地讲，社区治理是社会治理的缩影，是政府与社区组织、社区公民共同管理社区公共事务的活动。党的十九大明确提出：“加强社区治理体系建设，推动社会治理重心向基层下移，发挥社会组织作用，实现政府治理和社会调节、居民自治的良性互动。”同理，从社区治理与社区教育正相关性的视角，以及两者可以实现融合发展、协同推进的共振下，新时代社区治理应肩负起如下若干重要使命。

一是保障和改善民生。为实现新时代社区治理，在实践中应坚持以人民为中心的发展思想，把服务居民、造福居民作为城乡社区治理的出发点和落脚点，借力社区教育积极开展纠纷调解、健康养老、教育培训、公益慈善、防灾减灾、文体娱乐、邻里互助、居民融入及农村生产技术服务等系列活动。通过各类社区教育培训活动对社区成员进行教育引导、能力提升，以实现个人综合素质提高、凝聚人心、和睦相处、共建和谐社区的目标，大力弘扬公序良俗，促进法治、德治、自治有机融合，为保障和改善民生做出积极贡献。

二是强化社区文化引领。加快推进新时代社区教育内涵式发展，将社区教育融入社区治理，充分发挥其在社区文化建设中的引领作用。首先，以培育和践行社会主义核心价值观为根本，大力弘扬中华民族优秀传统文化，培

---

① 孙玲：《社区教育与社会的持续发——第七届国际社区教育大会综述》，《教育研究》1995年11月，第74页。

育心口相传的城乡社区精神，不断增强居民的社区认同感、归属感、责任感和荣誉感，同时将社会主义核心价值观融入居民公约、村规民约，内化为居民群众的道德情感，外化为服务社区的自觉行动；其次，有效发挥社区教育在社区治理中的道德教化作用，广泛宣传和推广社区道德模范、好人好事，大力褒奖善行义举，用身边事教育身边人，多举措引导社区居民崇德向善；再者，积极组织社区居民开展文明家庭创建活动，发展社区志愿服务，倡导移风易俗，为形成与邻为善、以邻为伴、守望相助的良好社区氛围做出应有贡献。

三是实现共建共治共享。新时代社区治理工作应坚持“人人参与、人人尽责”的原则，不断完善公共服务体系，有效保障社区居民基本生活，以更好地满足人民日益增长的美好生活需要，使居民的获得感、幸福感、安全感更加充实、更有保障、更可持续。在实践中，通过社区治理与社区教育协同发展、共同发力、合力推进，将城乡社区建设成为和谐有序、绿色文明、创新包容、共建共享的幸福家园，实现“人人享有、众人共享”的新时代社区治理新格局。

二、社区教育在社区治理中的功能定位

众所周知，社区教育的核心功能在于提升居民的综合素质和生活质量。从素质提升来说，包含公民素养、科学知识、休闲文化、健康养生、生活技能等方面的素质；从生活质量提高来讲，包含了营造社区人文气息、地域文化、优美环境、邻里和睦、文化生活、价值认同、人心凝聚以及安居乐业等。可见，社区教育本是社区治理与社区发展的基本内容和应有之义，兼有育人和理事的双重功能，不仅可以促进人的全面发展，还通过对人的教化实现社区服务和社区治理，达到发展“人”和发展“社区”的同步功效，使得社区发展具有了较强的“自愈”能力。

一是完善社区治理体系。新时代社区教育通过提升人的综合素质、协调社会关系、化解社区矛盾、促进社会公平、构建和谐社区，实现助力社区治理

的新使命。习近平总书记强调“加强和创新社会治理，重心必须落到城乡社区”，社区治理是社会治理的基础工程，而社区治理的关键在于培养具有现代公民素养和自我发展能力的社区居民，尤其是实现“人的全面发展”已成为社区治理和社区教育的必然归宿。2017年《中共中央　国务院关于加强和完善城乡社区治理的意见》明确要求：“积极发展社区教育，建立健全城乡一体的社区教育网络。”在实践中，作为区域性教育综合体的社区教育，通过大力开展各类教育培训活动不断提高社区全体成员综合素质和社区文明程度，进而为社区发展、和谐社区建设奠定良好的人文基础，在社区治理中发挥着独特的教化功能。

二是服务社区治理提升。显而易见，社区教育与社区治理均根植于社区，而且直面社区基层问题，紧紧围绕人和社区发展这一共同问题开展工作。首先，社区治理在于人，在于人的全面自由发展，而社区教育恰恰是以满足社区居民终身学习需求为己任，是以人的全面发展为宗旨；其次，社区治理依托“政府、社区、家庭”三方协商共治，围绕人的全面发展而不断优化社区公共事务管理、增强社区凝聚力、推动社区发展进步，而社区教育正是作为社区公共事务的重要内容，既是社区治理的重要组成部分，也是助推社区治理的重要手段；再者，社区教育直接面对社区发展需求，直接介入社区成员现实生活，顺应社区治理实践创新的要求，有效介入和服务社区治理，以更好地实现社区治理和社区教育的共同诉求，即实现“人的全面发展”。

三是汇聚社区发展合力。社区教育的初衷与社区发展和社区服务的现实需要极其吻合，尤其是，随着我国经济社会的转型发展，传统的“单位制”体制逐步解体，原属单位的社会职能不断被剥离，社区治理已经逐步发展成为新的社会控制、社会管理和社会整合的重要载体。在实践中，需要通过大力发展社区教育，聚合社区区域的发展合力，充分利用社区发展对经济社会建设的促进功能，特别是在社区区域内实现对居民的引导、提升、感化、矫正等教育功能，从而实现社区治理、居民自治、助人自助的发展目标，进而使社区居民进一步增强对社区的归属感、责任感和自豪感。

三、社区教育助力社区治理的实现策略

在实践中，社区治理是一项长期且复杂的系统性工程，各地均在积极探索基层治理的载体与方式方法。如我国很多地区均在举办“欢乐邻里节”，依托社区教育平台策划开展系列化节日活动，以增进居民间的沟通与交流，积极引导社区居民和谐相处，有效促进社区和谐安宁氛围的营造。还有地区开展了“四点半学校”民生工程，有效整合“学校、家庭、社区”三方资源，着力破解学校放学后、家长下班前小学生无人看管的社会性难题，实现社区教育在服务社会民生的功能载体上的有效拓展。概括起来，新时代社区教育助力社区治理的实现策略主要有如下几个方面。

一是搭建平台。社区教育通过搭建平台实现激发活力、协调关系、价值引领、心理疏导等功能的发挥，有效助力社区治理。首先，新时代社区教育应在提升社区居民综合素质、增强社区参与意识、培育社区组织上发挥基础性和先导性作用，将解决社区居民的生活、工作、发展、物质与精神需求以及各类矛盾和问题，真正纳入到社区治理的框架之下；其次，通过大力发展社区教育，以吸引社区内各类人群参与其中，不断增强社区成员的社区意识，以及对社区的责任感、认同感和归属感，同时帮助社区成员之间建立起相互关怀、彼此信任的融洽人际关系，并在交往中通过互利共赢来化解摩擦与冲突，降低社区治理成本，促进社区关系和谐发展；再者，社区治理应通过社区教育所搭建的各种活动平台，充分调动和最大化聚集各类资源，为社区居民提供参与社区公共事务管理的机会，切实协商解决各类社区矛盾、缓解社区冲突，不断增强居民社区参与意识，有效激发并充分释放居民自治的积极性和内动力。

二是提高素质。通过发展社区教育，充分挖掘社区居民自身的发展潜能，全面提高其知识能力、道德修养、生存技能等综合素质，进而推动人的全面发展，有效提升居民的精神境界。社区教育还应积极培养居民追求民主、崇尚文明、创建和谐社会的综合素质，最终实现人与人、人与社会、经济与社会、社会与自然达到“和谐共处、和谐发展、和谐共赢”的社区治理美好愿景。

三是关注民生。新时代社区教育要实现社区治理功能，其核心在于持续关注社区居民个体的基本需求和发展需求。因为社区居民的需求满足了，社区治理中的矛盾和问题就少了；同时居民需求满足了，居民素质与素养水平提高了，居民社会适应能力、创业创新能力、自我认知能力、道德风尚践行能力等各项能力均会随之而提高，自然而然全社会所追求的社区治理成效也就达到了。

第三节 新时代社区教育助力构筑中华民族伟大复兴中国梦

中国特色社会主义进入新时代，大力发展社区教育，不断提高全体国民综合素质、有效促进社区可持续发展，以实现最大化汇聚发展合力，可以为建设和谐社会、构筑中华民族伟大复兴“中国梦”提供强有力的人才保障和智力支持。为此，新时代社区教育应紧跟时代步伐，不断更新教育内容，充分体现时代精神，有效利用现代教育技术，着力丰富教育形式和创新实践活动，逐步优化全民终身学习支持服务，以更好地满足广大社区居民日益增长的精神文化需求为目标，以有效促进社区可持续发展与和谐社会建设为根本。

一、新时代中华民族伟大复兴“中国梦”的丰富内涵

“中国梦”是新一代国家领导核心提出的重要指导思想和重要执政理念，习近平总书记于2012年11月29日在国家博物馆参观《复兴之路》基本陈列时，首次论及“中国梦”，并把“中国梦”定义为“实现中华民族伟大复兴，就是中华民族近代以来最伟大的梦想”，而且表示这个梦“一定能实现”。近年来，习近平总书记对中国梦战略思想做了系统阐释，明确指出：实现全面建成小康社会，建成富强、民主、文明、和谐的社会主义现代化国家的奋斗目标，实现中华民族伟大复兴的“中国梦”，就是要实现国家富强、民族振兴、人民幸福。概括起来，新时代中华民族伟大复兴“中国梦”的丰富内涵主要包括如下几个方面的内容。

一是“中国梦”是复兴梦、富强梦、振兴梦、幸福梦。只有坚持中国道路、弘扬中国精神、凝聚中国力量，中国梦才会梦想成真；只有大力弘扬以爱国主义为核心的民族精神、以改革创新为核心的时代精神等中国精神，才能实现中国梦；只有不断凝聚中华各族人民大团结之中国力量，才能实现中国梦。“中国梦”强调富有“创新”的中国精神和“大团结”的中国力量，要大力发扬，可以借助社区教育所发动的全民力量将中国精神和中国力量等传统美德、发扬光大，并在全国人民中掀起“编梦”“织梦”的巨大热潮。

二是中国梦的基本内涵包含国家、民族、人民三个层面。从国家层面看，中国梦就是强国梦。中国要成为强大的现代化国家，赢得世界认同，并成为引领世界发展的主导力量。从民族层面看，中国梦就是民族复兴梦。中华民族要对人类发展做出更大、更多、更重要的贡献。从人民层面看，中国梦就是每个中国人的梦。“中国梦归根到底是人民的梦”，每一个中国人共同享有人生出彩的机会、共同享有梦想成真的机会。上述三个层面将国家、民族和个人作为一个命运共同体，从而使国家利益、民族利益和每个人的具体利益都紧紧地联系在一起。

三是“中国梦”的核心目标为“两个一百年”宏伟目标。到2021年中国共产党成立100周年和2049年中华人民共和国成立100周年时，逐步并最终顺利实现中华民族的伟大复兴，主要体现在“国家富强、民族振兴、社会和谐、人民幸福”；其实现途径是“走中国特色的社会主义道路、坚持中国特色社会主义理论体系、弘扬民族精神、凝聚中国力量”；实施手段是“政治、经济、文化、社会、生态文明五位一体建设”。2013年，习近平在第十二届全国人民代表大会第一次会议上的讲话中，再次畅谈“中国梦”时指出：实现全面建成小康社会、建成富强民主文明和谐的社会主义现代化国家的奋斗目标，便是实现中华民族伟大复兴的中国梦。

二、社区教育在实现中国梦中的功能定位

新时代社区教育应主动适应经济社会发展需要，紧紧围绕人民对美好精

神文化生活的期待和向往，通过不断提升精神文明建设的软实力有效激发物质文明建设的内动力。在实践中，着力提高全体社会成员的个人综合素质，积极营造全社会“崇尚学习、乐于学习、享于学习”的良好氛围，以实现“人人、时时、处处”的终身学习，有效促进社区可持续发展。同时以培育和践行社会主义核心价值观引领社区教育各项活动，将“爱己、爱民、爱国”内化为每一位社区居民的自觉行为，为建设和谐社会、构筑“中国梦”做出积极贡献。概括起来，新时代社区教育在实现中国梦中的功能定位主要包括如下几个方面。

一是繁荣社区文化。在实践中，应大力加强城乡社区文化建设，有效提高社区居民文明素质，不断增强社区凝聚力。首先，广泛开展社会主义核心价值体系宣传普及工作，从城乡社区存在的具体问题入手，深入开展社会公德、职业道德、家庭美德、个人品德系列专题教育活动，积极推进廉政文化教育进社区，推动形成良好的社会风尚与和谐的人际关系、邻里关系；其次，不断加强社区文化基础设施建设，在社区内建设方便居民读书、阅报、上网、娱乐、健身等活动场所；再者，充分挖掘社区文化资源，广泛开展各具特色的群众性文化活动，着力丰富居民群众的精神文化生活，同时充分利用春节、清明、端午、中秋等民族传统节日，广泛开展节日民俗活动和文化娱乐活动，大力弘扬中华民族优秀传统文化。

二是提高国民素质。充分发挥社区教育的教育和服务优势，为建设“和谐社会”、构筑中国梦提供智力支持和人才支撑。首先，培养和塑造有知识、有能力、以社区发展为己任的社区工作者队伍，尤其注重社区居民文化素质的培养、塑造和提升，有效提高社区居民道德综合素养，使其养成文明、健康、科学的生活方式，为形成和谐的人际交往搭建平台；其次，通过提高广大社会成员的综合素质，使得居民充分认识、并自觉践行社会文明，居民实现一言一行均从自我做起，争做文明市民，创建文明城市，促进社会和谐发展；再者，充分发挥社区教育在有效沟通中央和地方、政府和人民之间关系的创新实践，打造新时代社区治理新局面，服务于基层政权的巩固和社区问题的解决。

三是实现人才强国。大力推进终身学习，建设世界最大的学习强国。在实践中大力发展社区教育，以终身教育理念为引领加快建设学习型社会，全面提高城乡社区居民科学文化等综合素质，以满足广大居民日益增长的精神文化需求，使得我国由人力资源大国逐渐转变为人才资源强国。使国民不仅仅在物质上实现小康，更要体现在精神文化生活层面上，人民大众不仅要富口袋，更要充实脑袋。同时，通过大力发展社区教育帮助全体社会成员都能实现最全面自由的发展，使他们能够充分发挥自身的智慧、潜能、技能和创造力；使得人人都能将科技知识转化为财富和能力。

三、社区教育助力构筑“中国梦”的实现策略

中国梦本质上为“人人梦”，是要在满足全体国民物质生活需求的同时，更好地迎合其对美好精神文化生活的向往和期待。在实践中，大力提升新时代社区教育发展内涵，意在使其成为向社区居民宣传党的路线方针政策的重要渠道，成为社区居民学习科学技术知识、弘扬优秀传统文化的重要载体，成为崇尚科学、反对邪教的重要阵地，成为广大群众相互交流的重要平台。可见，新时代社区教育的定位以广大社会成员综合素质的提高为宗旨，以促进社区可持续发展为目的，通过引导、教化等多种举措实现将“爱己、爱民、爱国”内化为人人的自觉行为，有效助力中华民族伟大复兴“中国梦”的实现。社区教育助力构筑“中国梦”的具体实现策略可概括为如下若干方面。

一是充分发挥教化功能大力培育民族自豪感。在实践中，充分发挥社区教育的教化功能主张对全体社区居民开展潜移默化地爱国主义教育、民族自豪感培育，进而焕发“中国精神”，凝聚“中国力量”，使得人人自发、积极主动地为国家富强、民族振兴积极贡献自己的一份力量。久而久之，国家富强了，民族强大了，人民自然就幸福了，伟大的“中国梦”就顺理成章地实现了。

二是有效培育和践行“社会主义核心价值观”。社区教育扎根于居民赖

以生存的社区，服务于每一位社区居民，在实践中按照由“人”及“物”、层层推进的发展规律，积极构建人人“乐学、乐业、乐居”理想家园。首先，从教化“人”做起，注重所有居民的多样化精神文化教育需求，培育居民“爱国、敬业、诚信、友善”的基本道德规范和社会价值观；其次，居民综合素质提高了，社区乃至社会就自然呈现出了“自由、平等、公正、法治”的祥和景象；最后，随着新时代社区教育发展的不断深化，居民达到“敬业、诚信、友善”、社会实现“自由、平等、公正、法治”，国家自然就水到渠成地“富强、民主、文明、和谐”了。

三是通过“由人及物”有效促进和谐社会建设。社区教育所固有的“全员、全面、全程”的特性，决定了社区教育通过人的全面发展，可以有效促进经济社会的可持续发展和科学发展，达到“人·社会·自然”和谐发展。在实践中，社区教育的出发点、归宿点均坚持“以人为本”，尤其强调以促进人的“全面发展”为核心的综合素质提高，进而通过人的发展带动社区乃至社会的全面、协调、可持续发展。同时在发展社区教育过程中，应追求整个社会的多个方面协调一致发展，包括城乡居民、物质文件、精神文明，更加注重全体社区居民生活不同层次的多样化发展需求。

第四节　山东社区教育助力和谐社会建设实践与探索

众所周知，广大城乡社区是社会组成的基础构件，建设和谐社会首要的便是建设和谐社区。在实践中，山东社区教育发展坚持“立足社区、融入社区、服务社区”的基本原则，通过开展形式多样、丰富多彩的社区教育活动和各类教育培训，全面提高社区居民综合素质和生活质量。社区教育还着力营造健康向上、乐观积极的主流社区文化，传递正能量，有效促进了物质文明、精神文明、政治文明等三个文明建设，也增进了家庭和睦、邻里和顺、社区和谐，为创建和谐社会、实现伟大“中国梦”做出了积极贡献。

一、助力和谐社会建设发展现状

近年来，山东社区教育紧紧围绕经济社会发展需要和全省居民终身学习需求，与城乡社区工作协调推进、融合发展，尤其在服务于社区文化建设、开展社区居民生活休闲、素质提升教育和文化教育、增强教育服务三农水平和教育富民能力，实现社区治理、建设和谐社会过程等方面发挥了积极作用。归纳起来，社区教育助力山东和谐社会建设的发展现状主要包括如下几个方面的内容。

一是取得的成绩。首先，为落实国家乡村振兴战略，山东社区教育发展比较充分的地区率先办起了农民田间学校，结合区域经济社会发展实际实施对口准教育培训项目，不断增强新型职业农民致富的内生动力和从业能力，培养造就了一批批“有文化、懂技术、善经营、留得住、用得上”的新农民，为山东乡村振兴战略实施做出了积极贡献；其次，充分发挥社区教育的资源整合功能，引进了本区域内一批优秀的社会公益组织和民间机构，面向社区党员、市民、老年人、青少年、残疾人、失地农民、新市民等人群，提供居民喜闻乐见、形式多样、内容丰富的社区教育服务，有效提高了居民自身素养，大大改善了社区人际关系，切实增强了居民对社区的归属感、认同感和主人公意识，收到了良好的社会效益；再者，在创新实践中，部分市县的先进地区将社区教育机构办成了融合居民所需多项服务于一体的综合服务中心，实现了日间照料中心、卫生服务中心、文体活动中心、家政服务中心、党建服务中心、社会组织孵化中心、社会事务代办中心等功能的综合化，创造性地发展成集老年人养老服务、学生课外管理、社会组织创新孵化等各类服务项目综合体，在提供社区服务、促进社区发展、实现社区治理中做出了积极贡献。

二是存在的不足。由于山东社区教育发展还不够充分，在助力社区治理、建设和谐社会等方面的功能发挥还有待进一步聚焦和加强。首先，村居社区教育机构不健全，可用教育资源有限，难以满足居民对美好精神文化生活的更高期待和向往；其次，社区教育与社区工作的融合度不高、切合点不准，所开展的教育培训项目与新时代社区治理的相关度不高，所提供的教育服务有待进一步优化；再者，区域和城乡发展不平衡，尤其是在欠发达地区所开展的社区教育活动和内容还比较零散，社会成效有待进一步提高。

三是制约因素。社区教育助力和谐社会建设的功能发挥必然要求不断加强自身内涵建设，在实践中受到诸多因素的影响和制约。首先，政府的推动和各项措施跟进不够，尤其是民政、人社、教育等多部门之间的合作和配合不够，未形成应有的发展合力；其次，缺乏针对社区教育与社区工作、和谐社会建设等融合发展的顶层设计和长远规划；再者，社区教育融入社区工作、助力和谐社会建设的体制机制还不够健全，在项目开展和活动内容上还不成体系、缺乏针对性。

二、助力和谐社会建设亮点纷呈

山东社区教育在助力和谐社会建设中坚持以人民为中心的发展思想，意在让"健康美丽、智慧幸福"惠及全省人民，不断增进全体人民的福祉。山东社区教育积极构建全民终身教育体系，将社区教育与社区工作协调推进、融合发展，坚持以"健康、和谐、幸福"为发展理念，以"增长知识、丰富生活、陶冶情操、促进健康、服务社会"为发展宗旨，大力推行因需施教、寓教于乐，经过多年的发展和积累，涌现了诸多亮点和典型。

一是助力社区文明建设。在实践中，社区教育扎根于社区、服务于社区发展、助力社区治理，紧紧围绕社区精神文明建设开展了丰富的主题教育活动。其中以"寻找最美家庭"为主题的活动，通过"身边人讲述身边事"的示范典型，以晒家庭幸福生活、讲家庭和谐故事、传承优良家风家规家训为活动载体，逐步形成"家风正、品德好、书香浓、环境美、邻里和"的"最美家庭"，在社区范围内兴起了传承夫妻和睦、尊老爱幼、科学教子、勤俭持家、邻里互助、廉洁文明、其乐融融的良好家庭氛围，有力促进了社区居民"讲文明、树新风"的和谐风尚。

二是助力农村社区化发展。2007年，潍坊诸城在全市范围内全面推进农村社区化建设的同时，将社区教育纳入城乡一体化发展规划。2009年，诸城承担了全国首个农村社区化试点改革任务，全市撤销1249个行政村，建起了208个农村社区，同时成立了全国首家农村社区学院、16处镇街(园区)社区分院。近年来，通过大力实施“百千万”教育培养工程，培养了100名家庭农场主、1200名青年农民，10500名新市民。诸城社区教育在助力农村社区化发展中取得了良好的经济社会效益,《光明日报》《中国教育报》《农民日报》《中国农村教育》等媒体多次推介报道了农村社区教育“诸城模式”的经验做法。

三是助力居民综合素质提高。青岛市西海岸社区教育学院针对不同的群体，开展了丰富多彩的教育培训活动，形成“六面向、六培育”特色品牌：面向未成年人，开展“助长”教育；面向老年人，开展“幸福生活”教育；面向社区居民，开展公民素质提升教育；面向在职职工，开展成人学历教育；面向社区教育师资，开展队伍提升教育；面向新型职业农民，开展增收致富创新创业培育。青岛市李沧区社区教育面向全区11个街道116个社区的居民以及区属42所中小学家长和学生，依托局属中小学的报告厅、校园剧场和街道市民活动中心，每月开设全区性的专题讲座、公益培训、公益读书会、家长沙龙等主题教育活动。该区的社区教育还推行学校与街道社区共建，开办家校社区同乐会、音乐会、文艺晚会等，有效加强了“家·校·社”三方共建共育，大大丰富了社区百姓文化生活，实现了校社联动发展，这种以学校和社区联合活动为载体，以社区、学校活动场所为平台方式，使得学校资源向社区开放，有效促进了社区教育的健康发展。另外，学校依托社区，还积极构建了青少年教育社会大课堂，区教体局派驻街道教育助理，推动辖区社区教育和体育的有序开展。李沧区社区教育校社联动、资源共享，扩大了社会效应，形成了教育合力，大大提升了教育惠民实效，有效推进了学习型社区建设。

三、未来发展策略建议

因城乡社区是社会治理的基本单元，为此，城乡社区治理事关党和国家大政方针的贯彻落实，事关居民群众的切身利益，事关城乡基层的和谐稳定。

中国特色社会主义进入新时代，在实现全面建成小康社会的时代背景下，山东社区教育助力社区治理即将全面展开，政权与人民、个体与主体、当下与未来，必将同治共享，为实现中华民族复兴伟大“中国梦”、建设和谐社会奠定坚实的基础。

一是发展规划。山东省委办公厅、省政府办公厅印发的《关于深入推进农村社区建设的实施意见》明确指出要创新农村基层社会治理，提升农村公共服务水平，促进城乡一体化建设，深入推进全省农村社区建设，并强调在农村社区服务中心建设“社区教育学校”。2018年7月，山东省委山东省人民政府出台的《中共山东省委山东省人民政府关于加强和完善城乡社区治理的实施意见》明确要求：积极发展社区教育，在城乡社区普遍设立社区教育学校（课堂），推进学习型社区建设。积极组织开展文明家庭创建活动，培育邻里守望、志愿服务和民主参与等社区精神。同时将目标定位为：把城乡社区建设成为和谐有序、绿色文明、创新包容、共建共享的幸福美丽家园；实现自治、法治、德治有机融合，推进山东创新发展、持续发展、领先发展，在全面建成小康社会进程中走在前列，在社会主义现代化建设新征程中走在前列。

二是发展策略。新时代社区治理是一个力求调动一切资源和凝聚各方力量促进社区建设与发展的分工协作过程，从某种意义上讲现代社会治理就是一个促进人的终身学习与全面可持续发展的动态优化过程。首先，充分发挥新时代社区教育教化育人进而实现“成人之美”“成他人之美”“成社会之美”的社会治理功能，并通过构建居民的社区认同不断夯实社区治理基础、通过改善居民的社会行为提升社会治理成效、通过引导居民“行思向善”促进社会稳定与可持续发展①；其次，推进社区、社会组织、社区教育、社会工作“四社联动”，将社区教育真正深入社区、融入社区工作，并有效整合与利用社会资源，调动各类社会组织的积极性，迎合居民对美好精神文化生活的期待和向

① 李兴洲、陈宁、彭海蕾：《论学习型社会建设中成人教育的社会治理功能》，《中国远程教育》第6期。

往，以有效助力社区治理；再者，积极培育心口相传的城乡社区精神，不断增强居民群众的社区认同感、归属感、责任感和荣誉感，及时发现和大力宣传社区道德模范、好人好事，大力褒奖善行义举，用身边事教育身边人，引导社区居民崇德向善，助力和谐社会建设。

三是重点举措。新时代社区教育助力社区治理、服务于和谐社会建设，需要不断加强内涵建设，凝聚多方力量，采取有效措施。首先，发挥社区教育的教育资源优势，深入社区广泛开展“四点半课堂”服务活动，努力解决本区域居民的“校家空档一小时”难题，为社区群众解决实际困难，为青少年健康成长提供多元化服务，精心培养孩子的兴趣与爱好，点燃孩子们心中的童真与梦想，打造“家、校、社”一体化服务；其次，积极服务于社区治理的最后一公里，将社区教育延伸至小区、楼院、家庭等，以小见大惠民生，为学习型社区建设提供更大的服务空间，通过一个个小群体开展微学习、进行专题的讨论与交流，为社区居民自身综合素质的提升提供多样化选择；再者，坚持综合治理，注重居民多样化需求，维护全体居民共同利益，充分调动社区居民广泛参与的积极性、主动性与创造性，不断增强社会和谐各功能元素的良性互动与发展，有效激发社会活力，通过多元聚力、供给推进，为实现社区治理平稳提速提供有力保障。

参考文献

[1] 范华、谢明浩著:《终身教育理念下学习型社会建设——山东社区教育数字化实践与探索》，江苏凤凰教育出版社，2016年。

[2] 周延军、范华主编:《社区工作》，山东人民出版社，2018年。

[3] 范华:《开放式智能化超便利社区教育学习超市的构建探究》，《山东广播电视大学学报》，2016年。

[4] 教育部社区教育研究培训中心编:《中国社区教育发展报告(2015—2017)》，国家开放大学出版社，2019年。

[5] 刘兆东等编著:《山东社区教育实践与探索》，国家开放大学出版社，2019年。

[6]《乡村振兴战略规划(2018—2022年)》，人民网：http：//politics.people.com.cn/n1/2018/0926/c1001-30315263.html。

[7] 国务院办公厅《关于印发老年教育发展规划(2016—2020年)的通知》(国办发〔2016〕74号)。

[8]《教育部等九部门关于进一步推进社区教育发展的意见》(教职成〔2016〕4号)。

[9] 刘龙海:《新时代背景下继续教育发展方向探究》,《中国成人教育》,2018年。

[10]《山东省教育厅等九部门转发教育部等九部门关于进一步推进社区教育发展的意见的通知》(鲁教民发〔2017〕1号)。

[11] 中共中央国务院关于加强和完善城乡社区治理的意见,http://www.gov.cn/zhengce/2017-06/12/content_5201910.htm,2017-06-13。

[12] 中共山东省委山东省人民政府关于加强和完善城乡社区治理的实施意见,http://www.dtdjzx.gov.cn/staticPage/zcfg/sdzcwj/20180720/2453627.html,2018-07-01。

后记

自2016年出版著作《终身教育理念下学习型社会建设——山东社区教育数字化实践与探索》以来，已有三年，期间笔者在从事社区教育工作中针对新情况、面对新问题、迎合新需求，经过不断地思考积累了一系列想法，沉淀之后想与大家一块分享、共同探讨，其中有些见解不一定成熟，希望能起到抛砖引玉之功效。

个人认为社区教育是一项“功在当今，利在千秋”的伟大工程，从小的来讲，社区教育通过形式多样的教育培训活动意在弘扬中华民族优秀传统文化、传递正能量，在做居民身边的“善事”；从大的来谈，社区教育通过潜移默化地全方位、全程育人，大力提高全体国民综合素质，在实现教育强国、科技兴国的同时，为实现中华民族伟大复兴“中国梦”提供了强有力的智力支持和人才支撑。所以，我为能够投身于社区教育工作，并为之做出一点自己的贡献甚感欣慰和自豪。

在实践中，社区教育这一庞大复杂的系统性社会工程，有众多事情要做，有诸多参与者在做，有很多人已经做了很多，并且也取得了可喜的成绩和很好的成效。但是，社区教育的复杂性就在于所服务人群的终身学习需求在变化，所处的时代经济社会在发展，这就需要新时代社区教育具有很强的动态适应性，不断自我优化和提升，即注重自身内涵建设，走内涵式发展之路。本书的创作也正是缘于此，并将新时代社区教育的内涵式建设作为一条主线贯穿于全书始终，力求得以破解，期望能给读者以启发。

本著作成稿历时半年，感谢在创作过程中，学校所提供的良好的平台、领导和同事们对我的鼓励与帮助，以及全省从事社区教育工作的同仁们在实际工作中给予我的沟通交流、密切配合与大力支持。特别感谢刘兆东副校长在此过程中给予的指导，并为本书题名和作序。正是多年与大家一道从事社区教育工作的实践给我写作提供了启发，在工作中通过与大家深入交流、共同探讨、创新实践，激发了我对未来发展策略的思考，尤其是在看到全省社区教育发展遍地开花的良好发展态势，我甚感欣慰、备受鼓舞、收获满满。同时，特别感谢家人在此过程中给予的理解、支持和帮助，为写作创造了良好的家庭环境，使我动力十足地按照预期顺利完成了书稿。

期望您从本书的论述中能够收获一二，哪怕能给您所从事的社区教育工作带来一点点启发或帮助，都将是我最大的收获。同时，期望与各位同仁就社区教育相关问题作进一步的沟通和交流，再次感谢您的支持。

范　华

2019年6月30日